JN295853

プラットフォーム
環境教育

石川聡子
編著

今村光章
川面なほ
比屋根哲
塩川哲雄
片岡法子
井上有一
原田智代
渡辺敦
八木下一壬
濵谷哲次
清水耕平
山口龍虎
新田和宏

東信堂

はじめに——本書の出版に際して——

　2004年にいわゆる環境教育推進法ができ、その翌年には国連「持続可能な開発のための教育の10年」がスタートするなど環境教育は転換期を迎え、人づくりを通して持続可能な社会の実現に寄与するという新たなミッションを担うことになった。

　環境教育の実践や研究をする市民や教師あるいは未来の市民や教師らが環境教育について学ぶための複数のテキストが近年発行されている。しかしながら、バックグラウンドとなる学問分野の広さや教育観や環境観の多様さなどから、多くのテキストが環境教育の体系的な原理や理論を必ずしも十分に提示できていない。2001年に訳出したオーストラリアの大学院の環境教育コースのテキスト『環境のための教育——批判的カリキュラム理論と環境教育——』は環境教育の理論体系のひとつであったが、そこに描かれた環境教育の姿をいかにして実現することができるのか、すなわち環境教育活動やそれに環境保全活動を連鎖させるいわばマネジメントの部分の原理を深める必要性を感じるようになった。そこで、環境教育の理論と実践をつなぐ部分を主に読者に提示する『プラットフォーム環境教育』を今回世に問うことにした。

　本書のねらいと特徴を次のようにまとめることができる。

　第1に、前述の『環境のための教育——批判的カリキュラム理論と環境教育——』は環境教育をおこなう関係者に次の5つの専門性を求めた。すなわち、①探究に根ざす、②参加と実践に根ざす、③批判的である、④地域に根ざす、⑤協働する、である。各章で示した実践事例はこのいずれかの項目を主眼としており、その結果、学ぶ者や教える者自身、そして活動やその主体である組織そのものの成長を描いている。また、これらを実現するための社会のシステムとして環境教育をとらえることで、環境教育の原理の幅を広げ、

より総合的な環境教育論の確立に近づくことを狙った。

　第2に、本書の読者対象は主に大学生である。これから実際に環境教育の活動にチャレンジしてみよう、あるいはこれまでやってきた活動を振り返ろうとする読者を想定している。そのために演習形式でこのテキストが使えるように、各章に課題を設定した。環境教育についての知識を客観的にとらえその知識を記憶したり蓄えたりする段階から、環境に配慮する社会的な行為を行う中で知識を意味あるものと見て、そのような行為にかかわる中で学習者が成長する不断の過程を教育活動の実体ととらえる立場に立てば、本書は環境教育を学ぶテキストとして意義深いであろう。また、環境教育の実践について応用的な研究を進めることにも配慮した。

　第3に、本書のタイトルに「プラットフォーム」という用語を用いたのには主に2点の理由がある。プラットフォームには人や情報や知恵が行き交う共通基盤という意味あいがある。本書そのものがプラットフォームの役割を担うことをイメージして本書のネーミングに使用した。もうひとつは、環境教育の理論をさらに整えるためにプラットフォームの概念を導入したかった。

　これらが本書の特徴であるが、大学であるいはNPOなど市民の学習の場で活用され、さらに環境教育施策にたずさわる行政関係者など多くの読者に迎え入れられることを望んでいる。編者の作業が大幅に遅れ、関係者の方々には多大なご迷惑をおかけした。今回の企画を認めていただき、本書の出版を快く引き受けていただいた下田勝司氏にこの場を借りて、深く感謝する次第である。

　　2007年初秋

　　　　　　　　　　　　　　　　　　　　　　ノルウェー・ベルゲンにて

　　　　　　　　　　　　　　　　　　　　　　　編者　石川　聡子

詳細目次／プラットフォーム環境教育

はじめに——本書の出版に際して—— …………………………石川　聡子… i
本書の概要 …………………………………………………………………… viii
本書の使い方 ………………………………………………………………… x
用語解説 ……………………………………………………………………… xi

1　環境への気づきにいざなう環境絵本の世界 ……今村　光章… 5

本章のねらい (5)

1　はじめに ………………………………………………………………… 6
2　既存型環境教育とは何か——私的体験で語る既存型環境教育 … 7
　1「私」が受けた既存型環境教育 (7)　2「私」が実践する環境教育 (9)
3　環境絵本の紹介 ……………………………………………………… 11
　1「じいちゃんとぼくの海」——原初的な環境絵本 (11)　2「おばけのもーりーとまーち」——制作過程も環境教育 (12)　3「ガムッチおうじとどんぐりのき」——自然からの「しっぺ返し」を学ぶ本 (15)　4「もりのおくりもの」——自然からの贈与とその返礼 (18)　5　自費出版の絵本——環境容量と持続可能な消費を示唆する絵本 (20)　6　インターネット上の環境絵本——環境絵本の出現する奇妙な場所 (21)
4　環境絵本のさらなる魅力 …………………………………………… 23
　——絵本制作と家庭での既存型環境教育
参考文献 ……………………………………………………………………… 25
ティータイム　絵本の中にある環境教育 (24)

2　水害から地域の環境をみる ……………………川面　なほ… 27

本章のねらい (27)

1　はじめに ………………………………………………………………… 28
2　地域で起こった水害プログラム …………………………………… 29
　1　プログラム開発の経緯と目的 (29)　2　協働による効果 (33)
3　協働の意義：地域をみる視点 ……………………………………… 39
4　協働による「学び」の広がり ……………………………………… 42
参考文献 ……………………………………………………………………… 45
ティータイム　地域をとらえる視点 (43)

3　学校で扱いにくい環境「問題」学習に挑む……比屋根　哲… 47

本章のねらい (47)

1　はじめに ………………………………………………………………… 48
2　青森・岩手県境の産業廃棄物不法投棄問題と学校の対応　50

3　田子高校の取り組み ……………………………………52
　　4　産廃についての学習内容と生徒の意識 ………………54
　　　　1 連載記事「のしかかる負の遺産」の感想文から (55)　2 連載記事「豊島リポート」の感想文から (56)　3 中村氏の高校での講演内容 (57)　4 現場体験および中村氏講演後の感想文から (60)
　　5　おわりに――何を教訓とすべきか？ ……………………65
　　　参考文献 …………………………………………………………67
　　　ティータイム　高校生と大学院生との交流会 (64)

4　環境教育にある障壁を乗り越える教員の成長 … 塩川　哲雄 … 69
　　本章のねらい (69)
　　1　教員の成長 ……………………………………………………70
　　　　1 私の成長 (70)　2 教員の成長のプロセス (70)
　　2　批判的環境教育観から教育現場を読み解く ……………72
　　　　1 環境教育の範囲 (72)　2 教育における再生産理論 (74)　3 創造的主体としての教員 (74)
　　3　障壁を乗り越えた実践事例の紹介 ………………………75
　　　　1 竹炭焼き活動 (75)　2 活動の概要 (76)　3 組織との連携 (76)　4 連携における重要な観点 (77)
　　4　活動の成果 ……………………………………………………78
　　　　1 教員としての自己変容の分析 (78)　2 生徒の活動 (79)　3 異なる世代の励ましあう関係 (80)　4 とくに活発な生徒の例 (81)
　　5　可能性を信じて ………………………………………………81
　　　参考文献 …………………………………………………………85
　　　ティータイム1　学校教育にある4つの壁 (74)
　　　ティータイム2　教員の専門的発展の5つの原理 (82)

5　地域の環境再生と環境診断マップづくり ……… 片岡　法子 … 87
　　本章のねらい (87)
　　1　はじめに ………………………………………………………88
　　2　公害地域の環境再生のための環境教育 …………………89
　　　　1 公害地域の環境再生 (89)　2「公害地域の環境再生」のための環境教育 (92)　3 具体的な取り組み (94)
　　3　環境診断マップと地域づくり ………………………………96
　　　　1 気づきから学びへ (96)　2 せいわエコクラブとの出会い (97)　3 環境診断マップづくりから見えてきたもの (99)

4　まとめ …………………………………………………………104
　　　参考文献 …………………………………………………………106
　　　ティータイム　各地で広がる地域再生の動き(105)

6　リナックス型の環境教育プログラムづくり
　　　　　　　　　………………………………井上　有一・原田　智代…107
　　本章のねらい(107)
　1　「プロジェクト・リナックス・オープン(PLO)」
　　　としての出発 …………………………………………………108
　2　プロジェクト・リンクス(1)──概要と経緯 ………………109
　　　1　リンクスの構成と目的(109)　2　第1期のプログラム開発(110)　3　第2期のプログラム開発(114)
　3　プロジェクト・リンクス(2)──克服すべき課題 …………114
　　　1　活動メンバー固定化の問題(114)　2　特定メンバーへの負担集中の問題(117)　3　リナックス型であるための課題(119)
　4　市民教育としての EfS ──リナックス型であることの意味 ……121
　　　1　市民の市民による市民のための教育(121)　2　公開と参加──透明性が保証され、共有され、発展していくという性質(122)　3　自主性・主体性・社会批判性・協働・連帯(123)
　5　プロジェクト・リンクスのこれから ………………………124
　　　参考文献 …………………………………………………………127
　　　ティータイム　「オープン」の三つの意味(109)

7　PDCA サイクルにもとづいた環境教育プログラム
　　　　　　　　　………………………………渡辺　敦・八木下一壬…129
　　本章のねらい(129)
　1　かながわ環境教育研究会の活動と環境学習の改善 ……130
　　　1　「やまと　みどりの学校プログラム」の根底にあるもの(130)　2　行政への事業提案と環境教育の花びら積み構想(132)　3　「学校環境活動認証プログラム」先進事例(136)
　2　環境部・教育委員会・NPO の想いを合わせる ……………136
　　　1　検討委員会による基本方針づくり(136)　2　プログラムの骨格づくりと本編試作版の誕生(138)　3　「みどりの学校プログラム」の誕生(140)
　3　「やまと　みどりの学校プログラム」の概要 ………………142
　　　1　環境の木を育てる(142)　2　「やまと　みどりの学校プログラム」の運用開始と成果(143)
　4　なぜ「やまと　みどりの学校プログラム」を
　　　生み出すことができたのか …………………………………144

1　協働の力 (144)　　2　さらなる発展へ (147)
　　参考文献 ……………………………………………………………148
　　ティータイム　社会のビジョンを描こう (146)

8　手作りの高校版環境マネジメントシステム…濵谷　哲次…149
本章のねらい (149)
1　枚方なぎさ高校をめぐる環境…………………………………150
2　エコハイスクールの指定を受けて……………………………150
　　1　外部からの支援 (150)　　2　校内の体制づくり (151)
3　エコハイスクールの取り組み…………………………………152
4　学校版環境マネジメントシステムの取り組み………………155
　　1　キックオフ宣言 (155)　　2　学校版 EMS の具体的な取り組み (155)　　3　生徒会環境委員会各部会の取り組み (155)　　4　地域との連携について (159)
5　まとめ……………………………………………………………160
　　ティータイム　PDCA サイクル (161)

9　大学の ISO14001 の効果的な運用と学生の参画
　　………………………………………清水　耕平・山口　龍虎…163
本章のねらい (163)
1　ISO14001 認証取得大学の現状…………………………………164
　　1　大学における ISO14001 (164)　　2　ISO の導入手順 (164)　　3　大学の ISO14001 の課題 (168)
2　長崎大学環境科学部の事例……………………………………168
　　1　認証取得プロセスにおける学生の位置づけ (168)　　2　学生の参画への動き (170)
3　大学における ISO14001 の効率的な運用に
　　必要な3つの要件………………………………………………173
　　1　スキルアップ (173)　　2　学生組織づくり (174)　　3　システムとしての教育の活用 (175)
　　参考文献 ……………………………………………………………177
　　ティータイム　ISO14001 (165)

10　社会システムとして環境教育をとらえる……石川　聡子…179
本章のねらい (179)
1　環境教育システムとは…………………………………………180
　　1　社会システムとは (180)　　2　環境教育システム (181)
2　地域での環境教育システム……………………………………182
　　1　身近な地域環境の学習 (182)　　2　市民の主体性 (184)　　3　地域自治のシステム (185)
3　環境教育システムの構成………………………………………186

1 環境教育システムの下位システム (186)　2 環境教育プラットフォーム (187)　3 心理・認知システム (188)　4 相互作用システム (188)　5 マネジメント・システム (189)　6 人材育成システム (190)

4　環境教育システムの研究と政策の動向 …………190
1 環境教育システムをめぐる政策の動向(190)　2 環境教育システムをめぐる先行研究(193)

5　本章のまとめ …………195
参考文献 …………196
ティータイム　システムとは (180)

11　持続可能な開発のための教育の地域展開 ……**新田　和宏**…197
本章のねらい (197)
1　従来の環境教育 …………198
1 従来の環境教育の基本的構成 (198)　2 持続可能な社会を創れない限界 (200)

2　持続可能な社会を創る「社会形成能力」を育む …………202
1 ESDコンピテンシー教育 (202)　2 ESDの基本的構成 (205)

3　ローカルESD …………207
1 ローカルESDの3段階 (207)　2 ローカルESD推進レジーム (208)　3 ローカルESDプログラム開発 (209)　4 ローカルESDプラットフォーム (210)

4　おわりに …………211
参考文献 …………213
ティータイム　しっかりした市民社会を創る (212)

12　地域の環境教育システムを描く ……**石川　聡子**…215
本章のねらい (215)
1　環境教育の事例をどう表現するか …………216
2　環境教育システムを構成する次元と要素 …………216
1 学習プラットフォーム (218)　2 学習環境 (223)　3 学習・行動のモデル (226)　4 人材育成 (229)

3　環境教育システムの成果を表現する …………231
1 3つの成長の軸 (231)　2 学習者の成長 (232)　3 組織の成長 (233)　4 活動の成長 (234)

4　本章のまとめ …………234
ティータイム　環境教育プラットフォーム (218)

索　　引 …………236
執筆者紹介 …………241

本書の概要

本書はおよそ次の4つの論点から構成されている。
①環境教育の内容を論じた章……………第1章、第2章、第3章
②環境教育の方法を論じた章……………第4章、第5章、第6章
③環境教育の体系的な進め方（マネジメント）を論じた章
　　　　　　　　　　　　　　　　……第7章、第8章、第9章
④環境教育のプラットフォームとシステム
　　　　　　　　　　　　　　　　……第10章、第11章、第12章

それぞれの章には次の特長がある。
　第1章は環境教育の土台となる環境倫理や思想について環境絵本というツールでもって年齢の低い子どもを誘う。第2章にある発想の転換は、水害の学習が発するメッセージを、過去の苦労や負の遺産から地域の人と人とのコミュニケーションや元気な地域づくりに組み替えたこと。第3章から学ぶべきは、学校では地域で利害対立が決着していないホットな問題を扱いにくい現実のなかで、幾層もの好条件がそれを可能にしたことである。
　第4章のように校内の同僚、地域の行政や市民組織を仲間にしてそのような障壁を低くし、教師は自分の専門性の深まりと生徒や活動の伸長に確かな手応えを覚えるのだ。また、第5章の環境診断マップづくりの手法は、緊急性や不安の程度が比較的高くなくこれといった解決策が見いだしにくい課題に対する住民の意識を、手を変え品を買えて不断に刺激するツールのひとつである。内容や方法も含めたプログラムを公共の財産に作り育てていく独自の手法が第6章で論じられている。
　学校の環境教育の活動を体系化するために環境マネジメントシステムを導入した先行事例について、第7章では市民と教育委員会、環境行政の連携によるシステムづくりを、第8章ではひとつの高等学校が手作りで独自のシス

テムを根づかせつつあるプロセスを紹介している。第9章は標準化されたシステムであるISO14001の運用に学生への主体的関与を工夫する大学組織内部のコミュニケーションが描かれている。

　教育を社会におけるシステムと見なすことで環境教育を総合的にとらえる立場から第10章では環境教育施策を分析し、第12章では地域に根づいた環境教育システムの先進事例を紹介している。第11章は現在国内で取り組まれている「国連持続可能な開発のための教育の10年」を地域に根づかせるための理論的提案である。

　さらに、本書は環境教育における人々の成長、活動の成長、組織の成長という視点で環境教育の展開をとらえる視点を持っている。各章がもっともうったえようとしている成長の観点ごとにまとめると下図のようになる。なお、第10, 11, 12章は各成長を論じる枠組みに言及している。

　以上のような各章の特長を参考にして、読者の関心に沿った章から読み始めることが可能である。

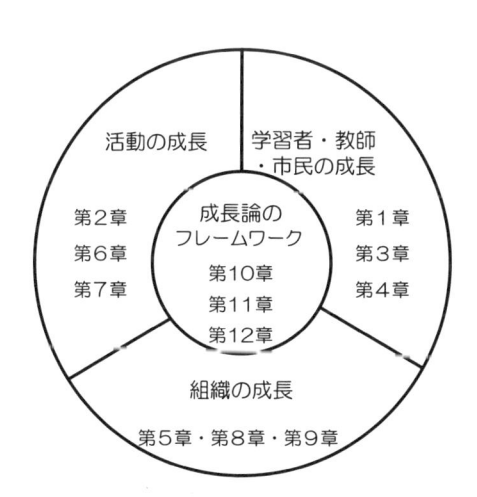

活動の成長
第2章
第6章
第7章

学習者・教師・市民の成長
第1章
第3章
第4章

成長論のフレームワーク
第10章
第11章
第12章

組織の成長
第5章・第8章・第9章

本書の使い方

〈各章のねらい〉　それぞれの章がテーマとしていること、読者に伝えたいことの概要を記しています。このねらいでおおすじをとらえてから本文を読み進めることによって、理解を促すことを配慮しています。

〈課　題〉　各章の終わりに課題を設定してあります。本文の理解を助けるため、また環境教育のあり方について自分なりの考えを進めるためのものです。議論のポイントになる内容でもあるので、ゼミや演習などでのディスカッションのテーマに用いるのに適しています。

〈キーターム〉　環境教育について学ぶための重要な用語をゴチックで見やすく表示しています。さらに、巻末にはこれらの索引を用意しています。また、他の章の該当箇所を関連させて読むことで、立体的な理解に役立つでしょう。

〈ティータイム〉　各章のテーマに関連するものや違った角度から見えるものを具体的に解説しています。文字どおり、ティータイムとして気軽に読んでください。

〈参考文献〉　各章末に参考文献をつけています。各章のテーマをいっそう深く理解するのに適しています。ゼミなどで本書を素材にして報告する場合には、事前に読んでおくとよいでしょう。また、その文献をどの角度から読めばいいか解説を付けてあります。

〈用語解説〉　本書を通して環境教育について学ぶために鍵となる用語や、複数の章で用いられている用語について簡単に解説しています。わからない用語はここに目を通してから各章を読み進めてください。

用語解説

NPO
　Non Profit Organization、民間非営利組織のこと。活動によって利潤が出てもそれを分配しない。特定非営利活動促進法で、認証されれば法人格を持ち法律行為をおこなえる。法人格を持たない組織を任意団体と呼ぶ。

エンパワー
　英語で empower。人に権限を与えること、また、能力や実力など力をつけること。力をつけて元気になること。

ガバナンス
　社会を構成する利害関係者が関わって多様な利害を調整し、それにもとづいて望ましい秩序のあり方を検討し、それを形成する政治形態のことで、強制力ははたらかない。グッド・ガバナンスとは健全な統治。

環境
　主体の周囲を取り巻くものや状態のことで、かつその主体と直接的・間接的に関わりのあるもののこと。その主体のことを環境主体といい、人間環境とは人間という環境主体にとっての環境である。1972年に開催された国連人間環境会議の人間環境とはこの意味である。自然環境だけではなく、社会環境や都市環境も環境に含まれる。

環境マネジメントシステム
　EMS（Environmental Management System）とも言う。自主的に環境保全に取組む組織が環境方針や目標などを自ら設定し、達成に向けて取り組むための組織内の体制や手続きを整えたしくみをいう。ISO14001はそのひとつ。

協働
　異なる主体が互いの目標に共通部分を持ち、その目標の達成に向けて協力して活動すること。

公正
　英語では justice や equity のこと。他人の権利の尊重を基本として成り立つもので、だれに対しても公平に扱う様子のこと。

コミュニケーション
　ことばなどの記号を使って主体間で意思や感情、思考を伝え合うこと。それを通して、互いを知り、情報を交換・共有し、相手に働きかけをすること。

コミュニティ

地域社会あるいは共同体のこと。町内会から、市町村、国、アジア地方など広さはさまざまある。またそこには、人々が理解しあい、連帯感を持ってつながり、快適で暮らしやすい社会をつくろうという精神がある。

持続可能な開発のための教育 (ESD)

テサロニキ宣言 (1997) で環境教育を「環境と持続可能な開発のための教育」と換言できるとうたわれたことからこの用語が広く浸透した。2005 年からは国連「持続可能な開発のための教育の 10 年」がスタートしている。英語で Education for Sustainability Development といい頭文字をとって ESD と略称する。

市民

本書では〇〇市に住民登録している人という意味で用いるのではない。地域や社会のことに責任を持って主体的に取り組む人たちのことをいう。政府や自治体など公的部門の行政、企業などの経済団体以外が市民セクターである。

総合的な学習の時間

小中学校では 2002 年度、高校では 2003 年度からカリキュラムに新設された。学び方の習得、自ら考える力の育成がねらい。国際理解、情報、環境、福祉・健康などの課題を扱うことができる。

PDCA サイクル

plan（計画）→ do（実践）→ check（点検）→ act（見直し）→ plan のサイクルで活動のプロセスを展開することで、活動を継続的に改善するマネジメント手法のこと。

批判的環境教育

社会批判的教育学から環境教育を論じる立場。社会批判的とは社会の構造を根本的に見直すことをめざすもので、特定の人や考えをとがめたりやり玉にあげることではない。具体的には『環境のための教育──批判的カリキュラム理論と環境教育──』(東信堂) を参照のこと。

連携

つながりのなかった複数の主体がつながりを持つこと、またつながっている状態のこと。

ノラットフォーム環境教育

モクジ

1 環境への気づきにいざなう環境絵本の世界　　今村　光章

2 水害から地域の環境をみる　　川面　なほ

3 学校で扱いにくい環境「問題」学習に挑む　　比屋根　哲

4 環境教育にある障壁を乗り越える教員の成長　　塩川　哲雄

5 地域の環境再生と環境診断マップづくり　　片岡　法子

6 リナックス型の環境教育プログラムづくり　　井上　有一・原田　智代

7 PDCAサイクルにもとづいた環境教育プログラム　　渡辺　敦・八木下一壬

8 手作りの高校版環境マネジメントシステム　　濱谷　哲次

9 大学のISO14001の効果的な運用と学生の参画　　清水　耕平・山口　龍虎

10 社会システムとして環境教育をとらえる　　石川　聡子

11 持続可能な開発のための教育の地域展開　　新田　和宏

12 地域の環境教育システムを描く　　石川　聡子

1 環境への気づきにいざなう環境絵本の世界

今村光章

本章のねらい

　持続可能な社会を実現する教育を構想する場合、理念が先行する。その理念や教育政策を構築し、のちに現実に教育をおこなう母体の組織化をして、カリキュラム開発や教材開発をおこなって教育実践に移るという発想法と手順が一般的であろう。

　しかし、環境教育や持続可能性を実現する教育という名称が一般に広まる以前にも、人間は長年にわたって自然環境とうまく折り合いを付けて、持続可能な共同体を維持してきた。そのような共同体においては、自然や環境に関する教えや学びが存在している。生活の中に埋没していて、偶発的無意図的であるために、なかなか自覚化されにくいが、環境教育（学習）的な活動が存在した。本章ではそれを既存型環境教育と呼ぶことにし、そのような教育の再自覚化を狙う。そのために環境絵本の世界を紹介したい。

　ここでは、主として環境絵本を手がかりに、家庭における幼児期の環境教育の再発見をおこなう。「こんなところにも環境教育がある」という気づきがあることを願っている。

1　はじめに

　環境絵本。

　耳慣れない言葉かもしれないが、どこかで耳にされたことがあるだろうか。あるいは、すでに環境絵本を手にとって読まれたことがあるだろうか。

　環境絵本とは、読者層を子どもに設定して制作された、自然と環境を題材とした絵本のことである。本章では、環境絵本という世界があることを読者のみなさまに紹介したい。同時に、環境教育の領域を飛躍的に拡大して理解する手がかりが環境絵本であることも明らかにしたい。

　最初に、環境絵本の世界へ招待する前に、環境絵本の発見が、次に説明するような「既存型環境教育」というカテゴリー分類に由来する点を確認しておこう。環境絵本は、それだけで独立する環境教育の時空ではなく、広大な「既存型環境教育」の一部分に位置づけられるのである。環境教育には、これまでそれほど意識されてはいなかったが、広大な領域が残されている。その点を次節で説明してから、環境絵本の内容について叙述しよう。

　本来、1970年代に国際的政治の場で理念が提示されて出発した環境教育は、環境問題を解決するという教育目的を有している。そして、人工言語エスペラントを生み出してきたかのように、専門家たちがその概念やカリキュラム、領域、指導方法などを提案してきた。実際、環境教育を主導的に普及させてきたのは、さまざまな国際機関でもあった。このような歴史的背景を踏まえて、国際的な場で生み出された理念先行型の環境教育を「理念型環境教育」と記すことにしよう。

　しかし、環境教育という用語が登場したからこそ、それと認識されるのだが、理念型の環境教育が登場するはるか以前から、家庭や地域の中でおこなわれている環境に関わる既存の「教え＝学び（模倣）」が存在していた。それを「既存型環境教育」と記すことしよう（以下では、両者ともに括弧なしで既存型環境教育、理念型環境教育と表記する）。既存型環境教育とは、無意図的・無計画に成立する偶発的機会において、環境および自然との関わり方を教える（または学ぶ）活動である。

本章の主たる目的は環境絵本の紹介であるが、副次的な目的は、既存型環境教育にスポットライトを当てることでもある。そこで、少々遠回りに見えても、既存型環境教育についてもう少しくわしく説明しておきたい。

2 既存型環境教育とは何か──私的体験で語る既存型環境教育

1 「私」が受けた既存型環境教育

既存型環境教育とは何か。私が受けた既存型環境教育と私が実践している既存型環境教育を語ることで具体的に説明したい。このような著作で私的な経験を綴ることは誠に恐縮であるが、そのような「語り」がふさわしいようにも思われるのでお許しいただきたい。

私は幼少期に、ダムの建設に関わる仕事をする父と、奈良県吉野町の紀ノ川（奈良県内では吉野川と呼ばれる）上流のかなり寂れた山の中に住んでいた。目の前数メートルは川、家の後ろはすぐ山の背のヤブという山中である。周りの里山と紀の川は、幼少期の私にとって格好の既存型環境教育（学習）のフィールドであった。そこでの山と川に関わる思い出を語りたい。

【山での既存型環境教育のエピソード】

私は子どもの頃に両親に山へ連れて行ってもらったときに、「タラの芽はひとつ残しておけ」とか「わさび場（畑）は人に教えるな」という教えを受けた。これまで親ばかりではなくいろいろな人にその理由を尋ねたが、合理的かつ科学的にすっきり納得できる理由は見つからなかった。

ただ、いくつかわかったことはあった。

タラの芽は、後から山に登ってくる人のためにひとつ残すのだという意味解釈があるということ、または、木の勢力をそがないためという目的があるらしいことである。また、わさびの採取では根の部分を掘り起こすので、その場所が知られて多くの人に根こそぎ持っていかれてしまうと、次の年から全く収穫できなくなるおそれがあるからに違いないと思うようになった。

おそらく、こうした教えは、自然の恵みを根絶やしにしないようにする配慮に端を発している。自然からの贈与をどのように人間が受け取り続けることができるのか。そのことを経験知として体で覚えた先人が、後世代に教え

を授けているのである。

　話は変わるが、小学校低学年のころにはもう、上級生も下級生も入り乱れて吉野の深い山野を駆け回った。そのとき、上級生からマムシのいそうなジメジメした場所には立ち入らないようにという教えを受けたことがある。
　そうした教えも虚しく、私は小学校3年生のとき山の中で遊んでいる最中に蛇に噛まれた。一緒にいた友達も私も、てっきりマムシに噛まれたのだと思い込んだ。「走ると毒が体に回りやすくなるから、動くな！」と友人は私に命令し、さまざまな配慮を見せた。上級生は近くの民家に知らせに走った。しばらくして50代ぐらいの顔見知りのおじさんが一目散にやって来た。噛み跡をひとめ見てマムシの噛み跡ではないと診断してくれた。それでも一応、念のためにと気遣いしたのか、おじさんは私を担いで山から降りてくれ、ちょっとした街の診療所まで車で運んでくれた。
　だが、診察してくれた30歳ぐらいの若い医師は、マムシの噛み跡かどうか判断できないと言い、様子をみるために一晩入院することになった。駆けつけた父もマムシではないと診断したが通らず、結局、私は不安に駆られながら両親と共に一晩そこに入院させられた。だが、結局マムシではなかった。
　このときの教えや配慮、診断は、自然環境や動物に関わる知恵が結実したものであり、その場のコミュニケーションには間違いなく環境教育的要素が含まれていた。既存型の環境教育が生成している場に私はめぐり合ったのだ。

【川での既存型環境教育のエピソード】
　当時の吉野には、レジャー施設は全く無かった。だが、父は投網を打ちに連れて行ってくれたり、毛ばり釣りに連れて行ってくれたりした。夜中、魚が浅瀬で眠る時間をみはからって、ヤスで魚を突きに連れて行ったりもした。
　今でも印象的なのは、暗闇がゆっくりと川を覆う様子を何度も体験したこと、そして真っ暗闇の川の浅瀬を歩いたことである。それ自体がすばらしい環境教育（学習）であった。浅瀬を父と並んで歩きながら、両者に「教える」＝「学ぶ」という意識がほとんどないにもかかわらず、独り言のように魚の習性を語る父から、私はなんとなく生き物に関する知識を学んだ。教えられなくても、釣りの仕方や投網の投げ方といった技術を身につけるようにも

なった。今でも、私の投網の打ち方は父にそっくりのはずだが、それは私の模倣行動ないしは自主的な意図せざる環境学習に他ならない

　こうした私の体験は、現在の用語で指し示すところのレジャーやレクレーション、野外教育活動や環境教育と言えるような意図された体験ではない。父も、ただそうすることが好きなだけであって、教えようとした意図があったわけではない。私も、望んで学んだわけではない。いわば、生活の中に埋没した「教え＝学び（模倣）」がそこにあった。簡潔に言えば、亡父は意図せずして既存的環境教育者でもあったのだ。

　こうした話は、もう30年近い昔（1975年ごろ）のことで、きわめて私的な経験である。だが、みなさんも意識して振り返れば、過去の思い出の中に、環境に関する「教え＝学び」、模倣行動や「環境教育的コミュニケーション」が存在していたことに気づかれるのではないだろうか。もちろん、こうした「教え＝学び」体験は、意図的におこなわれたのでもなければ、万人に共通する経験でもない。きわめて偶発的で個別的な、無意図的無計画的で非体系的非組織的な「教え＝学び」体験である。そのために見過ごされがちであるが、子どもの前で親が自然や環境と関わる姿を見て、子どもがそれを見よう見まねで同じことをおこなうとき、そこに既存型環境教育が立ち現れているのである。

　家庭ばかりではなく地域にも目を向けてみよう。たとえば、入会地で自然を共有して、その地の恵みである自然からの贈与物を、共有者で分配して消費する際にもルールがある。そういったルールは共有者とその子孫によって目に見えない形で受け継がれてきた。そうしたルールとしての分配方法の受け継ぎが原初的な意味での環境教育として位置づけられる。自然の恵みを継続して受け取る方法と同様に、争いごとをせずにその恵みを人間同士で分け合うかということについての「教え＝学び」も重要な既存型環境教育のひとつなのである。

2　「私」が実践する環境教育

　時を経て、私も自分の家族を持つようになった。

まだ歩き始めたばかりの幼いわが子を散歩に連れて行くことがあった。その際、動植物を指さして注意を喚起したり、それらの名前を教えたり、昆虫をどうやって掴むかということを教えたりすることがあった。私はかつてそれを環境教育と自覚してはいなかった。だが、子どもは身近な生き物との関わりを学んでいた。親子であたりを散歩することは、環境教育であると認識されはしないかもしれない。だが、親子での散歩は、自然との関わりを教えるという意味で、すでに既存型環境教育的な要素が入っている活動である。
　「これは燃えるゴミ？　燃えないゴミ？」──幼稚園児になったばかりのわが子がそう尋ねて、ゴミを分別しようとすることに驚いたこともある。しかし、なにもそれは理念型環境教育の効果が顕著に現われているからではない。30年前には考えられなかったことだが、すでに大半の家庭では種別の異なるゴミ箱があって、親が分別していれば、当然それを真似て（模倣して）、子どもも分別するようになるのである。親の分別行動を真似るというところにも既存型環境教育がある。
　そんなことを自覚するうちに、妻が子どもに絵本を読んで語る風景に何度も出くわすようにもなった。あるとき、『もこ　もこもこ』[1]や『花さき山』[2]を妻が子に読み語る場面に遭遇した。私は心の中で「へぇー、ここにも環境教育があるのか」という驚きの叫びをあげた。日常生活の「教え＝学び」の中に埋没して不可視的になっているが、絵本を通じて、非常に重要な環境教育活動が存在することにはじめて気がついたのである。
　その後、あらためて自分の家庭の子どもたちの絵本をじっくり読んでみた。書店でも買い求めた。そうすると、なんと多くの絵本が自然や環境のことを扱っていることか！絵本のなかに、まれに環境教育があるというどころか、環境教育的ではない絵本を発見することがまれであった。
　あるとき、自宅で『むったんの海』[3]という絵本に出会った。簡単に紹介しておくなら、この絵本には、有明海諫早湾の干潟が巨大な堤防で閉められ、干潟がカラカラに乾いた結果、ムツゴロウをはじめとする生き物たちが苦しむ姿が描かれている。その動物の苦しみに思いをよせるばかりか、水や空気をきれいにして、人間のみならず、動植物も救いたいという気持ちが現れて

いる。それを小学生の女の子が描いたということに驚かされた。環境絵本という言葉にも出会った。その言葉との出会いがあったからこそ、既存型環境教育というカテゴリー分類も可能になり、自分自身の経験を環境教育の視点から振り返ることもできたのである。

　家庭において自然環境についての「教え＝学び」が存在するのは周知の事実かもしれない。しかしながら、家庭という私的空間で偶発的に生じるために、他者からはきわめて見にくく研究対象とはなりにくい。親や子どもも自覚的にそうした「教え＝学び」をしている訳ではないので、それを言語化する機会さえ少なく、当事者にとってもそれと認識されることもまれであったように思われる。しかし、理念型環境教育に劣らず、重要な意味を既存型環境教育が有しているとはいえないだろうか。

　もっとも既存型環境教育を認識し、それを実践することはたやすいことではない。しかし、絵本を契機として用いるなら、比較的容易に既存型環境教育の領域に足を踏み入れることができるように思われる。

　次に環境絵本を紹介するが、ストーリーや絵本独自がもつ教材としての意味内容を考察することだけが重要なのではない。絵本を契機とした環境に関するコミュニケーションが存在することを自覚したり、それを増幅することにつなげたりすることのほうが重要であるように考えられる。既存型環境教育全体にわたる効果を念頭におきながら、環境絵本を紹介したい。

3　環境絵本の紹介

1　「じいちゃんとぼくの海」──原初的な環境絵本

　さて、それでは、いくつかの環境絵本を具体的に紹介していくことにしよう。

　1992年に、海の環境問題をどう教えるかを考えることを狙いとして書かれた「かんきょう絵本」のシリーズで『じいちゃんとぼくの海』[4]が出版されている。落ち着いた写実的な絵で、自然との関わり方を教えてくれるすばらしい絵本である。

　この絵本の前半部分では、魚とりの名人のじいちゃんが、汚れた海と魚が

獲れなくなった海を嘆き、父親が海で働くのをやめて工場へ働きに出るというストーリーが語られる。環境問題の深刻化と漁業不振を指摘している絵本である。

あるとき、じいちゃんはなかなか海から帰ってこず、家族は心配する。しかし、じいちゃんは大きなタイをかかえて船から下りてくる。心配していた主人公の「ぼく」は、「ぼくも　おおきくなったら　さかなを　とる。」と言って、じいちゃんの手をぎゅっと握る。そうすると、じいちゃんも、「そうとも。おまえも　りょうしの　まごだ。海を　だいじに　しなくちゃな。」と言って唇をかむ。そうした決意表明のシーンで締めくくられている。この先、「ぼく」は漁師になれるのか、やや不安が残ってしまうが、これが日本ではじめて普通の出版社から「環境絵本」と名づけられて出された絵本である。

この最も古い環境絵本には、2頁にわたって、「先生やおうちのかたへ」という解説の頁が付されている。そこでは、海はいのちの源であり、大切にしなければならないというメッセージと、学校でも家庭でも、子どもにそのことを教えてくださいというきわめて直接的なメッセージがある。環境絵本の大きな特徴のひとつなのだが、その多くには大人向けの解説頁や充実した「あとがき」が付されており、環境配慮の実践活動を促そうとするメッセージ性が発見できる。

昨今のサラリーマン家庭では、自然と向きあった労働と自然の恵みを受け取ることのすばらしさがなかなか実感できない。だからこそ絵本を借りてそうしたことを伝えようとしていると解釈できる。ただ、この絵本の真の評価は、ほとんどの環境絵本がそうであるように、読み語り手である大人（親・保育者）と子どもが、この絵本を媒体としてどのようなコミュニケーションをはかるかによって大きく左右されることは間違いがない。

2　「おばけのもーりーとまーち」──制作過程も環境教育

1998年には、地方公共団体が企画した環境絵本としてもっとも早い絵本が出版されている。茨城県生活環境部環境政策課が出した環境絵本『おばけのもーりーとまーち──森からのこえがきこえる？──』[5]である。

同年の5月7日付けの茨城県知事記者会見資料によれば、幼児の時から、環境に配慮した生活習慣を身につけさせることが大切であるので、本格的な環境絵本を全国で初めて制作したという。「人間は、自然や都市や動物や植物など、さまざまなつながりの中で生きていることを感じてもらいたい」とも記されている。そして、①自然（森）と人間（街）はつながっていることを理解でき、②幼児にとって、楽しみをもって見ることができるよう配慮し、しかも、③茨城県から全国の幼児に向けて発信することを狙ったという。

　この絵本の制作過程では、総勢15名の制作チームが編成され、幼稚園教諭や保育士の参加も仰ぎ、5歳児に絵本を読み聞かせながらすすめられた。結果的に、絵本部分が4色32頁、解説部分が単色刷り8頁の環境絵本が出来上がった。

　絵本頁では、幼児が感覚的に共感でき、しかも人間と環境とのつながりを理解しやすいように工夫されている。また、8頁にも及ぶ大人向けの解説頁では、環境保全への理解と実践的な行動への動機づけができるようにまとめてある。普通の絵本ならば、こうした長文の解説部分はあまり見かけないが、両親や読み語りをする幼稚園教諭や保育士が理解を深めるように工夫されている。すでに40,000部を印刷して、一般の書店で配布するばかりではなく県内の幼児教育関係機関にも配布したという。

　また、茨城県の多様な自然を知ってもらうことを狙いとして、身近な環境への関心を高めてもらいたいと考え、「いばらき自然環境フォトコンテスト」の入選作品を使用しており、巻末には「自然とふれあえる県内の施設ガイド」を収録してある。親に対する環境教育的要素も含まれているので、普通の絵本とはかなり趣向が異なった本である。この絵本の成り立ちをみれば、環境絵本の制作過程がすでに環境教育であることが理解できる。しかも、驚くほどたくさんの人々がそれに関わりあっていることにも、環境教育の普及をみることができる。

　それでは、そのストーリーを簡単に紹介しておこう。

　主人公は、森のおばけ（もーりー）と街のおばけ（まーち）である。幼児にとっては親しみやすいキャラクターであり、大人にとっては忘れかけていた自然

を思い出すきっかけとなるように工夫されている。

まーちはもーりーに次のように自慢する。

「まちは　すごいんだよ。べんりな　どうぐは　たくさんあるし、おおきな　びるに、かっこいい　くるま、よるも　でんきであかるいし、たのしいことも　いっぱいある」

現代社会の豊かで便利な消費生活をまるごと肯定しているかのようだ。快楽主義的な生き方に対する皮肉とも受け取れる。

一方、もーりーは、素敵な森の話をする。その話に惹かれてまーちは森に出かけ、鷹が死んで森や草の栄養となって土の中に還っていくという自然の循環の仕組みを知る。同時に、森や湖がすべてのいのちとつながっていることを知る。このように循環や自然の仕組みをわかりやすく説明している部分が前半部分である。

後半では、もーりーがまーちと連れ立って街へ出かける。ところが、もーりーは街の汚れた空気と水に閉口する。その時、突然、風のおばけが現われて二人を森まで吹き飛ばしてしまう。森に戻ったふたりはリサイクルの大切さを語りあう。

さて、この環境絵本の監修者である日本環境教育フォーラム常務理事でオーク・ヴィレッジ代表の稲本正さんは、この絵本のあとがきで部分の「わかった」と題されるエッセイで次のように述べている。この環境絵本の趣旨がよくわかる文章である。

「目に見えるもの、耳に聞こえる音、手や足でふれる感触、舌で感じられる味。そういう五感で受け止めることで、具体的な何かがわかることがある。しかし、それとは別に、ものの仕組みとか、関係といった状態を把握するもう一つのわかり方もある。環境のことをわかるには、この両方のわかり方が必要だ。」(稲本、1998)

たしかに、こうした環境絵本では、感覚によってでも理性によってでもない、物語的な世界での「もう一つのわかり方」で、知らないうちに自然の仕

組みや街と森の関係に人々が気づいていくことがわかる。稲本さんの言うように、私たちにとって、まず自然の営みや不思議さを実際に感じてみることがすべてのはじまりのとなるが、森や川に出かけて「感じる」体験を重ね、他の命とのつながりが生まれていくことがなんとなくわかったときに、こうした絵本の説明におもわず「わかった」と言える時がくるのであろう。そういった合理的な説明ができない「わかった」を紡ぎあわせていけば、環境教育が総合的かつ体系的なものとなっていくようにも思われる。感覚的理解や理性的理解以外に、物語的な理解もあることが看取される。

3　「ガムッチおうじとどんぐりのき」——自然からの「しっぺ返し」を学ぶ本

2002年3月に発行された、『しぜんをまもる　やさしいこころ　ガムッチおうじとどんぐりのき』[6]は、絵本のカバーの裏（扉）に「啓発用環境絵本」と書かれた典型的な環境絵本である。地方公共団体だけではなく、他団体との協同制作によって作られており、『おばけのもーりーとまーち』と同様に、制作過程そのものも環境教育のプロセスである絵本である。

カバーの裏扉にある「啓発用環境絵本の発刊にあたって」と題された文章には、次のように書かれている。長野県生活環境部の制作の意図が非常によくわかる文章であるので引用しておきたい。

> 「ごみの問題から、公害問題、自然保護、さらには地球温暖化の防止まで、環境をとりまく様々な問題に対しては、あらゆる世代を通じて、県民一人ひとり全ての方が、環境に対する意識を持って取り組んでいくことが求められています。——中略——命の大切さ、お互いを思いやる気持ち、やさしい心、そして私たちが暮らす地球を愛するというような、様々な想いを読者の方に感じていただき、環境に対する意識がさらに芽生え、大きく育つことを願っています」

また、同生活環境部によれば、対象は幼稚園児や保育所の園児と小学校低学年児童であり、初版（2002年3月）は、長野県内の幼稚園、保育所、小学校、

図書館などに計1,200部が配布され、第二刷(2003年3月)は、同県内の公民館、児童館、病院・診療所(小児科)などに 計1,000部が配布されたという。残念なことに、一般には販売されていない。

あらすじは次のとおりである。

わがままで有名なガムッチおうじが、召し使いを従え、森の中にあるナッツおばさんの主催する子どもたち向けのお絵かき教室にやってくる。他の子どもたちみんなが教室でお絵かきをする中、ガムッチおうじは、外でお絵かきをするとわがままを言い出した。外に出てからも、ガムッチおうじはわがまま放題で、自分が前に進むのに邪魔になるものを全て取り除こうとする。岩があれば隣の花壇をつぶしてでも岩をどかしたり、小川があればそれを埋めて前に進もうとする。

さらに進むと、おうじの目の前に、大きなどんぐりの木が現れるが、おうじはこの木を無理やり切ろうとする。ナッツおばさんは、「木を切らないで！」とおうじにお願いする。それでも、おうじは聞き入れず、召し使いに木を切るよう命令する。

その瞬間、ものすごい風が吹き荒れ、どんぐりの木が激しく揺れ、雷が落ち、おうじは気を失う。目が覚めたおうじは自分が悪かったと謝ることになる。最後に、ナッツおばさんは、「どんぐりの　きを　そだてましょう。しぜんは　みんなで　まもらないとね」と言い、おうじもそれ以来わがままを言わなくなる。

この環境絵本に関して、①現代社会の風刺をしている点、②世俗外個人である環境教育者が登場する点、③自然からのしっぺ返しという点から若干の考察を加えてみたい。

まず、この絵本は、おうじのわがままな行為が現代産業社会の私たち人間の欲望から生まれることを風刺していると解釈できる。おうじのカバンと旗を持った二人の召使は、おうじの命令に従っている。それぞれ一方のカバンは所有への欲望に見え、他方の旗は、個人の私利私欲を優先するイデオロギーの象徴に見立てられる。モノを所有し、旗印を掲げて進むおうじは、意識的に描かれているかどうかはさておくとしても、すでに現代人の姿そのもので

ある。(それゆえ私は、おうじが背の低い小さな子どもの姿で描かれていることが気にいらない。本当は大人だからだ。ただ、子ども向けなので主人公を子どもらしく描いているのだと理解したい。親子での会話では、これは現代の大人の姿であると親は気付くだろう。そのときのコミュニケーションに期待したい。)

　この話を読めば、現代の消費生活に慣れきっている私たちが「慣性の法則」であるかのように、産業社会の体制に盲目的に追従していることに気づかずにはおれない。おうじの召使いたちは、おうじの命令に従って石を取り除いたり川を堰き止めたり、木を切ったりする「技術」を有してもいる。大人が読み解けば、おうじとその召使に象徴されるのは、所有欲と快楽主義、そしてテクノロジーなのである。

　最後のシーンでは、召使たちは消えている。そして、森の生活者であるナッツおばさんが再登場してお絵かき教室を再開する。荷物も旗もない。こうした最後の象徴的なシーンが環境絵本にあることから、持続可能な社会の状況についてさまざまなことを想起することができる。

　ところで、生命あるどんぐりの木を切ろうとするおうじに、ナッツおばさんは、「きには　とりたちの　おうちがあります――中略――どんぐりの　みは　もりの　みんなの　たいせつな　たべものなのです」などと教えて木を切ることに反対する。このナッツおばさんとは一体何者なのだろうか。「環境教育者」なのだろうか。彼女はどこからやってくるのだろうか。森の中の一軒家でお絵かき教室を開いていたというが、それは都市生活者とは異なる生活をして自然に親しんでいたという人物であろうか。森の生活者ソローをも想起させる人物である。いずれにせよ、彼女が自然の代弁者として木の大切さを語る。こうした人間が原初的な「既存型環境教育者」であったことには間違いないだろう。そうした世俗外個人が現実にはいなくなってしまったからこそ、絵本の中で登場するのである。

　では次に、風や雷は何を意味するのであろうか。前出の『おばけのもーりーとまーち』でも同じように風が吹き荒れる。それらは自然の怒りや「しっぺ返し」なのではないか。私たちは、風神雷神や「八百万の神」というように、自然の中に神様がいることを知っている。そして、その神の怒りに触れない

ようにしなければならないということも知っている。環境絵本の制作者はそれを理解して、幸福な終末を迎えるための控えめな不幸な契機をストーリーに忍び込ませているのだ。

　私は、ある外国人の研究者と私的な会話をしていたとき、「環境教育をより効果的に変化させるものは何か？」という意味の私の問いかけに、「大災害 (Big Disaster) だ！」といわれてショックを受けたことがある。彼は続けた。「チェルノブイリの大惨事でも人間は目覚めなかったのだから、地球の人口の半分ぐらいが死滅するような出来事でないとむずかしいかも」と。悲惨な事件が起こることは決して誰も望んでいないが、物語のなかで、自然からの「しっぺ返し」として、ほどほどの不幸な出来事が起こるのは面白い。

　ただし、「しっぺ返し」と言う「毒」は良薬になるとはいえ、「しっぺ返し」が怖いという理由だけで、環境配慮型の行動をするとなれば、それにも問題が残る。繰り返すが、大人と子どもとの環境に関わるコミュニケーションによって、環境絵本の意味付けがなされなければならないのである。

4 「もりのおくりもの」——自然からの贈与とその返礼

　次に、地方公共団体・企業・絵本作家の共同による環境絵本の紹介をしておこう。

　むらたゆみこさんは、富山県新湊市在住の絵本作家である。毎年、富山県大島町の絵本館で開催されている「全国手づくり絵本コンクール」で何度も受賞されている。そのなかで、第5回井口文秀賞（最優秀賞）を受賞した絵本『もりのおくりもの』[7]が、2000年に北陸電力株式会社の企画・制作によって出版されている。北陸電力とむらたゆみこさんと絵本館の三者の協力によって、どんぐりを題材にしたこの環境絵本が発刊されたことは注目すべきことである。とりわけ、企業が加わっているところが興味深い。企業集団は利益追求を本来的な目的とする。電力会社という公益性が高い企業とはいえ、こうした環境保全や環境絵本の製作に尽力しようとするところに、企業の体質の変化を看取できる。企業が利潤を得た社会に返礼をしているとも考えられる。

　さて、北陸電力の説明によれば、同社は地域の人々との連携を図りながら、

環境保全に関するさまざまなアプローチを展開しており、一人ひとりが地球環境を守らなくてはならないという意識を育むため、身近な活動をおこなっていると宣言している。また、子どもたちに環境と森林との関わりを学んでもらうため、富山県・石川県・福井県で2000本あまりのどんぐりの木を植樹して啓発活動をおこなっている。同社によれば、この環境絵本の初版の6,000部を書店およびインターネット上で販売したほか、一部は北陸3県の図書館と児童館（約310箇所）へ寄贈したという。かなりの部数が多くの人の目にとまるところにある。

　ストーリーは、非常に簡単である。子どもが森でどんぐりを拾い、それを森に返しに行くという話である。主人公である幼稚園児のはるかは遠足でどんぐりとどんぐりの木を発見する。そしてどんぐりを拾って自宅に戻る。ペットのチャベネコとどんぐりのおもちゃを作って遊ぶ。自然の恵みのどんぐりで玩具を作る。それをネコがみているところがユーモラスであるが、ネコの登場は、どんぐりが人間のものだけでないことを知るための伏線でもある。

　はるかの母は、どんぐりのなかにいる「どんぐりむし」を発見して驚く。父の説明でそのむしがゾウムシの幼虫とわかる。どんぐりは人間と関わっているだけではないことを知るのである。図鑑を持ってきた父は、どんぐりがカケスやクマ、リス、ゾウムシ、ネズミのエサになっていることを教える。そうした動物たちは、秋にどんぐりをたくさん食べて土の中に隠しておくことを知り、はるかは動物たちの冬の食べ物を奪い去ったのではないかという罪悪感を抱く。

　そこで、はるかは両親と共に森へ出かけていき、動物たちのエサとなるようにどんぐりを土の中に埋める。父は、動物たちが食べきれなかったどんぐりがいつか土のなかから芽を出して、大きなどんぐりになることを説明する。最後に、春になって、どんぐりの芽を発見したはるかに、父親が、この木が大きくなったらはるかにイスを作ってあげると約束する。

　森からうけた贈与物、すなわち自然の恵みを動物たちと共有して、しかも、返礼しようという話である。自然からの恵みを自然に返す（交換する）のもまた、人間の役割である。自然から一方的な搾取ばかりをする現代社会におい

て、どんぐりを返しに行くというストーリーは理念型環境教育に欠けていた感覚を思い出させるのではないだろうか。

　付言しておけば、科学的知識を導入しようとして図鑑が登場するところにも着目しておきたい。たとえば、カケスはのど袋にどんぐりをいれて運ぶが、隠した場所を忘れてしまうなどユーモラスな姿が紹介される。動物たちの生態を知ることによって、はるかの行動が変化していく。自然や環境問題に関する知識が行動変容を生むことを示唆しているのである。この点も興味深い。

5　自費出版の絵本──環境容量と持続可能な消費を示唆する絵本

　自費で出版しようとするほど、環境絵本を作ろうという情熱のある人々もいる。次に一般の市民が自費出版した絵本を二冊だけ紹介しておこう。

　『大きな玉子』[8]は、大阪の主婦である谷口寿美子さんがプロデュースした自費出版の本である。ストーリーは単純である。昔、大きな玉子の中から動物と人間が地球にやってきたという想定ではじまる。しかし、動物たちは、自然を破壊する人間に嫌気がさして、地球からでていこうとする。動物たち自身がもう一度、大きな玉子を作ろうとするのだが、今度は人間をのせないという。人間たちは、動物たちとの間で交わした自然を大切にしようというルールを自分たちの都合のいいように変えてしまったから、今度は動物たちが人間を見捨てるというのである。

　物語の中で象徴的なシーンがある。動物たちと人間が玉子のなかから出てきたとき、人間自身が動物たちに向かって「この星は　大きくて　食べ物もたくさんありますし　きれいな水もたくさんあります。だけど　食べ物や水を　自分が食べられる以上は　よくばって集めないでください」と注意するシーンである。つまり、玉子という限られた空間の表現で、環境容量のことを示唆するとともに、人間の欲望制御のことについてシンプルに語っているとも解釈できる。

　『じーじのおはなし』[9]も自費出版の絵本だが、「大切な森」、「みんなおなじ地球人」など一話完結の物語が11話おさめられた小絵本集である。森の役割について話し合うことや、木や水の大切さを忘れないようにというメッセー

ジが「あとがき」に書かれている。

　これらは市民の目と手で作られたということに特徴があるが、持続可能な消費の概念や環境容量を示唆的に示している点が面白い。また、自費出版の絵本でなくても、こうした環境倫理学の基本的な内容を示す環境絵本がたくさん存在している。

　さらに言えば、環境絵本の制作者は深い知の冒険をしているとも言える。愛知万博やANA（全日空）が主催する環境絵本のコンクールが開催されているが、その応募過程もまた魅力的な環境教育の過程である。親が自分の子どものためだけの環境絵本を作ることも素敵な環境教育活動のひとつなのである。

6　インターネット上の環境絵本──環境絵本の出現する奇妙な場所

　このように、絵本の制作者が多岐にわたり、またさまざまなコラボレーションをしていることにも注目すべきであるが、他方では、インターネット上に環境絵本があることも特筆すべきことであろう。

　たとえば、大阪府環境情報センターのホームページ上（http://www.epcc.pref.osaka.jp/center/wander_l/html/index.html）には、1998年3月から動く環境絵本が載せられている。そこには小さな挿絵とともに、次のような対話文が掲載されている。環境問題を描写する絵本として事実を述べる部分と、環境教育的に当為を述べる部分の両方を持ち合わせている。長文になるので概要だけをかいつまんで示しておこう。次のような対話文がある。

A「私たち人間は1分間にどのくらいの量の呼吸をしているか知ってる？」
B「1分間に約20リットルの量なんだよ。」
A「目には見えないけれど、たくさんの量の空気が私たちの身体のなかへ出たり入ったりしているんだよね。だから、空気は私たちにとってとても大切なものなんだよね。」
　中略：
A「空気が汚れるのは、クルマの排気ガスが大きな原因になっている。近

くへ出かけるときは歩いたり、自転車を使うとか、ふだんから鉄道など
　　の公共の乗り物を使うように心がけて、できるだけクルマを使わないよ
　　うにしたいものね。」
　B「でも、クルマは便利だし、使わないなんて、そう簡単にはできないよ。」
　A「それなら、アイドリング・ストップというのはどう？　荷物の積み降
　　ろしや買い物の間、交差点での信号待ちなど駐停車中には、必ずクルマ
　　のエンジンを止めるようにすることなの。」
　B「わかった。まずはアイドリング・ストップからだね。」
　A「これからも空気の汚れに気をくばるようにしようね。」
　B「うん。そうするよ。」

　この絵本は、前半部分では、環境問題について「……である」ことを述べたあとで、後半部では環境保全のために「……しましょう（すべきである）」ということを叫ぶ。典型的な環境絵本である。そのとき「である」ことから「べき」ことへ跳躍するための架橋、すなわちコミュニケーションが重要である。
　また、石川県には、環境・品質・労働安全衛生・情報セキュリティ等のマネジメントシステム構築・認証取得を支援するコンサルティング会社で、環境マネジメントシステム（ISO14001）を核とする環境支援ビジネスを主力事業としているPFUエコラボラトリ㈱という会社がある。この会社では、二つの環境絵本をホームページ上に掲載している。ひとつは2000年3月から掲載されている「にじいろのさかな」と、もうひとつは同年11月から掲載されている「そらはなにいろ」である。
　ただ、インターネット上の環境絵本は多々あるが、ホームページ自体が削除されたり、掲載をとりやめたりすることもあるので状況は刻一刻と変化する。なかなかその実態は把握しにくい。また、ネット上の環境絵本の反応や反響は、絵本単体での反応を確認する手段を持たないこともあって、直接的な反応を取り上げて他の絵本と比較することもできない。幼い子どもの目に触れることも少ない。そのため環境絵本と並べて比較することはできないが、ホームページの作成者とネット・サーファーの間で環境教育的なコミュ

ニケーション活動が発生しているので、それも環境教育のひとつとして数えられるだろう。

4　環境絵本のさらなる魅力——絵本制作と家庭での既存型環境教育

　以上のように環境絵本の紹介をしてきたわけだが、ストーリー以上に、子どもは、環境教育を意識した環境絵本というメディアを通して、自然や環境との関係を間接的に幅広く学び、どのように付き合うかも学んでいる。環境絵本とは、子どもが人生で始めて出会う環境教育のテキストである。子どもたちは環境絵本のなかで深い知の冒険を試みていると考えられる。その解釈に保育者が参加することも重要なのである。

　ここでは環境絵本と題されていたり、それを自覚していることがわかる絵本を取り上げただけである。だが、環境絵本とされていない絵本のなかに、なんと環境教育的な要素が多いことか！　環境絵本を探すこともそれほど容易ではなかったが、まったく環境教育的要素の無い絵本を探すことも容易ではなかった。ほとんどすべての絵本が環境絵本であるといっても言い過ぎではないほどである。そのように考えれば環境絵本というカテゴリーは、限りなく膨らませることができるほど広い。

　しかも、環境に関する学習にもある種の「臨界期」があり、幼児期の行動様式や習慣が、その後の人生において決定的な影響をもつこともあると考えられるので、幼児期における環境教育の重要性は見逃せない。加えて、幼児に関わる教育・保育は、それ自体が環境教育でもある。環境が与える影響はけっして少なくはない。既存型環境教育を幼児期にもっと積極的に盛り込むことが必要であろう。その際、絵本は手ごろな突破口となるのではないだろうか。

　私たちは、持続可能な社会を創るための環境教育の哲学の探求、理念構築とカリキュラム化、教材開発、国際的動向などに目を奪われがちである。そして、それらに専心するあまりに、こうした既存型環境教育があることをうっかり忘れがちになる。もちろん、理念型環境教育も非常に重要であり、学校や地域社会、諸団体でおこなう環境教育も重要である。だが、今一度、家庭

ティータイム

絵本の中にある環境教育

　環境絵本を分類するなら、①作者が自覚的に環境絵本であると考えるような環境〈教育〉絵本と、②環境問題を取り扱った環境〈問題〉絵本、そして、③作者が自覚していないが、読み方によっては環境教育的要素を有していると考えられる環境〈関連〉絵本がある。
　このように三つに分類したなかで、環境教育的要素を有するような環境〈関連〉絵本、——すなわち、環境教育という用語が出現するはるか以前から、自然との付き合い方について示唆的な内容を含む絵本——はたくさん出版されている。環境〈関連〉絵本は、非常に豊かな原初的な環境教育の鉱脈である。それを三冊だけ簡単に紹介しておきたい。
　まず、バートン（Burton, V.L, 1909-1968）の『ちいさいおうち』（石井桃子訳、岩波書店、1965年）は、都市化について考えさせる。彼女が描いたアメリカの1940年代といえば、自動車や鉄道が自然豊かな田園地帯に入りこみ、都会の田園地帯を消滅させ、そのかわりに都会の住民を大量に郊外へ連れ出した時代である。都市化の波によって私たちが失ったものを教えてくれる珠玉の作品である。そのほかにもいろいろな「深読み」ができる。
　次に、谷川俊太郎の『もこ　もこもこ』（谷川俊太郎・作、元永定正・絵、文研出版、1977年）は、自然の循環のあり方、人間の命のありかたなどについて教えてくれる。とても不思議な感覚で訴えてくる絵本である。幼児向けではあるが、読み方によっては非常に奥深い内容を有している。
　最後に、斎藤隆介の『花さき山』（斎藤隆介・作、滝平二郎・絵、岩波書店、1969年）である。環境教育は消費者教育の視点も有しているが、禁欲やつながりの重要性を教えてくれ、しかも、存在と所有という観点も私たちに示唆してくれる。
　こうした三冊の絵本を環境教育的視点から眺めてみると、言葉にはならない感覚のうごめきが起こる。絵本を実際に手にとって、こうした不思議な感覚を体験することも大切なのではないだろうか。

での幼児対象の環境教育を見直すことや、既存型環境教育をもっと自覚的に推進することも重要ではないだろうか。

本稿が、環境絵本を手にとって読む契機となり、家庭での既存型環境教育を刺激することになればと願いたい。

> **課題** 1. 環境絵本は環境教育への導入としてどういう点で効果的か。
> 2. 幼児期には環境に対するどのような感性を伸ばすのがよいか。

注
1 谷川俊太郎・作、元永定正・絵『もこ　もこもこ』文研出版、1977年。
2 斎藤隆介・作、滝平二郎・絵『花さき山』岩波書店、1969年。
3 寺田志桜里『むったんの海』くもん出版、1999年。
4 立川涼ほか監修『じいちゃんとぼくの海』ポプラ社、1992年。
5 稲本正・監修、滝田よしひろ・文、矢野正・造形、森岡寛貴・デザイン　やなぎゆうこ『おばけのもーりーとまーち――森からのこえがきこえる？――』マガジンハウス、1998年。
6 有賀忍・文と絵『啓発用環境絵本　しぜんをまもる　やさしいこころ　ガムッチおうじとどんぐりのき』長野県・信州豊かな環境づくり県民会議発行、2002年。非売品。
7 むらた　ゆみこ・文と絵『もりのおくりもの』橋本確文堂、2000年。
8 吉藤正樹・文、正木健二・絵、谷口寿美子・プロデュース『大きな玉子』三和印刷所、2002年、自費出版。
9 堀田早苗・文と絵『じーじのおはなし』旭出通信社、1999年、自費出版。

参考文献
1) 矢野智司・鳶野克己編、『物語の臨界』、世織書房、2003年。
　　教育をめぐる物語のざわめきと泡立ちに触れる研究書である。環境教育の物語性について新たな側面からヒントを得ることができる。この書が目標にしているのは、教育の物語性を暴くことでも、新しい教育の物語を探求することでもない。「物語る存在」として人間が生きている不思議さへと誘う教育人間学的研究である。絵本や物語の研究が、どのように教育学や環境教育と関連するのか。非常に興味深い人間学の書である。
2) 矢野智司、『動物絵本をめぐる冒険』、勁草書房、2002年。
　　動物絵本とは、今日の「動物―人間学」である。そのことをテーマにしたこの書は、環境絵本理解の手引書ともなる。さまざまな動物絵本を手がかりに、環境との関係を考えてみることができる。この書は「人間とは何か」をテーマにする人間学は、逆に、「動物と

は何か」という問いを立てることで深まるということも主題化する。人間が環境とどのように付き合うかを考える場合、動物がどのように自然と付き合っているかを考えることで、人間と動物との環境との付き合い方の違いを知ることができる。こうした点は、環境教育においても必要な観点ではないだろうか。

2　水害から地域の環境をみる

川面なほ

―― 本章のねらい ――

　「身近な地域」での活動は環境教育にとって重要なキーワードのひとつである。身近な地域の環境をテーマにすることによって、地域に関わるさまざまな主体が共に活動することができる。学校でおこなう環境教育では、基本的には教員が授業をおこなうが、ゲストティーチャーなどが進行役になって授業に関わることもある。地域の人々、研究や活動に取り組んでいる市民などが教壇に立って、専門的な情報やスキルを子どもたちに紹介したり教えたりする機会が増えつつある。こうしたゲストティーチャーには、教師とは別の専門性や視点から授業を支援することが期待されている反面、ゲストティーチャーには子どもたちにこういうことを知ってほしいという熱心な思いが先行し、自分が伝えたい内容を伝えることに重点を置いてしまい、子どもたちの関心や既存の知識、授業での位置づけや学習の一連のつながりへの配慮が不足しがちになることがある。小学校、地域住民、地域に根ざした活動をする人々は、小学校をフィールドとした「学習」において、どのような役割を担うことができるのだろうか。
　本章では、とくに「地域で起った水害」をテーマとした環境教育プログラムづくりとそれを用いた授業実践を取り上げる。多様な主体のプログラムへの関わりから、身近な地域での「市民性」を高めるための環境教育の可能性について考える。

1　はじめに

　地域で起こった過去の水害を伝えるという取り組みがある。これは、水害の経験が少ない次世代へその体験を伝えることにより「水害に強い地域づくり」をめざす取り組みがある。この取り組みは、国土交通省淀川河川事務所・子ども流域文化研究所が、淀川水系・三世代型水害史調査として、淀川水系のさまざまな地区でおこなわれたものである。この調査の目的は、水害に強い地域社会づくりである。「自分で守り」、「みんなで守り」、「地域で守る」という3つの視点から、地域で起こった洪水についての記憶や知恵をもとに、地域社会が川や水害とどのようにつきあっていくかを考えるのである。

　この取り組みは、自分たちで考えることを重視したプロセスを通して、地域にあるさまざまな事柄や住民同士の関係を学び、自分たちの地域はどうあるのがよいかを模索しながら、ひいては自分たちの地域を自分たちでつくることをめざすものであるといえる。大事なことは、地域の抱えるさまざまな課題を取り上げる時には画一的な進め方や方法ではなく、地域や地域に住む人々の自主性や主体性を尊重しながら進めることである。

　持続可能な社会の構築に向けて、社会を担う人々の存在が重要となる。「地元学」や持続可能な開発のための教育の10年での取り組みからも、「地域」での取り組みや「地域に住む人々」の重要性をみることができる。それは、ただ今あるものを受け入れるだけでなく、「自分たちの地域をどのような場所にしたいのか」、「どのようにくらしたいのか」という視点から積極的に地域に関わることをねらいとした取り組みであり、環境教育の視点から見ると、「地域に深く関わる視点」を持った「市民性」(井上 2005)を高めることをねらいとした環境教育としてとらえることができる。

　「地域で起こった水害を次世代に伝える」というこの取り組みは、「地域のことを誰かに決めてもらう」「誰かからの指示を待つ」というものではなく、地域に住む人々自身が「自分たちのことは、自分たちで」考えるという視点を生み出すものである。そして、地域に根ざした活動であるだけでなく、地域の人々が「地域に深く関わる」こと、「自分たちのことは自分たちで」とい

う市民性を高めるための取り組みとしてとらえることができる。

　「地域」という視点からみると、学校という空間は、「地域」を学ぶ機会が多くある。学校区という空間は、子どもたちにとって身近な場所であるため、学習においても観察や見学などの体験の場として利用されている。総合的な学習の時間などを利用し、小学校の授業に地域住民や地域に根ざした活動をしている人々を招いて授業をしてもらい、これらの人々が持つ経験や知識を活かすプログラムが近年みられつつある。プログラムを見てみると、地域の人々と交流し、それを通して子どもたちに新しい視点から地域を発見することを意図しており、その方法や内容は多様であるが、参加や体験を中心としたものが比較的多い。子どもたちは「びっくりした」、「楽しかった」、「新しいことがわかった」という感想を述べるのだが、体験したこと自体について満足感を持つにとどまっているのである。では、どのようにすれば、「地域に深く関わる」人々の姿を地域の子どもたちに伝えることができるのだろうか。

　この章では、「地域で起こった水害」をテーマとしたプログラムを通して、地域に深く関わる・地域に根ざす「市民性」を高めるための環境教育のかたちを紹介したい。具体的には、「地域で起こった水害」をテーマとしたプログラム開発とそれを用いた京都市立向島南小学校での授業実践を紹介する。教員、大学生ら、地域住民の異なる立場の三者が協働して作ったプログラムやその過程から、学校をフィールドとする環境教育の協働について考察する。

2　地域で起こった水害プログラム

1　プログラム開発の経緯と目的

　京都市立向島南小学校で「地域で起こった水害」プログラムの実践がおこなわれたきっかけは、2004年に京都教育大学社会学研究室が淀川水系・三世代型水害史調査の一環として、1953年の13号台風による宇治川流域の水害の研究を担当したことにある。京都教育大学社会学研究室の西城戸誠(当時)を中心とした研究グループによって、被害のあった京都市伏見区向島、宇治市、京都府久世郡久御山町において水害に関する聞き取り調査をおこなった(西城戸、川面、武田 2006)。

表2-1 プログラム「地域で起った水害」

子どもの活動	主な発問や留意点
活動1「地域や川の様子を知る」(1〜10時間)	
1. 地域で起った水害の写真を見る	地域で起った水害について考えてみましょう。 ・被害の様子を子どもたちが知っている場所とつなげながら説明する。
2. 川にフィールドワークに行く	川の様子や景色、堤防の高さを観察しましょう。 ・水害へのイメージを高める。・一人ひとりの発見を大切にする。 ・「今」と「昔」などいろいろな角度から考える。
3. 地図を使いまとめる	水害があった場所に色をぬり被害の様子を確認し、フィールドワークに行った場所を確かめましょう。 ・グループに分かれる。・「学校」「決壊口」「自分の家」など、わかりやすい目印を地図に書き込む。・フィールドワークで歩いた場所に印をつける。
活動2「インタビューの準備をしよう」(11〜16時間)	
1. 10のテーマから、話を聞いてみたい水害体験者を選ぶ	10人の水害体験者の方の中で、自分が話を聞いてみたい人を選びましょう。 ・水害体験者から各テーマについての話が聞けることを伝える。 ・自分が聞きたいテーマを選ぶ。
2. グループにごとに当時の水害の様子や水害体験者への質問を考える	水害のことや聞いてみたいことを考えましょう。 ・グループに分かれる。・水害体験者の体験についての予想をする。・なぜそのような予想をしたのかを説明できるようにする。・水害体験者への質問を考え、答えも予想をする。
3. インタビューの準備をする	グループで話しあって、インタビューの時の質問の順番を決めましょう。 ・1人ひとつは必ず質問をする。・あいさつや自己紹介の用意もする
活動3「地域の水害に触れる」(17〜20時間)	
1. 各グループに分かれ、インタビューをする	水害体験者の方にインタビューをしましょう。 ・グループごとにインタビューをおこなう。・インタビューはすべて子どもたちで進める。・大学生は、水害体験者と子どもたちの会話がスムーズにいくように言葉の補足などをする。
2. インタビューで聞いたことをまとめる	インタビューで一番印象に残ったことを書きましょう。 ・グループ内で、聞いたことを共有する。
3. 水防倉庫に見学に行く	水防倉庫にどのような道具があるのかを調べましょう。 ・3つのグループに分かれ、3ヶ所の水防倉庫に行く。 ・見学後、3つの水防倉庫の比較をする。
4. インタビューと水防倉庫の見学でわかったことを書き出す	インタビューや水防倉庫の見学でわかったこと、考えたことを書きましょう。 ・グループで話し合いながら、インタビューや見学の情報を捕足しあう。・数人が発表する。
活動4「聞いたことを伝えよう」(21〜45時間)	
1. 模型を使い、今までの活動をふりかえる	立体模型を使って、水害の様子や水害体験者から聞いた話を確認しましょう。 ・土地に高低差があり、それが被害の差につながったことを説明する。 ・自分たちの住んでいる場所が堤防によって守られていることを説明する。
2. インタビューなどでわかったことをまとめる	一番印象に残っていることを、伝えたいこととしてまとめましょう。 ・1人ひとりが、文章と絵を書く。 ・グループごとに1つの模造紙にまとめる。
3. グループごとに発表をする	各グループごとに水害体験者から聞いたことを発表しましょう。 ・グループごとに発表をする。・お互いのグループ発表を認め合う。
4. 感想を書く	活動全体を振り返って、感想を書きましょう。 ・プログラム全体を通して、聞いたり、感じたり、考えたことを作文にまとめる。

このプログラムに関心を持った向島南小学校の4年生の総合的な学習の時間に大学生、水害体験者である地域住民が参加するプログラムを実施することになった。学校の教員、教育内容や方法をはじめとするプログラム開発には、向島南小学校の教員2名、京都教育大学の教員と学生の4名が中心となってプログラム開発チームを構成した。また、実践においては、このメンバーに加えて、京都教育大学や京都精華大学の学生が子どもたちの小グループのサポートメンバーとして参加した。

　なお、プログラム「地域で起こった水害」は、当初の段階で内容や方法など決まった部分があるわけではなく、まったく白紙の状態からプログラムのデザインをおこなった。4学年の教員と筆者を含む大学生らが中心となり、打ち合わせを重ねながら作り上げていった。

　プログラムは大きく分けて、活動1：地域や川の様子を知る、活動2：インタビューの準備をする、活動3：インタビューや水防倉庫を見学する、活動4：地域の人から聞いたことを伝える、の4つの活動からなっている。プログラムの内容をもう少し詳しくみていこう。

写真2-1　宇治川へのフィールドワーク

活動1：地域や川の様子を知るでは、子どもたちが住んでいる地域と水害との関係に目を向けるための活動をおこなった。地域の水害について学ぶことへの興味や関心を高め、水害が身近な場所、自分が住んでいる場所で起きたできごとであり、そこから水害と自分との関係をみつけることをめざした。そのために、水害の様子を表した写真を見たり宇治川でのフィールドワークなどをおこない、観察や体験から水害への理解を深めた。

活動2：インタビューの準備をするでは、水害体験者の語る当時の水害を子どもたちがより主体的に聴くための活動をおこなった。子どもたちは10グループに分かれて、水害体験者への質問を準備した。また、質問にあわせて、答えを予想した。

活動3：インタビューや水防倉庫を見学するでは、実際に水害体験者にインタビューをおこない、水防倉庫を見学して現在の地域の様子や水害への備えに触れた。過去の水害についてだけでなく、現在でも地域が水害を防ぐために活動していることを理解し、地域や住民と水害の関係への認識を深めることをめざした。子どもたちは、インタビューでは水害体験者の話を、水防倉庫

写真2-2　水害体験者へのインタビュー

への見学では防水団が使用する道具の形や使い方などを記録した。

活動4：地域の人から聞いたことを伝えるでは、このプログラムのまとめをおこない、小学校の創立30周年を記念した発表会でそのまとめを発表し、全校生徒や地域の人たちに「地域で起こった水害」を伝えた。

2　協働による効果

　このプログラムは、三者の協働によって開発および実践がおこなわれた。とくに、プログラムの開発においては、学校と大学生らが協働してプログラムをつくった。ここで気をつけた点は、教員と大学生のどちらかが主導することで片方の意見が大きく反映し、両者の意見の取り入れがアンバランスになることを避けることであった。水害の調査をおこなった大学生は水害やそれらに関する地域の出来事についての情報を収集していたので、プログラムを構成する内容については十分の知識があった。しかし、学校の外の人間である大学生らは、学校や授業、また子どもたちの様子について知り得ない。そこで、大学生から教員に向けて一方的にプログラムを提示することを避け、教員と大学生が知識や情報、あるいはスキルを相互にやりとりしながらプログラムを開発することに留意した。学校と学校以外の組織が協働してプログラムをおこなう場合、学校か学校以外の組織のどちらかが主体的にプログラムをつくることが多い。つまり、学校の教員が主体的に進める場合は、協働する外部組織は教員が設定した場面で知識や技術を提供する。反対に、外部組織が主体的に進める場合は、教員はプログラムの進行や内容に深く関わることが少ない。

　一方、異なる立場の三者が関わることによって生じる短所としては、たとえば、プログラムの内容や方法に関する合意形成に時間と手間がかかることである。三者の立場や意見を理解し、調整する調整役の負担が大きくなりがちである。

　効率的にプログラムを進めるためには、「教員だけ」や「学校以外の組織だけ」で開発・実践したほうがよいようにもみえる。しかし、「地域で起こった水害」プログラムでは、協働しながら作成・実践した。では、三者が関わる

ことによって、どのような効果が現れたのだろうか。プログラムの開発の過程・実践の様子から見ていく。

①学校と大学生の協働

今回のプログラムでは、学校の教員と大学生らは対等な立場で教材化をおこなった。プログラム開発を担当した大学生ら（4名）と教員が2週間に一回程度集まり、開発に関する検討をおこなった。

先に調査を進めていた大学生らは、「地域で起こった水害を子どもたちに伝える」「体験や参加を重視したプログラム」というおおまかな方向性だけを持っていた。そして、学校の教員とともにプログラムをつくることを呼びかけた。これには、二つの理由があった。第一に、大学生らは、プログラムの教材化およびその実践に学校の教員が深く関わることにより、プログラムの内容が子どもたちにより伝わりやすく工夫されたものになることを期待したからある。第二に、プログラムは、学校や教員のニーズに柔軟に対応したものが必要であると考えたからである。そして、プログラム開発のプロセスの中で、双方がプログラムのねらいや内容を検討することによって、技術や知識を生かした、子どもたちに伝わりやすい、充実した内容になることを期待したためである。

学校の教員および大学生らは、このプログラムの開発にあたり、多くの議論を重ねた。開発に関わる打ち合わせでは、大学生らは子どもたちの参加や体験型の活動を中心にしたプログラムを提案した。それに対し、教員らからは、「どのように子どもたちに見せることができるのか」、「どのようにすれば子どもたちを引き付けることができるのか」という資料の使い方や調査の方法、活動の進め方に関して多くの具体的なヒントを示した。たとえば、写真に写っている場所を説明する際に、子どもたちの知っている身近な場所と結び付けて説明したり、フィールドワークでは、河川にある石の大きさや草木の様子を観察し、理科の学習と結び付けて水流の力を説明するというものである。このような子どもたちの「学び」を生み、さらに深いものにするための工夫やしくみづくりの視点は、教員らが持つ知識や経験が活かされた結果である。プログラムは、教員と学生らが協働することによって、最初に大

学生らが考えていたフィールドワークやインタビューなど体験を中心とした内容をベースとしながら、子どもたちの責任感や主体性を高める工夫が組み込まれ、子どもたちの多様な「学び」を生み出すための配慮がされたプログラムへと変化した。

以上のことから、教員と大学生という異なる視点を持つ主体が協働してプログラムつくりに関わることによって、多様な「学び」の可能性を持つプログラムを実践することができることがわかる。教員と大学生らがプログラムの教材化および実践のためのプロセスを丁寧に見ていくという作業をおこなうことによって、内容がより豊かなものになったといえるだろう。

②体験者が水害を語る

地域で起こった水害をテーマとしたプログラムを進める上で、水害体験者がその体験を直接子どもたちに伝えることは、大きな意味を持つ。「地域で起こった水害」を語ることによって、その地域の記憶は共有され、過去に起こった地域の水害を「自分たちの地域のこと」としてとらえるための重要な視点となるからである。また、「水害」を語ることによって、水害以外の当時の地域の様子や生活など、子どもたちの「地域」への新しい視点が広がっていくためのステップとなる。

水害体験者は、「水害体験」に関する情報を提供する役割を担当した。そして、プログラムの実践では、子どもたちを前に「水害の体験」を語った。「水害」は「川と地域の関係」の中では比較的「負」の側面を持ったテーマである。地域で起こった水害をテーマとする場合、水害から「治水の重要性」や「水害を防ぐためのくらしの中の工夫」などを学ぶことが目的となることが多くみられる。今回のプログラムでは、地域の人々によって「個人的な水害の体験」を語るという点が重視された。

今回のプログラムでは、「ただ聞く」だけではなく、水害体験者が語る「水害体験」を子どもたちが集中して聴くためのしかけがあった。それは、少人数グループにし、グループごとに異なった水害体験者の話を聞くというものであった。そして、インタビュー形式にして、子どもたち自身が水害体験者に質問をするというものであった。このしかけを提案した教員らは、このこ

とによって、子どもたち自身が水害体験者の話をただ聞くのではなく、「聴く」姿勢を持つことができると説明した。子どもたちが聴くための準備をすることと、他のグループにはない自分たちだけの情報を得るのだという、聞き取りへのモチベーションと責任感を持つことができるのである。そのことによって、子どもたちが水害体験者の話に「ぐっ」と集中した。

　水害体験者へのインタビューまでに、宇治川へのフィールドワークや質問を考える、水害体験者の家を地図で確認する、インタビューをする方の家が水害の時どうなったかを予想するなど、事前に16時間を費やした。水害や水害体験者へのインタビューの準備をすることによって、インタビュー自体は40分程度と長い時間ではなかったが、子どもたちは水害体験者からの話をメモをとりながら聞くことができた。とくに、自分がした質問とその答えを、多くの子どもたちが一番印象に残った事、一番伝えたいこととしてあげていた。

　子どもたちは語られた「地域の水害」を振り返り、以下のような感想を述べている。「にわとりが死んでいたこと」「被害の後の工事がとても大変だったということがわかった」や「昔は、牛が一番大事だった」「壁は、土を腐らせてつくった」などある。これらのように、被害の様子や苦労への驚きや水害時の生活の様子を述べている。その他に、「水はこわいもの」と書く子どもたちがいる一方で、「川はこわい存在だけではなくて、飲み水とかいろいろなために使われている。」のように、今までの川や水害のイメージをとらえ直したもの、「お話をしていただくときに、悲しくなって、泣いてまでお話をしてくれました。そのことで、どんなに苦しかったかということがわかりました」のように、当時の苦労から水害に遭われた方の気持ちを想像する子どもたちもいた。

　子どもたちの感想文から「語られた水害」が、水害の恐ろしさや苦労だけでないことがわかる。子どもたちは、「地域で起こった水害」を通して、当時の地域の様子やそこに暮らす人々の生活の様子や水との関わりがどのようなものであったのかという視点を広げ、当時の人々の価値観や地域社会への理解や認識を深めていったといえるだろう。

またある男性は、「水が地域に来るのを止めるために、川につながる水路を畳で止めにいった様子や、決壊した後の川の堤防の復旧作業にたずさわったこと」を語った。ある女性は「水が家に来ると聞いて、当面の食べるものを高い場所に移動させ、子どもとともに、親戚の家に避難したこと」を子どもたちに語った。ある子どもは、地域の人々の水害を防ぐための活動や協力をあげ、「助け合いはとても大事なんだなあと思いました。」や「いざというときは、みんなで協力していて、昔の人は近所の仲がよかったのだと思いました。」という、自分たちの地域は自分たちで守るという人々の行動とそのなかにある人々の協力について感想を述べている。

　これらの子どもたちの感想から、地域の人々によって語られた「地域で起こった水害」は、当時の水害の様子や地域の様子だけでなく、地域の人々同士の関わり方や人々が自分たちの地域を守るという、地域に深く関わる姿を伝えていることがわかる。

　このように、水害体験者の話を「ただ聞く」のではなく、子どもたちが目的意識を持って「地域で起こった水害」を聞くための準備作業をおこなったことは、水害体験者の話しを聞く姿勢に大きな影響を与えたといえるだろう。また、水害体験者が「地域で起こった水害」を語ることによって、断片的ではなく、自然や生活など地域の生活全体をとらえながら地域を理解させることができた。

③学生スタッフの役割

　水害体験者が体験を子どもたちに語る場合、子どもたちが理解しやすい言葉を使うように配慮しなければ、伝えたいことが伝わらないという危険がある。個人の体験を話すときには、表現の方法、言葉の問題がある。時代背景や当時の習慣を知らないと理解することが難しい内容の場合があるためである。つまり、問題なのは話の内容ではなく、伝え方や言い方である。

　子どもたちが聞き取り調査をおこなうときに、各グループに大学生スタッフ(15名)がサポート役として合計3回のグループワークに参加した。グループワークでは、子どもたちの思いや考えを引き出すことに重点をおいたサポートを心がけた。また、聞き取り調査では、子どもたちと水害体験者のコ

ミュニケーションが円滑に進むためのサポートもおこなった。

　言葉や習慣については、インタビューの際に、各グループをサポートしている大学生が、子どもたちと水害体験者の話がスムーズに行くように、言葉を足したり、さらに質問をするなどして、双方の理解を深めるための支援をした。

　たとえば、子どもたちから、「水害のときは、どのように生活していたのですか？」という質問があった。地域の方は、「水害で流れてきた木を集めて使った。」と説明する。しかし、子どもたちは、木を何に使ったのかをイメージすることが難しい様子であった。そこで、サポート学生は、「昔は、木を何に利用したのですか？」と問い返す。地域の方は、「なんでもや。ごはんをたくのにも、風呂にはいるにも、キャンプみたいに火をおこさなあかんねん。」と説明する。ここで、やっと子どもたちは、納得するのである。このようなやり取りをくり返しながら、子どもたちと地域の方の会話がおこなわれた。

　このように、子どもたちの質問の意図も水害体験者の話の内容も理解して

写真2-3　地図で水害の様子を確認する

いる大学生らが、地域の方々と子どもたちの間に立つことによって、双方のコミュニケーションが円滑におこなわれた。そのため、子どもたちの当たり前、水害体験者の当たり前を双方が確認しながら、理解を深めていった。また、大学生らは、プログラムの聞き取り調査の準備から実際調査をおこなう過程で、子どもたちの相談役、アドバイス役となり、子どもたちと近い関係を持つことができた。この関係性は、聞き取り調査のときの雰囲気や支援の方法にも影響を与えたといえるだろう。

3 協働の意義：地域をみる視点

これまで、学校での事例から、地域で起こった水害をテーマとしたプログラムの協働をみてきた。学校という空間はこれまで、さまざまな「地域」をテーマとした学習を進めてきた。とくに小学校3, 4年生の社会科では地域をフィールドとした学習が設定されているが、地域をどのようにとらえようとするのか、という視点によって学習の内容および方法は、大きく変化する。そこで、学校でおこなわれてきた地域学習とそこで求められる子どもの姿を紹介したい。具体的には、「社会の広がりや深さを感じるためのもの」、「地域の多様性や複雑さを感じるためのもの」、「自分の問題として地域をとらえるためのもの」、「地域学習を通して、別の目的を達成しようとするもの」の4つのねらいを紹介する。

第一の「社会の広がりや深さを感じるためのもの」とは、学習者が地域や事象をとらえるために社会の広がりや深さを理解することをねらいとしたものである。たとえば、地域社会を地理的視点や経済的視点から説明したもの（岡崎 2002、岡崎 2003）や、地域社会の関係や広がりを学習者が主体的にとらえるための手法（關 2003、宮崎 1994）、知識と体験を含んだ授業によって事象をとらえようとするためのもの（峯 2003）などがある。これらの地域学習は、地域や地域社会の広がりや深さを感じることをねらいとしたものであり、「学習者が地域社会を学ぶためには、断片的に物事をとらえるだけでは不十分である」という視点が存在している。そのため、学習の対象となる事象と他の事象との関係性や関連性、体験を含めた地域学習を提案している。

第二の「地域の多様性や複雑さを感じるためのもの」とは、地域や社会の多様さや複雑さへの視点に重点をおいた学習である。たとえば、学習者が「社会参加」することによって、地域のあり方を考えるもの（井田 2003）、身近な地域の変化を探るもの（宮入 1981）、「見えないもの」を「見えるもの」にかえるために、学習する事象と関係する人や物に触れることを提案したもの（安井 2004）などがある。これらの地域学習から、地域や社会は「ある特定の視点からだけではとらえることができない」という視点が存在していることがわかる。そのため対象となる事象に直接触れたり、現場にいったり、人々への聞き取りなどを通じて、学習者が事象を何度もとらえなおす機会を含んだ地域学習を提案している。

　第三の「自分の問題として地域をとらえるためのもの」とは、地域や地域の事象を理解するためには学習者と学習の対象となる事象（物や人）との物理的および心理的距離が重要であり、学習者が積極的に地域や地域の事象に触れることによって、学習者と対象となる事象の関係を作り、心理的な距離を近いものにして当事者意識を高めようとする学習である。たとえば、地域の一員としての自覚や主体性を高めることをねらいとした学習として、地域と学習者の接点をつくるためのもの（木下 2003、竹内 1999）や、地域の人々との関係から当事者意識を促すもの（原田 2003、石丸・中原 2004）があげられる。これらの学習から、「地域や地域社会をとらえるためには、扱う内容を学習者が自分の問題としてとらえることが必要である」という視点が存在していることがわかる。

　第四の「地域学習を通して、別の目的を達成しようとするもの」とは、地域での学習から別の大きな目的を達成しようとする学習のことである。その場合、地域学習は、ある目的のための道具であるといえる。たとえば、地域での具体的な取り組みから、社会に積極的に関わることができる人を育成することを目的としたもの（寺本 1998）や、他地域との比較を通じて自分たちの地域の特徴や価値観を理解するもの（尾崎 2001）がある。また、身近な水から資源の必要性や有限性を扱ったもの（森本 1986）や、社会への「参加」を通じて自分自身の価値観を問うもの（唐木 2003）がある。これらの地域学

習から、学習者が「自分や地域の相対化」への視点を重要としていることがわかる。相対化することによって、自分や自分の地域の特徴や価値観をより明確に理解しようとする。

これらの地域学習は、知識を深めるあるいは主体性を高めることをねらいとし、知識と知識の関係性を感じること、および、生活（社会）と教科書（学習内容）をつなぐというものである。そして、これらの地域学習の背景には「地域の多様性や複雑さ」への理解を深めることをねらいとした視点が存在していることがわかる。それぞれの地域学習には、それぞれの役割があり、多様な地域学習がおこなわれていることには大きな意味がある。

ここで、今回の地域で起こった水害プログラムを先に紹介した4つの地域学習にあてはめてみる。第一の「社会の広がりや深さ」として、水害の様子を語ることによって木の使い方や牛の価値などの生活と生活様式を関連付けて説明したことがあげられ、子どもたちの感想からも確認することができる。第二の「地域の多様性や複雑さ」として、水害体験者の視点「地域」を語ることがあてはまる。地域で水害があったことを知らない子どもたちにとっては、水害体験者の語る地域にふれることによって、地域の新しい側面を発見したといえる。第三の「自分の問題としての視点」としては、フィールドワークや水害体験者への聞き取り調査を通して、学習者と「地域で起こった水害」が直接ふれる機会を持ったことによって、地域の水害と学習者である「私」の心理的距離を縮めたことと重なるだろう。第四の「地域学習を通して、別の目的を達成しようとするもの」としては、プログラムの中で意識的に扱われる場面はあまりなかった。しかし、プログラムの作成および実践における三者の協働を考えると、プログラムを通して「子どもたちと地域をつなげたい」という視点をみることができる。そして、その「子どもたちと地域をつなげたい」という三者の思いはプロジェクトのねらいと重なるだろう。

このように、「地域で起こった水害」をテーマとし、三者が協働することによってさまざまな地域学習を展開することができる。さらに、「地域で起こった水害」というテーマの場合、地域の多様性や複雑さを理解するだけでなく、最初に紹介した地域で起こった水害を伝える取り組みにみられるような「自分

たちのことは自分たちで」や「水害から地域に深く関わる人々の姿」という地域住民の姿を浮き彫りにすることができる。そのため、地域学習だけでなく、市民性を高めるためのプログラムにもつながっていくことがみえてくる。

4 協働による「学び」の広がり

　この「地域で起こった水害」プログラムは、水害を体験した地域住民、それを調査した大学生ら、伝える場としての「学校」が、プログラム作成から実践までの過程に相互に関わり、そのことによってプログラムには多様な視点が含められ、変化しながらより豊かな内容になっていった。プログラム作成および実践の過程では、各主体がプログラムに丁寧に関わっていけるようなしかけづくりが重要であることもわかった。

　この過程における協働は、三者の得意な分野を生かし、話し合いによって、プログラムを進めるというものであった。

　ただし、三者が相互に関わりながら、プログラムを進めていく上で、「学校」「大学生ら」「地域住民」以外にも三者をつなぎ調整する役割として、コーディネータの存在も影響していることに留意したい。プログラム開発・実践のためには、「何を伝えるか」「どのように伝えるのか」という内容及び方法に関する検討だけでなく、地域住民やグループワークに参加する大学生への連絡を含むさまざまな調整が必要であった。学校をフィールドとしたプログラムであることを考えると、地域住民や大学生らへの連絡や打ち合わせなどのコーディネータを学校の教員が担うことが一般的かもしれない。しかし、多くの教員は、多忙であり、時間的余裕がないのが現状である。

　そこで、今回のプログラムにおいては、大学生らがコーディネータとして、プログラム実施日の水害体験者、サポート学生の双方の日程の調節、プログラムの内容やねらいを説明し理解を求めるための打ち合わせなどの調整をおこなった。大学生らがコーディネートをおこなうことができたのは、大学生には比較的自由な時間があり、打ち合わせなどに時間を費やすことができたためである。しかし、それだけではない。大学生らは「地域の水害」の調査をおこなうことで、このプログラムに必要な地域の水害に関わる知識の提供

> ティータイム
>
> **地域をとらえる視点**
>
> 　「身近な地域に主体的に関わる」ことは環境教育において重要な要素である。身近な地域に主体的に関わる方向に人々の目を向けるためには、「自分と地域の関係」をとらえながら、自分と地域のつながりという心理的距離（嘉田2001）を縮めることが必要であるという。
>
> 　今回フィールドとして取り上げた小学校では、総合的な学習の時間が導入される以前から「環境教育」という名前ではないものの、子どもたちにとって身近な地域をフィールドとした学習はおこなわれてきた。学校区という空間は、子どもたちにとって身近な場所であるため、学習においても観察や見学などの体験の場として利用されてきたのである。とくに社会科の3, 4年生では地域をフィールドとした学習が設定されている。このように、小学校では、改まった「環境教育」ではないものの、「自分が住む地域がどのような場所であるのか」や「地域の自然や人々と関わる」という立場から、さまざまな学習が進められている。学校での「学び」には、このような身近な地域への関わりへの視点を含んだものも多く見られる。学校というフィールドは、地域と子どもたちが関係をつくるためのきっかけをつくり、主体的に地域に関わろうとする方向に目を向けるための環境教育の実現のための豊かな可能性を持っている。

が可能になったこと、多くの大学生らが教育養成系の大学に所属し、教員を志望し子どもたちと接する経験を持っていたため、プログラムにおいて「子どもへの支援」を小学校側からの期待に応えることができた。また大学生らがコーディネータとして地域住民や学校とコミュニケーションをスムーズにおこなうことができた。この三者をつなげる要素があったことによって、三者の協働がよりスムーズなものになったといえる。

　しかし、その一方で、このプロジェクトには課題も残されている。それは、プログラムに関わるスタッフの確保である。このプログラムでは、小グループの支援のためにスタッフが必要となる。今回は、時間に比較的に余裕がある大学生15人がスタッフとして関わったため、さまざまな活動を進めることができたが、スタッフをどのようにして集めるのかは大きな課題である。

　さらに今後、多様な主体を巻き込みながら「身近な地域」での活動や学習

を進めていくためには、プログラムを支えるしかけが必要である。しかし、このようなしかけはまだ十分なものとはいえず、これからもっと工夫が必要である。今回の実践では、学校、大学生ら、地域住民の各主体をつなぎ、支える役割を、筆者を含む大学生らが担った。この役割は、地域で活動するNGOやNPOなどが担うこともできるだろう。

「地域で起こった水害」プログラムは、子どもたちだけでなく、地域住民にも変化をもたらした。プログラムに協力していただいた水害体験者らを中心とした地域の方々から、水害当時の水位を記した記念碑が小学校に贈られた。これは、小学校の創立30周年を記念したものであった。「地域で起こった水害」プログラムに関わり、子どもたちに「地域を語る」ことを通じて、改めて「地域と自分」の関係に目を向け、地域と自分の関係をとらえ直しためであると考えられる。それが水害の記憶を印した記念碑という形になって現れることとなったのだ。

今回の事例は、「身近な地域」をテーマとした活動をするとき、各主体にとどまったプログラムをするのではなく、「協働」することによって多くの

写真2-4　グループワークの様子

ものを生みだすことができることを示しているといえる。

さらに、「地域で起こった水害」は、地域の被害の様子や歴史を伝えるだけでなく、自分たちの地域は自分たちで、という「地域に深く関わる」という側面を強く持ち、「地域に深く関わる人々」やそのつながりを浮かびあがらせるのである。

> **課題**
> 1. あなたの住む地域や大学のある地域の環境には、歴史、産業、文化などの点でどのような特性があるか。また、その特性を学習プログラムづくりにどのように活かすことができるか話し合おう。
> 2. 教員と市民が協働して環境教育の授業を作る場合どのような点に留意すればよいか、教員および市民それぞれの立場に立ってポイントを整理しよう。

参考文献

1) 農山漁村文化協会『地域から変わる日本：地元学とは何か』農山漁村文化協会、2001年。
2) 嘉田由紀子『環境社会学』岩波書店、2002年。
3) 安井俊夫「社会科学習における「地域」の位置——「地域で」「地域を」学ぶ道筋」『愛知大学綜合郷土研究所紀要』49、愛知大学綜合郷土研究所、2004年。
4) 石丸哲史・中原悦子「社会科における地域に密着した学習(I)」『教育実践研究』12、福岡教育大学教育実践研究指導センター、2004年。
5) 井田仁康「子どもが「参加」する学習プロセス」『社会科教育研究』、日本社会科教育学会編集、2002年。
6) 井上有一「エコロジー思想と持続可能な社会に向けての教育」今村光章（編）『持続可能性に向けての環境教育』、昭和堂、2005年。
7) 岡崎誠司「フードシステム論に基づく小学校地域学習の単元開発 4年生単元「わたしたちの県——広島菜をつくる——」の場合」『社会科研究』58、全国社会科教育学会、2003年。
8) 岡崎誠司「社会変動の視点を重視した小学校地域学習の単元開発 第3学年単元「商店のある町——空き店舗問題——」の場合 』『社会科教育研究』88、日本社会科教育学会、2002年。
9) 尾崎智佳「小学校中学年社会科における地域副読本開発の試み——「地域分析型地域 学習」をめざして——」『社会認識教育学研究』16 、鳴門社会科教育学会、2001年。
10) 唐木清「社会科における「参加」の意義——「市民」育成を目指す社会科教育の

あり方——『社会科教育研究 別冊 2002（平成14）年度 研究年報』、日本社会科教育学会編集志、2002年。
11) 木下貞夫「地域における社会科学習と子どもの「参画」」『社会科教育研究』別冊 2002（平成14）年度 研究年報』、日本社会科教育学会編、2002年。
12) 關浩和「ウェビング法による小学校社会科地域学習の単元開発 第3学年単元「わたしたちの市——広島かき——」の場合」『社会科研究』59、全国社会科教育学会、2003年。
13) 竹内裕一「社会科教育におけるまちづくり学習の可能性——子ども地域の再生に向けて——」『千葉大学教育学部研究紀要 1、教育科学編』49、千葉大学、1999年。
14) 寺本潔「「まちづくり」総合学習の構想——"参加"する生活科・社会科——」『愛知教育大学研究報告書』、教育科学編47、愛知教育大学、1998年。
15) 西城戸誠・川面なほ・武田一郎（共著）「水とかかわる地域を学ぶ(1)——宇治川・水害学習の実践記録——」『京都教育大学環境教育研究年報』14号：11-28頁、京都教育大学教育学部附属環境教育実践センター、2006年。
16) 原田正樹「社会科における学びの意義と方法——福祉教育の視点から」『社会科教育研究別冊 2002（平成14）年度 研究年報』、日本社会科教育学会編、2002年。
17) 峯明秀「社会科教育における「社会参加」の意義と位置」『社会科教育研究別冊 2002（平成14）年度 研究年報』、日本社会科教育学会編、2002年。
18) 宮入盛男「義務教育における地域学習の実態1——小学校社会科3, 4年生の扱いを通じて——」『都市計画』11、日本都市計画学会、1981年。
19) 宮崎正勝「初等社会科における地域学習の意義と方法——話し合い、イメージ・マップ作り、物語作りを中心にして——」『日本教育方法学会紀要 教育方法学研究』20、日本教育方法学会、1994年。
20) 森本正巳「小学校中学年の社会科学習における教材研究——地域学習について——その2」『名古屋女子大学紀要』32、名古屋女子大学、1986年。

（付記）本研究は、資料収集の一部に京都精華大学水害史研究グループ（代表：嘉田由紀子）と子ども流域文化研究所（代表：米山俊直）との共同研究の成果を含んでいる。また、本稿は川面なほ、西城戸誠の共同研究の成果である。本文中の写真は、川面または西城戸が撮影したものである。

3　学校で扱いにくい環境「問題」学習に挑む

比屋根　哲

──**本章のねらい**──

　地元で起きている環境問題を、学校教育の中で取り上げることは難しいといわれる。とくに、その問題が未解決の場合や、児童・生徒の関係者にそれらの問題に関わった人々が含まれる場合などは、環境教育の教材として取り上げること自体がタブー視されることもあるだろう。しかし、地元で起こっている**環境問題**だからこそ、児童・生徒はそれを自分の問題として受け止めることができる。地元の環境問題は、子どもたちに環境について主体的に学ぶ姿勢を培う絶好の機会を提供できることを無視してはならないだろう。

　本章では、青森・岩手県境で明るみに出た産業廃棄物の不法投棄問題（以下、産廃問題）を題材に、地元の高校生が総合学習の一環で取り組んだ内容と、取り組みの過程における生徒の意識の有り様を、彼らの感想文から読み解いた結果を紹介した。ここで取り組まれた「学び」の活動は、産廃問題に関する地元の新聞記事を学習し、その感想を学校の文化祭で発表するという平凡な取り組みであったが、これが地域で産廃問題に取り組む人の目にとまり、その「学び」はさらなる進展をみせる。

　読者は本章の事例を通して、地元の環境問題を教材にすることは、それほど難しいことでも、タブー視すべきものでもないことを理解してほしい。また、平凡な取り組みにもかかわらず、これらの「学び」は環境教育の活動として非常に有効であることを感じ取ってほしいと思う。

1 はじめに

　2003年8月8日、青森県田子町の教育委員会の主催で、町内の小中学生を対象に**産業廃棄物不法投棄問題**（産廃問題）の現場の見学会がおこなわれた。見学会に参加したのは、田子町内の小中学校（4校）の児童会、生徒会の役員をしている子どもら約20名で、現場を案内したのは同町民生課長のN氏である。

　一般に、学校がこうした見学会を実施した後は、参加した児童生徒に感想文を書かせることが多い。今回の見学会でも、教育委員会は今後の取り組みの参考にするため、見学会に参加した児童生徒から感想文を集めている。以下に、この時の見学会に参加した中学3年男子の感想文（一部）を紹介しよう。

　「……僕は（産業廃棄物不法投棄の現場を）見学すると聞いて、あの（東京湾の）夢の島を想像していた。ゴミが露出し、一面白っぽくなっている原っぱを。しかし、見たのは緑におおわれた意外ときれいな所だった。話を聞くと、産業廃棄物と呼ばれるゴミは、谷を埋めつくし、その上に土をかぶせ、踏み固めて見えなくしたので、ほとんど見えないらしい。少しほっとしたが、鼻が反応した。臭い、と思った。その臭いは、温泉等に行くと臭いのする硫黄のような卵の腐ったものだ。いや、それ以上かもしれない。パイプから何やら黒茶色の液体が流れている。でも、色は別に大丈夫だと言っていた。今、心配なのはニオイがあることだそうだ。この水が下流に流れていくのが心配だ。今回の見学で、田子の別な一面、ゴミの原を見た。しかし、悔やんでばかりいられない。これからどうしていくべきか考えていこうと思う。そして早く、この問題が解決するのを願う。」

　一般に、感想文は子どもが自由な意思で書くことよりも教師等から求められて書く場合が多い。この感想文も、教育委員会から求められて生徒が書いたものであり、その記述がどれだけ本音を語っているか、たとえばこの感想

文の後半にある（産廃問題について）「これからどうしていくべきか考えていこうと思う」という記述にはどれだけの決意が込められているかは確かめようがない。とはいえ、これらの感想文から注意深く事実を拾っていくと、多くの教育上の教訓を得ることができる。

はじめに注目したいのは、産廃現場に到着した時の生徒の第一印象が「緑におおわれた意外ときれいな所だった」という点である。このような印象は、見学会に参加した他の生徒も、「イメージしていたのは、テレビに出てくるようなゴミの山で、平らのままの土地を見て本当にゴミが捨ててあるのか不思議に思いました」、「着いてバスから降りると、そこは普通の山でした。『えっ』と自分は大きな声で言ってしまいましたが、それほどゴミという感じがするものがありませんでした」等と感想を書いている。

田子町で産廃問題に取り組む有志の集まりである「田子の声百人委員会」の中村会長によると、不法投棄された産業廃棄物のなかには多くのバーク堆肥が含まれており、これが栄養となって現場では雑草が異常な成長を示しているという。子どもたちが最初に見た物は、この雑草に覆われた緑の丘であった。子どもたちが見学した場所は、ついさっきまでゴミが投棄されていたホットな現場ではない。産廃のリアルな現状を伝える点では、もう少し早く見学会の取り組みがおこなわれていれば と惜しまれるところであるが、それでも産廃に対する子どもたちの第一印象を打ち破ったのは、現場で受けた説明と生徒自身の現場体験であった。

この生徒は産廃現場でN氏から「産業廃棄物と呼ばれるゴミは、谷を埋めつくし、その上に土をかぶせ、踏み固めて見えなくしたので、ほとんど見えない」という趣旨の説明を聞いている。この生徒は、この認識の上に強烈な悪臭の体験を重ねて、ここが紛れもない産廃現場であることを確認している。そして、臭いのある「この水が下流に流れていくのが心配だ」とみずからの状況理解から1つの判断を述べているのである。

子どもたちや人々に説明する、伝えるという行為は、いうまでもなく教育活動の基本である。また、環境教育では**現場（フィールド）**で体験させることが重要なことは広く知られている。この生徒の感想文は地元で起こった産廃

問題が非常に効果的な環境教育の教材になり得ることを雄弁に物語っている。このように、子どもたちの感想文からは、限界はあるものの第3者が読んでも有益な情報を引き出すことができる。

さて、田子町には以上に紹介した事例よりもホットな産廃の現場を体験した高校生たちの環境学習の取り組みがある。この章では、地元の高校で産廃を取り上げた環境教育の取り組みと成果について、とくに生徒の感想文の内容から読み解いてみたいと思う。

2 青森・岩手県境の産業廃棄物不法投棄問題と学校の対応

問題の産業廃棄物不法投棄事件は、青森県立田子町と岩手県二戸市にまたがる牧草地帯で起こったもので、不法投棄された廃棄物量は82万立方メートルに及び、産廃問題では全国的に有名な豊島の不法投棄量（46万立方メートル）をはるかにしのぐ、我が国最大規模の産廃事件となった。産業廃棄物を不法投棄していたのは三栄化学工業株式会社で、地元の新聞によればこの会社は1987年に新しい社長が就任してから廃棄物処理業が主力になったと

写真3-1　青森・岩手県境の産廃現場（2003年当時）

されている（デーリー東北、2002年8月15日付）。1988年には産業廃棄物処理業の更新が許可（翌89年に事業範囲に燃え殻を加える処理業の変更も許可）されているが、この頃から「ドラム缶を積んだトラックが出入りしている」等の住民からの苦情や不安が噴出している。しかし、青森県等の行政の対応はにぶく、また三栄化学工業の用意周到な不法投棄の続行策や地元の住民が三栄化学工業に就業している事情もあり、その後十数年にわたって不法投棄が野放しにされたのである。

　この青森・岩手県境の産廃問題は、北東北で発生した特殊な事件ではない。藤川（2001）は、「産廃は、人目につかないところ、反対の起きにくいところ、声の小さいところへと運ばれる」としているが、青森・岩手県境の産廃問題も、まさにこのような産廃事件の典型として発生したものである。また、高杉（2003）は、「産業廃棄物を出した企業がまったく責任を忘れて知らぬ振りをしている点で、また行政が排出企業の責任を免除する点で、それはまさに日本政治経済そのものの姿なのである」とし、産廃関連の事件に驚くほどの共通性があることを指摘している。このように、青森・岩手県境で起こった産廃事件は我が国の産廃問題の典型であり、この産廃問題を取り上げた環境教育の事例を検討することは、我が国の環境教育のあり方を考える上で大きな意義があるといえよう。

　さて、このような産廃問題に対して、地元の青森県田子町や岩手県二戸市の学校はどの程度教育課題として取り上げたであろうか。地元の新聞社が、関係する2つの自治体内の学校にアンケート調査をおこなった結果、2002年9月時点で授業、クラブ・委員会活動で産廃問題を取り上げた学校は全体の2割と伝えており、地元住民団体から「古里を学ぶ上で、子どもたちに事実関係だけでも伝えてほしい」との声が出ていることを報じている（岩手日報、2002年10月13日付）。ここで注目しておきたいのは、学校側が教育課題として産廃問題を取り上げない理由である。記事によると、「処理方法が確定せず教材に不適」、「本年度計画にない」などの理由が多いほか、「児童には問題が難しい」、「現場が学区に近い」などの理由もあげられていたという。ここには、自然環境に対する関心を高めたり、ゴミのポイ捨て等を戒めたりす

る環境教育とは異なり、今回の産廃問題のように現在進行中の社会問題、政治問題を含む環境問題を教材にすることの難しさと、学校現場の苦悩を読み取ることができる。まさに、こうした環境教育実践上の「壁」をいかに突破していくかが批判的環境教育論の1つの重要な課題になっているのである。

こうした教育の「壁」に立ち向かう1つの方法は、現場教師の努力によって現在進行中の産廃問題を教育課題として取り上げ実践した事例に注目し、教育実践の中で子どもたちがどのようなきっかけで、どのように彼らの意識や姿勢を変えていったのかを、具体的に明らかにすることである。先の新聞報道では、いち早く積極的に取り組む学校として3校紹介しているが、今回、対象とした青森県立田子高校もその中に含まれている。つぎに、田子高校における産廃問題の取り組みについて紹介しよう。

3　田子高校の取り組み

田子高校は、田子町の市街地から少し離れたところにある生徒数約160名、各学年とも2クラス編成の小さな高校である。県立高校ではあるが多くの生徒は田子町の中学校から進学しており、地元に根付いた高校ということができる。田子高校では、学校全体の方針として産廃問題を教育課題として取り上げたのではなく、産廃問題に関心のある教師によって総合学習の1つの選択課題の、さらにその一部として取り組まれたものである。2002年度、田子高校では生徒に「総合的な学習の時間」の選択希望調べを実施している。提示された分野は、農業経営、郷土芸能、自然環境、国際理解、健康・福祉、生活・文化、歴史、自分探し・進路の8つである。このうち、自然環境の分野については、田子の動植物、気候、地質の調査・研究とともに、「環境問題について調査・研究を行う」という内容が提示されていた。生徒は、8つの分野から選択して、それぞれの分野を担当する教師の指導を受けることになっているが、産廃問題はこの自然環境の分野を選択した生徒によって取り組まれたものである。

自然環境を担当する教師が、どのような経緯で産廃問題を取り上げることにしたのかは、環境教育を担う教師像を探る上でも興味深い課題である[1]。

3　学校で扱いにくい環境「問題」学習に挑む　53

ここでは担当教師が豊島の産廃問題と、そこで活躍した中坊公平弁護士の活動に関心を持っていたという点のみ紹介するにとどめ、以下に取り組みの概要を述べることにしよう。

　自然環境分野では、1学期にマツの葉の気孔を観察することで大気汚染の調査をしたり、校庭内の樹木調査をおこなったりしている。産廃問題をテーマに取り上げたのは夏休み明け9月に入ってからであった。この間、地方紙には産廃問題の関連記事が連載され、身近なところで適当な教材が得られたこともあり、担当教師は新たな学習テーマとして産廃問題を提案した。その取り組みは極めてシンプルなもので、とりあえず産廃問題に関する新聞記事を生徒に読ませて基本的な認識を得させるというものであった。具体的には、青森・岩手県境の産廃問題の経緯と実情を理解させるため、地方紙に掲載された産廃問題に関する連載記事（デーリー東北、2002年8月14日〜20日付）を読ませ、これに続けて、やはり地方紙に掲載された産廃問題の先行事例としての豊島問題に関する連載記事（岩手日報、2002年8月21日〜9月3日付）を読ま

写真3-2　文化祭で展示された不法投棄の記事と現場のポスター

せたのである。これら新聞記事による学習は、いずれも県境の産廃現場を見学する前におこなわれているが、生徒は10月中旬に開催された高校の文化祭で、記事の感想文や写真を内容としたポスター展示に取り組んでいる（**写真3-2**）。

　ここまでのところは、新聞記事の学習とそこから得た感想を発表するという平凡な取り組みの域を出ていないが、文化祭で発表したことは、その後の取り組みに意外な展開をもたらすことになる。同校の文化祭は広く町民にも公開で実施されているが、以上の生徒たちの感想文は、たまたま文化祭を訪れた「田子の声百人委員会」代表の中村氏の目にとまることになる。生徒の感想文から何かを感じ取った中村氏は、その後、産廃学習を指導した教員とも相談し、生徒たちに産廃現場を体験させるとともに、中村氏を高校に招いて生徒向けに講演会を開催する等の取り組みが実現したのである。

　以上が、田子高校における産廃問題に関する学習の経緯と内容である。現場教師にとっては、以上の取り組みの過程でさまざまな苦労があったものと推察されるが、全般的には対象が地元の産廃問題ということ以外は、学んだことを発表するというオーソドックスな学習方法で進められている。ただ、注意しておきたいのは、自分たちで学んだことを学校内にとどめず文化祭で公開したことが、地域の関係者を巻き込んだ学習を作りあげたという点である。この点を1つの教訓として確認したうえで、次に以上の産廃問題の学習過程で、生徒がどのようなことを感じ取っていったかを生徒の感想文からみていくことにしよう。

4　産廃についての学習内容と生徒の意識

　産廃問題の学習過程における生徒の意識をとらえる手がかりは、生徒がいくつかの学習過程で書いた感想文である。感想文には、大別して現場体験前に新聞記事を読んで書かれたものと、実際に現場の様子を体験し、さらに現場で産廃問題に取り組んでいる百人委員会代表の中村氏の講演を聴いた後に書かれたものの2種類がある。前者は、新聞記事の内容によって、さらに2つに分けられる。1つは青森・岩手県境における産廃問題について解説した「の

しかかる負の遺産－県境産廃事件」(デーリー東北の連載記事)を読んでの感想文(無記名)で、文化祭の時に展示されたものである。もう1つは、産廃問題の理解のために連載された豊島の産廃問題に関する記事「豊島リポート」(岩手日報の連載記事)である。以下、順に感想文の内容を検討しよう。

1 連載記事「のしかかる負の遺産」の感想文から

ここでは、文化祭のポスターとして展示された13人分の感想文(無記名)をもとに検討する。この段階では、生徒たちはまだ産廃の現場を見ておらず、それゆえに新聞記事の内容をただ復唱するだけの記述が目立つ。また、事実を素直に理解し、「町から廃棄物をなくしてほしい」等、生徒たちの当然の反応も読み取れるが、たとえば「不法投棄のことは、ずいぶん前から知っていたけれど、こんな離れた場所から捨てに来ていたなんて…全く困ったことだ。」、「田子町の住民がゴミを捨てるのはかまわないけれど、他県の人たちがゴミを捨てるのは許せません。」、「田子の人はだまされてしまったんだと思った。やっぱり人をだますのはよくない」という具合に、みずからの町で起こっている出来事であるにもかかわらず、この段階では全般的にみて産廃問題を自分たちの問題としてとらえる姿勢に立てていないように感じられた。のちほど、百人委員会代表の中村氏が文化祭を訪れてこれらの感想文に触れて気になったこととは、まさにこの点であった。

この段階での生徒たちの感想文の全般的な特徴は以上の通りであるが、個別にみるといくつかの教育上のヒントを引き出すことができる。まず、生徒が注目した記事のフレーズとして、次に示す「ある社長の話」の記述があった。

> 「(田子町は)自然環境は抜群だが、目立たない場所。不法投棄には都合が良い」。

この部分は、13名中2名の生徒が引用している。記事のこの部分は、単に産廃問題の現状を述べているのではなく、不法投棄が引き起こされたメカニズムについて述べられている。つまり、生徒たちは産廃問題を、「なぜそん

な問題が引き起こされたのか」、その発生のメカニズムに注目しているのである。こうした記事に刺激されて、「1964年からゴミを捨てて、……なんで気づかなかったのか？」、「(産廃を) 田子町から移すとき、どこに持って行くのか？」といった疑問や、「ゴミを捨てる方も悪いと思うけどそのゴミを出す人間も悪いと思います」といった産廃問題に対するみずからの評価を伴った感想文の記述につながっているのである。

もう1つ、注目したい感想文の記述がある。以下に抜粋しよう。

「中学のときに調べた上郷の熊原川の水質検査では、自信満々に調べ始めたが、予想とは反して汚い水だということがわかった。きれいな水に住む魚たちも見なくなり、背骨の曲がった魚までもが出現していた。原因は上流にある家々からの廃水だと考えていたが、ある日ニュースに国内最大規模の不法投棄現場が映り、汚れる原因がわかったとき、残念だという思いが怒りに変わった」(1年男子)。

後の調査結果から判断すると、この生徒が中学時代に実践した熊原川の汚染の原因は産廃現場からもたらされた汚水が原因とは言い難い。しかし、大切なことは中学時代の水質調査という、環境に働きかける過去の実践体験が、この生徒の産廃問題に対する意識を明確にしている点である。このことは、環境に働きかけるさまざまな体験活動の機会を、いろんな年齢、学年の時に与えることの重要性を示唆しているといえよう。

2 連載記事「豊島リポート」の感想文から

ここでは、26人分の感想文 (記名) をもとに検討する。この段階でも、生徒たちはまだ産廃の現場を見ていないことから、やはり全般的に新聞記事の記述の復唱が目立つ。また、記事の感想も、「田子以外の所でも産業廃棄物が捨てられていることが分かりました」、「(田子町でも) 早いうちに問題が解決してほしいです」、「田子町も豊島の人を見習って、何か始めたらいいと思います」といった、当然の反応ではあるが産廃問題を自分の問題として受け

止める姿勢は、この段階でも乏しいといわなければならない。

しかし、この「豊島リポート」の記事には、一応の解決をみた産廃問題の歴史がまとめられており、県境で現在進行中の産廃問題を扱った前述の連載記事と比較して、豊島の産廃問題をめぐるさまざまな人々の具体的な取り組みが躍動的に描写されているという特徴がある。この記事の特徴は、これを読んだ生徒にも特別のインパクトを与えていたようである。以下、2人の生徒の感想文の一部を抜粋しよう。

「(男子中学生が)『豊島は、僕が生まれたときからゴミの島でした。きれいな島をみてみたい』という言葉があって、……私たち……はこのようなことを考えたりもしないし興味も示さないと思うから、……ブルッと来てしまいました」。

「研究などを目的に大学生たちが集まる中、年寄りがビラを配り、前を向いて生きる姿を見習いたいと言っていて、本当にそうだなあと思いました」。

以上の感想文で引用されている豊島リポートの記事の内容は、いずれも26名のうち別々の3名が引用していた箇所である。この2つの記事に共通するものは何か。それは、前者は豊島の男子中学生の思いに、後者は豊島に調査で訪れた大学生が活動するお年寄りをみて感じたことに、つまり自分たちとほぼ同世代の若者が感じたこと、体験したことが描写されている点である。感想文を書いた生徒は、これら同世代の若者と自分を重ね合わせて短い文章の中にほのかな感動を表現しているのである。このことは、産廃問題を扱った環境教育において、他地域における人々の取り組み、とりわけ同世代の若者の取り組みを知り、そこから体験や行動の意思を共有することの重要性を示唆しているといえよう。

3　中村氏の高校での講演内容

以上の2種類の新聞記事をもとに産廃について学習した後、生徒は担当教員の計らいで「田子の声百人委員会」の中村会長と出会い、産廃の現場を見学するとともに高校を会場に中村氏から話を聴く機会を得ている。中村氏は11月21日に田子高校で、産廃現場を見学した約20名の生徒の前で「産廃問題を考える」と題して約1時間の講演をおこなっている。

　読者の中には、なぜ高校側が、産廃問題に関する住民団体の代表を高校に招くことができたのか興味を持たれる方もおられるだろう。これについて筆者は、田子高校が地域に根ざした学校であったことがもっとも大きい条件であったように思う。もちろん、産廃問題を通して生徒に環境に関心を持ってほしいと願う熱心な担当教師がいたことや寛大な校長先生の配慮も重要な条件であったが、その素地は、地域で活動する中村氏が高校で講演することに対して違和感を感じさせない、地域に開かれた田子高校の特質そのものにあったと筆者はみている。

　それはともかく、筆者は中村氏が生徒に対して講演した内容をよく吟味してほしいと思う。以下は、筆者も講演会に立ち会いメモをとったものからまとめた、中村氏の講演内容の要約である。なお、箇条書き中の★の箇所は、とくに中村氏が強調された生徒へのメッセージである。

　〇導入。私と生徒との出会い。中村氏が高校の文化祭で生徒の感想文を読んだこと等。
　〇生徒に産廃現場を見た率直な気持ちを問いかける。
　〇県産廃問題を取り上げた高校は田子高校と盛岡第二高校のみであることの紹介。
　★「(産廃問題を)自分の周りの問題、自分の生きる問題と関わって考えてほしい」
　〇21世紀は環境の世紀。でも、青森県では地質学、環境学等のエキスパートが不足。
　★「皆さんが環境保全の仕事を選んでくれたら……」
　〇文化祭での生徒のパネル展示(感想文)を読んだ中村氏の感想・評価。

・「きれいな田子をもう一度」等のタイトルを見る限り生徒の関心は高い。
　　・中には、あきらめの感情が含まれた感想文もあった。
　　・長期にわたって不法投棄が続けられたことに対する疑問、怒り、あせりが感じられた。
○22年間、不法投棄が放置されてきたことを大人が語って来なかったこと。
★今度は生徒の皆さんが「なぜ教えてくれなかったか」と問うべき。
○県境の産廃問題の経緯の説明(省略)。
○百人委員会の取り組み。
　　・委員会の運動の根幹。
★「負(マイナス)の遺産を残すな！」(板書)
★ぜひ、私たち「百人委員会」の仕事を理解して仕事を引き継いでほしい。
○盛岡第二高校新聞部から取材を受けたことの紹介。
　　・新聞部の生徒の質問——どうして田子の人々がこの問題に立ち上がったのか、等。
　　→　中村氏は「間違ったことを国や県がしたら、正すのは国民の役割」と回答。
○環境の世紀の意味。
　　・人類は18世紀から「水の惑星」地球を破壊してきた。
　　・そろそろ地球を基に戻してもいいのではないか？
★環境問題を大人と一緒に考えてほしい。
○産廃問題に対する青森県の対応の紹介。
　　・全量撤去等の現場処理には莫大なお金がかかるが、きちっと処理しないと住民にツケが回ってくる。
○産廃問題の責任論。百人委員会が行政にしっかりした対応を求める理由の説明。
○地球は限りある星。大量生産、大量消費の時代から循環型社会の時代へ。
★きれいな田子町を皆さんの手で！

箇条書きのため、当日の中村氏の講演内容をリアルに伝えるには限界があるが、読者はその内容が特定の思想や考え方を押しつける内容、タブー視するような内容では決してないこと、身近な環境問題を取り上げる環境教育にとって生徒に何らかの「行動」を促す非常に前向きな講演内容であったことを確認いただきたいと思う。地域の活動家である中村氏の話には迫力があり、至る所に生徒を鼓舞する発言が含まれている。もちろん、一部には事実を基にした行政批判的な発言も含まれているが、全体の文脈から最終的に生徒が受け取っているのは「負の遺産を残すな！」、「環境問題を大人と一緒に考えてほしい」、「きれいな田子町を皆さんの手で」という、地元の環境問題を教材にした環境教育でぜひとも子どもたちに伝えたいと思う正当なメッセージであった。

4 現場体験および中村氏講演後の感想文から

それでは、つぎに中村氏の案内で現場見学し、その後、高校で中村氏から産廃問題に関する講演を聴いた後の9人分の感想文（記名）の記述から、生徒の意識の有り様についてみていくことにしよう。

まず第1に、やはり現場体験後の特徴として、みずから体験した産廃現場の生々しい状況の描写が目立つことである。「1番驚いたことは、現場の水質の臭いだ」、「水たまりには油のようなものが浮かんでいました」、「自分が住んでいる田子の一部がこんな風になってしまっていると知ってショックを受けました」など、9名中5名が記述している。

また、「家の人も何も言ってくれず、私はTVや新聞などで知ったのです」、「全部撤去するためには、何百億円もかかることを知りました。こんなにかかるなんて思わなかったので驚きました。何年も前から産業廃棄物を捨てていることを知っていた人たちが、早めに言ってくれたら、こんなに大きくはならなかったのに……」等、現場体験と中村氏の講演が刺激となった記述も複数の生徒にみられた。

それでは、一連の産廃学習で、生徒の意識は変わったのだろうか。以下は、みずからの産廃学習の過程を振り返ったEさん（2年・女子）の感想文（全文）で

ある。

テーマ：「いままで調べてきて……」

「今回総合学習でエッコロ*を選んで不法投棄のことを調べるようになって思ったことは、自分の住んでいる青森にこんな事が起きているとはあまり感じなかったことが、今はかなり感じます。今回このような特別の事ができたのはすごい事だと今は思います。

そして、新聞にも自分たちの取り組みを出させてもらったりして少し恥ずかしい気もしたけれど、すごく注目されてんだなとも思いました。最初の時はこんなのやったで、どうなるのとか、かったるくてやりたくなかったです。

けれども、やってくうちに少しずつ興味がわいてきたりもしたけれど、今回この講演で最後というのを聞いたときには少し寂しいような感じもしました。

だけど、このことにふれて自分が周りをどう見るようになったか、どう変わったかはまだわからないけれど、それがいつかわかるときが来ればいいかなと思ったりしています。

これから自分が大人になる頃には産業廃棄物がどうなるかは知らないけれども、たしかな事は今やっとかないと未来にどんな影響が出るかもしれないということで、何年かかってもそのゴミをゼロにできたらいいと思います。」

---

*エッコロは森の妖精を意味する地元の言葉であるが、ここでは今回の産廃学習を指す。

このように、Eさんは産廃学習に取り組んで、自分がどう変わったかまだわからないと正直に書いている。環境教育では理解から行動へつなげる取り組みが重要でありながら難しい課題であることはよく知られている。今回の産廃学習の取り組み、すなわち新聞記事の学習と文化祭での感想文の展示、1回の現場体験、地元で活動する中村氏の講演という内容を数ヶ月間取り組

んだという内容だけでは、Eさんを行動に向かわせるまでには至らなかったといわなければならない。しかし、産廃学習について「最初はかったるくてやりたくなかった」自分からは抜け出していること。また未来への影響を理解し、何年かかってもゴミをゼロにできたらいいという確かな価値観を持つようになったこと。この２点は、本音を吐露した感想文であるだけに、Eさんが産廃学習で確実に獲得した成果と考えてよいであろう。さらにEさんの、自分がどう変わったか「いつかわかるときが来ればいいかなと思ったりしています」という表現からは、産廃学習を終えた後も産廃問題と向き合う何らかの機会を積極的に受け入れる態度を読み取れないだろうか。先の一年生の男子生徒の例では、中学時代の水質検査の実践体験が今回の産廃学習の中でよみがえり、意識を高める結果に結びついていた。このことは、産廃学習に取り組んだ生徒たちに、今後とも環境問題に関する多くの体験、学習の機会を提供していくことが大切であることを示唆しているといえよう。

　次に、新聞記事の学習段階から、産廃問題に関して行動意欲にあふれる感想を書いているH君の例を、豊島リポート学習後（現場体験前）と中村氏の講演後（現場体験後）の両方の感想文（いずれも全文）を紹介しよう。

　A：H君の豊島リポート学習後（現場体験前）の感想文
　　テーマ：「巨大産廃」
　「二戸と田子の県境で3年が経つが、全然どんな問題が起きているのか、どんなことが行われてきたのかわからなかった。今は日本最大の産廃問題となっているが、自然の多い町で育った僕たちにとっては、あまり実感がない。しかし、豊島の子どもたちのように修学旅行で『ゴミの島から来たのか』とか言われたくない。だから『「死ぬまでキレイにしてみせる』という気持ちで、この問題を知り僕たち高校生のできる限りのことをやりたいと思う。産廃問題のことはあまり興味はないけど、若い世代の人たちに関心を持たせることが大切だと思う。今起きた問題は今片づけることが必要だと思う。巨大産廃の事でどんな事が起こってくるかはわからないけれど、早くゴミを撤去して豊島のように全量撤去を実現さ

せてほしい。青森のイメージも壊してほしくない。自然環境を悪くしてほしくもない。この産業廃棄物は未来へ残してはいけないと思う。撤去完了までこの問題は解決されたとはいえない。全ての廃棄物を除去することが町の人たちの安全安心に結びつく。」

B：H君の現場体験および中村氏講演後の感想文

テーマ：「**日本最大の産業廃棄物**」

「今日は産業廃棄物についての講演を聞きました。子どもを持つとき男ならちんちんのない子どもが産まれてくるし、女なら子どもを産めない体の子どもが生まれてくることを知った。そしたら子々孫々まで負の遺産を残すこととなり、生命に大きな影響が出てくるので大変なことだと思う。今、県ではこの問題についてどのような活動を行っているのかわからないけど、大臣が動くという大きな問題なので国・県・町でちゃんと取り組んでいかなくてはならないと思う。今取り組んでいるのは年のいった人たちが多いと思う。ではなく、僕たち高校生、20代の若い人たちが主に活動していかなくてはならないと思う。今は、田子高校と盛岡第二高校が取りかかっている。地元ではない盛岡の生徒が興味を持っていることはとてもすごい事だと思うし、感心なことだと思う。これからは全国の人たちにこのことを広め、この産廃問題の怖さを教えていかなくてはならないと思う。これまでの総合学習で一番、産廃問題が心に残っている。これからこの問題に取り組んでいこうと思う。」

このように、H君はいずれの感想文でも「この問題を知り僕たち高校生のできる限りのことをやりたい」(A)、「これからこの問題に取り組んでいこうと思う」(B) と、産廃問題に対して積極的に行動したいとの意思を表明している。H君は豊島リポートの段階では産廃問題について「あまり実感がない」とし、また「産廃問題のことはあまり興味はない」と本音を語っていることから、感想文の中で優等生を演じているだけでないことが理解される。H君には、この行動する意思をこれからも大切にしてほしいと思う。

この2つの感想文から読み取りたい主な点を2つあげておきたい。第1は、

ティータイム

高校生と大学院生との交流会

　田子高校では、その後も「総合的な学習の時間」で地元の産廃問題を取り上げた学習の機会を生徒に提供している。2005年9月、産廃問題について学ぶ生徒と、岩手大学農学部の大学院生との約1時間の交流会が開催された。これは、岩手大学大学院農学研究科の講義科目（環境教育特論）の一環として実施したもので、大学院生は学部時代に主として地域マネジメントの手法を学んできた11名である。交流会では約20名の高校生と産廃問題について意見交換をおこなった（**写真**）。これらの大学院生には、交流会の直前に産廃の現場を見学させ、撤去作業に伴う悪臭などを体験させてから交流会に参加してもらった。

　高校生は、最初はとまどった様子であったが、次第にうち解けて大学院生に自分たちが学んできたこと、体験してきたことを話すようになっている。このなかでは、たとえば「産廃問題は青森県と岩手県で同時に起こった共通の問題であるにもかかわらず、なぜ廃棄物の撤去作業を両県で別々におこなうのか」といった率直な疑問や感想も語られている。

　大学院生は高校生と比較的年齢も近く、機会を与えればお互いの経験を率直に交流することができる。また、交流会では指導要領等に縛られることなく自由な「語り」が実現できることも大きなメリットである。地域の環境問題をテーマにして学習をすすめる際には、この交流会のように、子どもたちの間で率直な「語り」を実現する仕掛けが大切なように思われる。

写真　田子高校の生徒と岩手大学大学院生との交流会

Aの感想文で「巨大産廃の事でどんな事が起こってくるかはわからない」という点が、中村氏の講演を聴いて「生命に大きな影響が出てくるので大変なこと」(B)と認識を前進させていることである。この点では中村氏の講演がH君に大きなインパクトを与えたと考えられる。第2は、感想文Bで「地元ではない盛岡の生徒が興味を持っていることはとてもすごい事」と述べていることからわかるように、やはり同世代である高校生の取り組みから大きな刺激を受け、産廃問題について「全国の人たちにこのことを広め」ていくことを、H君が今後の自分の具体的な行動目標の1つに位置づけて「これからこの問題に取り組んでいこう」と決意を述べていることである。

環境学習は、その効果を被教育者に対して一律に期待することはできない。H君のようにはじめから行動意欲を持って学習に取り組む生徒も、おそらく少なくはないであろう。重要なことは、こうした行動意欲を持った生徒も、学習や体験を重ねながら、さらに意欲を高めていくことができるという点である。

5　おわりに──何を教訓とすべきか？

以上、青森・岩手県境で起こった産廃問題を題材にした田子高校の環境学習の取り組みと、生徒の意識についてみてきた。読者は、田子高校の実践が、それほど特異な教育の取り組みではなく、学び体験したことを感想文にまとめるというオーソドックスな内容であったことを理解いただけたことと思う。そして、そのオーソドックスな実践から得られた成果についても実感いただけたのではないかと思う。最後に今回の環境教育の事例から、身近に起こった地域の環境問題を題材にした環境教育の留意点をまとめておこう。

第1に、子どもたちには何よりも現場を体験させることである。産廃現場を体験した多くの生徒は感想文に生々しい現場の様子を記していた。そして産廃の現場を知ることで、これが地元で起こっている問題であることを再認識し、産廃問題を自分の問題としてとらえ直すきっかけになっている。環境教育では五感をフルに活用した体験活動が重要であるとは従来から指摘

されていることであるが、地域の環境問題を取り上げた環境教育でも例外ではない。

　第2は、環境問題の事実経過や現状を伝えるだけでなく、なぜそのような問題が起こってしまったのか、問題の社会的背景についても正しく伝えることである。先の感想文では、なぜ田子がゴミ捨て場になるのか、その理由を解説した新聞記事の内容を、複数の生徒が印象深く受け止めて引用していた。子どもたちも、とくに高校生くらいになれば、単に**公害**の現状だけでなく、それが生じた原因の解明をも求めているのである。また、環境教育が気づきや理解の段階で終わるのではなく、環境に対して自分に何ができるか行動する人材を育成することが最終目標であるとするならば、こうした問題の原因をしっかりと理解させることが不可欠といえよう。

　第3は、地域で発生した環境問題を、その地域の取り組みだけで学習させるのではなく、同じような問題を抱える他地域での活動事例を積極的に子どもたちに紹介し、できれば他地域における同世代の若者の意識や活動体験、行動の様子を交流できるようにすることである。田子高校の生徒の多くは、豊島で産廃問題に関わっていた中学生や大学生の意見や取り組みに関心を寄せていたし、地元ではない盛岡第二高校の新聞部の生徒が県境の産廃問題の取材に来ていることに強い刺激を受けていた。今回の産廃のような公害問題は、生徒が関心を持てたとしても、自分一人の力ではどうすることもできない社会問題として生徒の前に立ちふさがっている。こうした現実から生徒を行動に踏み出させる勇気を与えるのは、他地域で同じ問題で悩みながら活動している仲間との連帯であろう。田子高校の生徒の感想文は、全国の若者との連帯が重要であることを強く示唆しているといえよう。

　第4は、学校の中だけの取り組みに終わらせるのではなく、親子の対話や世代を超えた地域での取り組みを環境教育に活かすことの重要性である。田子高校の産廃学習の取り組みを前進させたのは、地域で活動している「田子の声百人委員会」の中村氏の教育活動への参加であった。中村氏は、たまたま高校の文化祭で展示した感想文が目にとまったことがきっかけで田子高校の取り組みに関わりを持つことになるが、このことは学校での取り組みが文

化祭などを通して地域に開かれていることの重要性もあわせて示唆しているといえよう。

　以上が田子高校の産廃学習から引き出した、地域の環境問題を取り上げる環境教育のポイントである。しかし、これら環境教育のポイントは、どんな場合でも容易に実現できるものではないことに留意しておく必要がある。子どもたちが産廃現場を体験できる条件も、地域の実情によっては難しい面があるだろう。また、環境問題の具体的な原因を考えさせる取り組みも、県境の産廃問題の場合は、その解決の方向性が一定の決着を見ていたことが幸いしていた。おそらく問題が現在進行中である地域では、原因の究明に迫る環境学習は相当難しい課題であるに違いない。他地域の環境問題の取り組みと連帯することや、地域を巻き込んだ環境学習を構築することも、容易に実現できないことは想像に難くない。

　地域の環境問題を題材にした環境教育には依然として大きな壁がある。この壁を少しでも崩しながら環境教育を前進させるためには、学校での環境教育の取り組みを地域に公開、発信しながら地域を巻き込んだ環境教育を創り上げる可能性を開くための、現場教師の環境教育に対する信念と少しばかりの勇気が、大きな鍵を握っているように思われる。

課　題
1. 学校での環境教育のテーマとして扱いにくいものにどのようなものがあるか、扱いにくい理由は何か。
2. 新聞記事を検索してからあなたの身近な地域環境について情報収集しよう。

注

1　松葉口玲子・比屋根哲「総合的な学習の時間」における「教師研究」に関する一考察——今後の教師教育にむけて——」『岩手大学教育学部附属教育実践センター研究紀要』2004年、55-63頁。環境教育を題材に総合的な学習の時間を遂行する教師像を、2つの教師の活動を追いながら考察している。

参考文献

1) 高杉晋吾『崩壊する産廃政策——ルポ／青森・岩手産廃不法投棄事件』日本評論社、東京、2003年、212頁

青森・岩手産廃不法投棄事件の現状と本質を、地域に密着した取材によって明らかにしたもの。事件を起こした三栄化学工業が地域の住民を恫喝しながら不法投棄を続けてきた実態を活写している。

2) 藤川賢「産業廃棄物問題——香川県豊島事件の教訓」『講座 環境社会学』第2巻、有斐閣、東京、2001年、235-260頁

産業廃棄物問題が生じる背景とその本質について社会学の立場からわかりやすく解説している。

4　環境教育にある障壁を乗り越える教員の成長

塩川哲雄

――本章のねらい――

　環境教育とは私たちが生きている社会の持続可能性を実現させるためにおこなうものである。そして、その趣旨に沿う環境教育の授業を実践することによって、教員としての自己実現を感じることができる。

　本章では、環境教育の実践に焦点をあてる。理論的に学習したことによってエンパワーし、私自身が自己変容を遂げ、活動に活気を生じさせることができた。教育実践を工夫する中で、教育現場に存在する障壁をいかに乗り越えてきたかを論じる。

　その経験の具体例として日々取り組んでいる竹炭焼き活動の内容、とくに地域の人たちとの連携を紹介する。地域の人たちに支えられて活動を継続して8年目になる。学校の有形無形の既存の枠組みを超え、地域の人たちが気軽に参加できる、地域に根ざした環境教育実践が実現している。

1 教員の成長

1 私の成長

　私は、22歳から大阪府立高校の理科教員としてさまざまな授業実践に取り組んできた。ある程度の経験を積んできた時に、何か自分自身に核心が欲しいと考えるようになり、理科教育や環境教育の基礎になる理念の学習に取り組むようになった。

　そのような時にフィエンの著書に出会い、『環境のための教育』を出版することになった。この作業は難航をきわめ、着手してから長い時間をかけることになったが、私にとっては素晴らしい学習のプロセスであった。

　この本に出会って私が身につけた最大のことは、教育実践の現場の発想がそのまま教育研究の題材になり得るということであった。単純であたりまえの事であるが、私には斬新に感じられた。教育の研究者と教育の実践者との間には、教育に対する認識にギャップがあり、そのギャップは相互の交流によって埋められるべきものである[1]。そして、教室に存在する有形無形の枠組みや障壁を、実践者が意識的にのりこえる事によって、さまざまな障壁をとりのぞいていきいきとした教育実践が可能になる[2]。

2 教員の成長のプロセス

　オーストラリアの環境教育研究者であるロボトムによる教員の専門的発展の5つの原理がある[3]。これを参考にしながら私なりに教員の成長を段階的に整理したものが図4-1である。

　最初の段階は、一般的な教科指導や諸活動について「教える力量を身につける」ことである。次に独自の環境教育教材を工夫して作ることによって自分自身が教えたい環境教育はいかなるものであるかに気がつき、自分自身の「環境教育観を形成する」。そして個人の個性を意識しながらさらに仕事を続けていくと授業をするのに得意な分野がはっきりしてきて「専門職としての自立」に至る。さらに個性を伸ばすことを意識しながら実践を継続すると、自分がこの方向で仕事をしていることに誇りができ「教育に対する信念

4 環境教育にある障壁を乗り越える教員の成長　71

図が示す内容
- 教員としての努力の過程
- 教員の成長段階

図中の要素：
- 教育の可能性を信じる
- 実践の不十分さを相対化する
- 生徒たちの成長を期待する
- 自己尊重感を形成する
- 授業実践で一喜一憂しない
- 生徒たちや教員をやさしく見つめる
- 教育に対する信念ができる
- 自分の個性を伸ばして実践を続ける
- 専門職としての自立
- 環境教育観を形成する
- 自分自身の個性・特徴を知る
- 教える力量を身につける
- 独自の環境教育教材を作る
- せっせと教材研究する
- 教員としてスタート

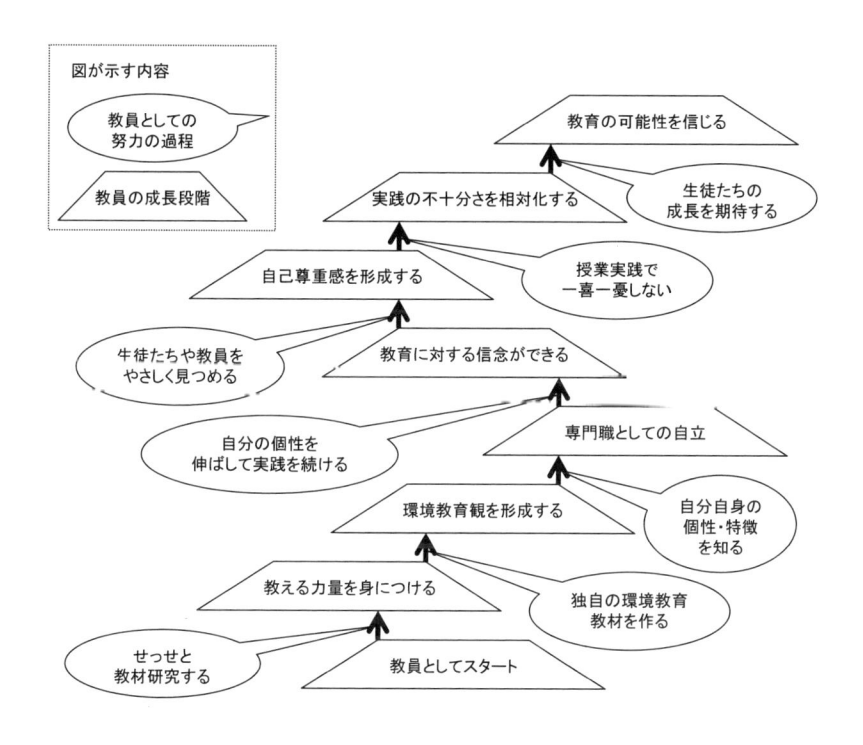

図4-1　教員の成長段階図

ができる」。次の段階で、自分の実践に自信ができ気持ちに余裕が生じると、生徒や同僚の教員に対してやさしい気持ちで接することができるようになり「自己尊重感を形成する」。自己尊重感は、セルフ・エスティーム（self-esteem）の訳語で、自分自身や相手を信頼してその存在を肯定し、大切に思う心の状態である。さらには「実践の不十分さを相対化する」気持ちに至り、実践がまだまだ満足できる状態に達していない場合でも、実践をまったく試みないよりは進んだ状態であるとみなし、楽観的に考えることができるようになる。相対化とは、ある物事を絶対視せずに突き放して他のものと比較して見る方法である。それらの過程をふまえて児童・生徒が人間的に成長することを期

待することによって、「教育の可能性を信じる」ことにつながるのである。

2 批判的環境教育観から教育現場を読み解く

1 環境教育の範囲

環境教育とは何か。1997年のテサロニキ宣言によると、「環境教育を『環境と持続可能性のための教育』と表現してもかまわない」となっている[4]。持続可能な開発のための教育の10年が日本で広く語られるようになった現時点では、環境教育の範囲についての議論はすでに終了していると考えたいものであるが、ここであらためて論じてみたい。

①自然科学中立観による環境教育

自然観察や環境分析を追求した活動はそれ自体が自己完結していて、測定結果の価値づけは他の分野の専門家がするべきことである。自然科学が引き受ける仕事は結果を正確に出すことまでとしたい、という考え方が以前は主流であった。この立場を代表する言説としてやや古いが次の文を紹介しておく。「一般に、環境問題を論じる場合には、しばしばイデオロギーが先行してしまって、まともな話ができなくなりことがあります。しかし、理科教育において環境問題を取り扱う場合には、まず、冷静に環境について知ることが必要であり、そのためには身近な環境を調べることから始めることが大切になります。環境について調べてデータを集め、このデータを客観的に検討して結論を導くということを、児童・生徒たち自身の手によって行わせることが、将来、環境問題について冷静に判断する能力や態度を育成することになるでしょう。」[5]。

②批判的環境教育観

私は、環境教育をもっと広い範囲でとらえるようにするべきだ、と思っている。それでは、どのような分野が環境教育の中に含まれるべきであるのか。批判的環境教育の立場をとるフィエンの文章から引用してみよう。「環境問題の根本原因は、私たちが現在生きている社会・経済・政治のしくみのまさにその本質と、それを支える世界観・制度・生活様式の選択にある。言いかえれば、環境問題の解決には、環境管理者の技能トレーニング、生態学を教

える教育、インタプリテーションのトレーニングよりも、もっと幅広い対応が求められている。環境教育は、これらよりもはるかに多くのことがらを含む。つまり、人と自然、人と環境の関係を、生態学的に持続可能で、社会的に公正なものに組織するために必要な、個人の価値観と社会構造の変革をすすめる専門家としての実践の領域を包含している。専門的な実践の領域としての環境教育に求められていることは、自然的環境と社会的環境それぞれの質と持続可能性を向上させるために、他者と協働するのに必要な理解・価値観・行動技能を伸長させることである。すべての生物種の基本的要求に配慮し、社会的で生態学的な不公正に反対する声を発し、行動することが、自分たちの社会をよりよいものにしていく。そのような役割を果たすために、人々が理解を十分に深めて主体的に関与する市民として社会に参加するという、生涯にわたる学習経験を、環境教育は提供するのである。」[6]

批判的とは、他者を批判するのではなく、物事を根本的に見直そうという態度である。批判的教育学の定義は、ここでは簡単に、「社会の矛盾を根本的な視点で見抜く力を養い、矛盾を主体的に解決する力量を鍛え、社会変革をめざしていく人間を形成していく教育の実践と研究」とする。さらに環境の持続可能性に関わる批判的環境教育は、現存する環境問題に下部構造として横たわる社会的矛盾を重視して環境問題の解決にとりくんでいく立場をとる。とくに、社会的不公正や不公平の問題、たとえば人種や社会的階層による差別やいわゆる南北問題などを強調する傾向がある[7]。

③地球市民として

主体的に環境問題を解決していくためには、それぞれの人が自分自身を環境の持続可能性の実現を担う地球市民と規定して、自分の存在の問題として考えるべきである。教員や教育研究者、そして児童・生徒も、当然、地球市民に含まれる。

具体的には、児童・生徒と教職員が同じ地平に立つ地球市民として自発性にもとづき、地域に根ざし、ゆるやかな民主的連帯から生じる新しい秩序の創造をめざすことである。この考え方の基礎にある思想を新環境パラダイムとよぶ[8]。

> ティータイム1
>
> **学校教育にある4つの壁**
>
> A　概念的障壁（Conceptual barriers）
> 　　環境教育の範囲と内容についての共通認識が不足していること。
> B　後方支援的障壁（Logistical barriers）
> 　　時間・資金・資源の不足や、適切な学級規模でないこと。
> C　教育的障壁（Educational barriers）
> 　　環境教育プログラムを作り出していく能力が教員に不足していること。
> D　態度的障壁（Attitudinal barriers）
> 　　環境教育に対する教員の態度に問題があること。

2　教育における再生産理論

　教育は、支配的社会パラダイムを児童・生徒に植え付ける装置として働く、と解釈する立場がある。あらためて言うまでもなく支配的社会パラダイムは明示的ではなく「隠れたカリキュラム」として暗黙のうちに児童・生徒の意識に植え付けられているものである。教育現場で日常的に支配的社会パラダイムを再生産している事例の典型は、まずひとつは巨大化した産業に支配された現代社会を反映した効率主義と大量消費を植えつける教育である。ふたつめは諸活動を強制的に押し付ける規律の指導である。この2つの指導を同時に受けると、児童・生徒はどのような人格に育っていくのか。内心で効率主義と大量消費を賞賛しながら、表面上の建前で環境保護を言う。そのような二律背反の状態におかれて成長していくのだ。

　教員は、このような現状認識を受け入れると無力感に陥る。これをいかに乗り越えるか。

3　創造的主体としての教員

　フィエンによれば、教員は、学校の教育活動において、創造的な活動を組

織していく主体者としてはたらく可能性を持つ存在である[9]。

　何事かを探究していく活動を実践していくには、お仕着せの問題設定を解いていくのではなく、みずからが進んで問題をみつけ、その解決をめざして主体的そして意識的に行動することが肝要である。そして、設定した問題が、環境の持続可能性を実現する可能性を持ち、自分たちが所属する具体的な社会における変革につながるようなものであれば、活動もおのずと活気にあふれたものになるに違いない。そのような教室の中では、教員は児童・生徒とともに活動する主体として生きることができる。教員は児童・生徒たちとともに生き生きとした学習活動を展開してこそ、教育のやりがい、教員として生きている生きがい——教員の自己実現——が見出せるのである。

3　障壁を乗り越えた実践事例の紹介

1　竹炭焼き活動

　私が2007年3月まで勤務していた大阪府立北千里高等学校では、2000年度から校内で竹炭焼き活動を実施している。この活動を通して、地域の人たちのさまざまな分野の組織と連携が生まれ、学校と地域が相互に影響を与えながら協力して活動を実践している。北千里高校が立地する地域の特徴や、

図4-2　北千里高校の炭焼き窯　　　図4-3　親子科学教室に参加した人たち

学校で竹炭焼き活動をどのように実践しているのかについては、すでに報告しているのでここで述べることはしない[10]。活動内容の中でとりわけ「地域に開かれた学校づくり」「地域に支えられた学校づくり」をスローガンに掲げた、学校と地域の人たちの交流を紹介する。

2 活動の概要

活動を開始した当初は、「北千里環境セミナー」と称した府民向けの公開講座と、竹炭焼き活動を並行して実施した。本校の役割を、地域の環境教育の情報センターとして位置づけようという意図から計画したものである。数年後には北千里環境セミナーの講座は終了し、北千里地区公民館やすいた市民環境会議の学習活動に合流した。本校の活動は竹炭焼きを最重点にすることにした。各月の第1土曜に炭焼き、第2土曜に炭出しと竹入れ、平日にその他の作業をしている。生産した竹炭と竹酢液はさまざまなイベントで市民に頒布している。

3 組織との連携

図4-4に示したように、本活動の準備段階からさまざまな組織と連携し、情報を交換したり援助を受けてきた。

行政組織では、府立高校での活動であるので大阪府教育委員会や大阪府教育センターの支援を受けるのはもちろんであるが、地域を管理している吹田市建設緑化部や隣接の吹田市立青少年野外活動センターの支援を得た。本校での竹炭焼き活動を好意的に受け止めて、行政として認知していることを表明してもらい、側面から援助してもらった。市民団体の支援では、とくに地域の活動団体である千里竹の会、すいた市民環境会議、地域交流研究会の存在が大きい。また、近隣の大学の学生と本校生徒の交流の機会がある。これらの市民団体と大学のメンバーが数多く活動に参加し、煩雑な作業を実質的な面で支えた。校内では、生徒、卒業生、PTA（保護者）、教職員が、この活動を是が非でも成功させようと意思を一致させて協力して活動にあたった。

そして強調しておきたいことであるが、本校科学部の生徒たちの発表の場

として、千里リサイクルプラザでの環境教育体験発表会、すいた環境教育フェア、北千里地区公民館での親子科学教室、等がある。これらの場で生徒たちは発表の経験を積みながら自信を身につけて成長していった。

4 連携における重要な観点

地域の人たちや組織と連携することを求める際には、その組織で中心的に活動しているリーダー的な人が学校側の活動の趣旨をよく理解し、その人たちを通して影響力を持つ周辺の人たちに働きかけてもらうことである。学校側が直接に個々の市民ひとりひとりに対応すると担当者がその対応に忙殺さ

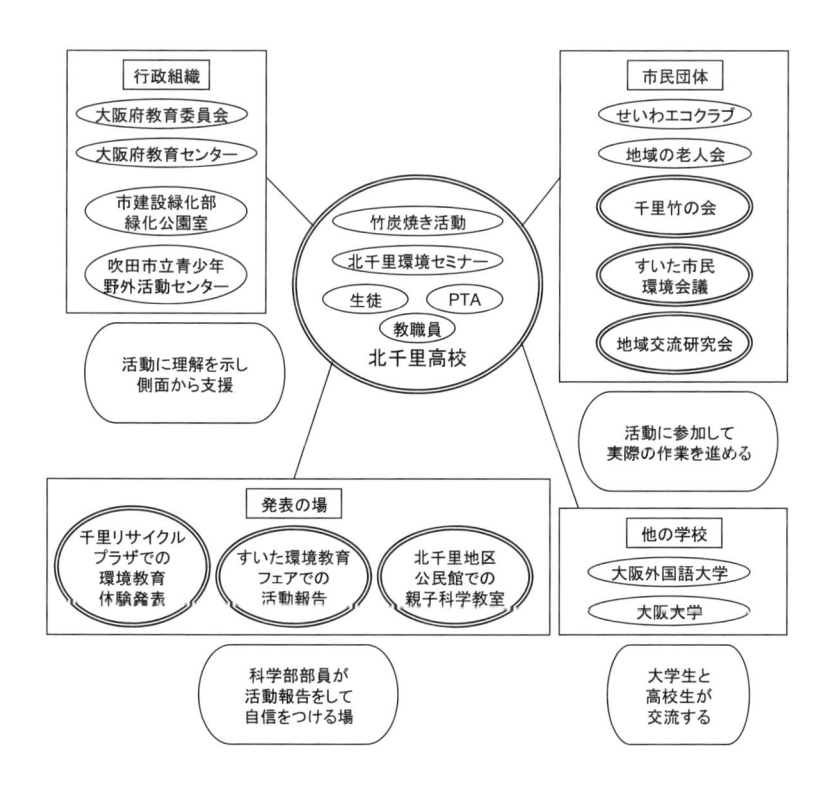

図4-4 地域の連携協力図

れてしまい、本来の活動が長続きしない。それぞれの組織が学校を支援するという方針を決定したうえで活動計画、可能であれば年間行動計画に組み込んで、組織的に学校を支援するという形を作ることが重要である。そのためには、学校側が日頃から地域の実情に気を配り、地域の人たちの動きや地域に生じている環境問題について広い予備知識を得ておき、あらかじめ良好な関係を作っておいたうえでこちらから協力を求めることが重要である。

さらに、このような活動を学校の中で定着させ継続的に実践していくには、担当者の個人的努力ではどうにもならない限界がある。学校における複数の担当者のグループ化をはかり、教育集団的な取り組みにしていく必要がある。そして、外部の組織と学校側の両者で、団体どうしの交流・協力関係を構築していくことが重要である。現実には、学校側の組織化の方に困難が多い。日常の校務が多忙なうえに、種々の教育改革が目標とされていて会議や計画書作りが非常に多くなっている。さらに外部との協力関係作りを加えれば多忙さを増すばかりである。この問題を解決する方策とは、準備段階でいちどしっかりとした取り組みをしておいて、地域の各組織との良好な関係を作ってしまうことである。いちど壁を乗り越えてしまうと、支援を要請することは教員の諸活動を快適なものとする重要な要素となりえる。

4　活動の成果

1　教員としての自己変容の分析

ここで活動の担当者としての私自身をふりかえり、自己変容を遂げたことによってなしえた事例を分析する。参加した市民から与えられた評価に「ここには人が集まる雰囲気がある」、「あなたは井戸を掘り、種をまく活動をしている」という言葉がある。活動しやすい状況と雰囲気をつくりえた基礎に、担当者としての心構えと姿勢が必要であると自己分析した。そのキーワードを書き出すと次のような事柄になる。

【前向きな姿勢】　取り組みに向かってそれを実現することを前向きに強く思い続ける。地域の人たち、生徒、同僚教員の好意はほんの少しのことでも前向きに考えて大きな感謝とする。

【教育に可能性を認める】　活動においては少しずつ目標に向かって牛のような歩みで進んでいき、周囲に何らかの良い影響を与えていると確信する。私たちの活動を分析した他の研究報告を引用すると、「つねに私が何か実践していることによって、私自身のその背中を見せることに意味があるのではないか」という私の発言を取り上げている[11]。この観点は、市民に向けてのみならず児童・生徒や同僚の教員と共同作業をおこなう際にも重要である。

【人間関係と視野の広がり】　常に明るくふるまい、同じような活動をしている人と出会ったらお互いに励ましあい、仲間を増やす努力をする。

【強気・のん気】　些細なことにはこだわらず、生じる精神的ストレスはできるだけ早く解消する。失敗はありうる事だと考え、くよくよせずに、反省した後は忘れるようにする。

2　生徒の活動

①授業において

竹炭焼き活動の授業を受けた生徒の変容については、すでに報告しているので簡単に述べるにとどめる。生徒たちは外部の人たちが来校して竹炭焼き活動を見ていくことに誇りを感じている。生徒が授業中に外部の方と交流した体験をもとに書いた感想文を紹介する。

> 「一番初めに、学校の窯を点検するとき、京都からいらしていたあの女の方と、お話をしました。その人は、竹炭のよさを、いろいろと教えてくれました。その時、『私、竹炭を見るとドキドキしちゃうの』と本当に目をかがやかせていました。この人は本当に竹炭がスキなんだなぁと思いました。それからは、私も、竹のよさというものが少しはわかった気がします。北千里高校に入って、しかも生物Ⅱをとったから、こんな体験ができたことが本当に良かったです。」(2000年度3年生の感想、この女性は私が竹炭焼きの指導を受けた人の一人である)

また公開の模擬授業において、生物を選択する2年生の生徒たちの発言に

次のようなものがあった。「先生は、授業中にすぐに知り合いの人がやっている環境の話に脱線する」「先生は、実習の活動中はとってもいい顔しているのに、教室の生物の授業はとてもしんどそうな顔をしている」これには聴衆は爆笑であった[12]。

　竹炭焼き活動において、授業で初めて炭焼きを体験する、ないしは科学部に入部し、顧問である私や同級生の誘いによって炭焼き活動も面白そうだと感じて体験してみる。この段階はまだ受身である。そして、少数の生徒が土曜日の休日を返上して炭焼き活動に1日中つきあい、主体的に活動に参加して重要な役割を担うようになる。

　②部活動において

　本校の科学部は、竹炭焼き活動の他に、溜め池の水質検査とプランクトン調査、天体観測とプラネタリウム製作などにも取り組んでいる。主な発表の機会は文化祭の他に、図4-4に示したようなさまざまな場面がある。部員たちは次回の外部のイベントを楽しみにしている。部活動では、運動系クラブは対外試合でその成果を試す機会があるが、文科系クラブでは発表会の回数に恵まれないことがある。私たちの科学部においても発表の経験を積むことは非常に重要である。特に地区公民館との協力関係は、高校生の大きな自己実現の場として利用できるものである。

3　異なる世代の励ましあう関係

　近頃の高校生は、人前で何かを発表する機会を大変に楽しみにしている。学校の活動を、校外のおとなや年下の子どもたちに見てもらえることを大きな喜びと感じるのである。その場で正当な評価を受け、不十分な点を反省することができる。そして何よりも重要なことは、自分自身の努力を人たちに認めてもらえたという達成感、自己実現の実感を得られることである。

　一方、地域のおとなたちも、自分の子や孫のような高校生と一緒に活動することによって、活気を得ているように見受ける。とくに、竹炭焼き活動でシャベルやノコギリを使わせれば、おとなたちの目は童心にかえったかのように輝き出す。高校生は、ただ見習うのみである。

4　とくに活発な生徒の例

　日常の授業や科学部の活動を通して、これらの活動に強く関心を持つ生徒が現れた。1998年から2006年入学の生徒をふりかえると毎年数人の主体的参加者が現れているが、特に優れた2名を紹介する。

　1999年入学の生徒A君は、竹炭焼き活動に毎回参加し、生物教材園の水やりのために夏休みに毎日登校する、地域のイベントで進んで壇上に立ちリサイクルについて積極的に発言し、自分自身は食堂の割り箸回収をするなど、私をはじめ周囲のおとなたちが驚嘆の目でその活動ぶりを見た生徒である。大学へ進学した後も国際的なレベルでの環境問題の解決に貢献することをめざして学習中である。環境教育面では自然教室の指導者として活躍している。

　2003年入学のBさんは、昨春卒業するまで3年間、欠かさず竹炭焼き活動に参加した。また、科学部の部長として後輩をリードしながら各種の活動に熱心に参加した。地域の市民の中には、この生徒の活動ぶり、成長ぶりを見るのを楽しみに支援に参加した人が多い。企業が主催するボランティア賞に応募して2、3年生の2回にわたり近畿地区レベルで入賞した実績を持っている。現在は環境系の大学で勉学に励んでいる。

　私の勤務校でも教育活動というと受験の成果につながるかどうかで価値を判断される傾向が強い。紹介したこれらの生徒のように自分の興味関心に応じて集中して活動に励む生徒には希望する進路を実現できるように支援していきたいものである。最近は大学のAO（アドミッション・オフィス）入試の枠が広がりつつあるので、これらの諸活動の成果を認められて進学する高校生が増えることであろう。

5　可能性を信じて

　前述したように、困難な諸問題を背景に持ちつつも、粘り強く教育実践を積み重ねることによって、教員は生徒たちとともに成長していくことができる。困難な場面で取り組みを途中で放棄してしまうと、せっかく考えた価値あるアイデアや企画が葬り去られてしまう。山登りと同じ要領で、しんどく

ティータイム２

教員の専門的発展の5つの原理

①探究に根ざす
　環境教育に関わる人が、自分の実践を研究対象にする姿勢を持つように促すためである。仲間や自分自身による分析や批判に対してオープンになり、改善が可能になるにつれて、信念や実践の現状が問題をはらんだものに見えてくる。

②参加と実践に根ざす
　個人的信念と専門的実践の間にある緊張や矛盾を解決するために、他の実践者と積極的に協働することが、環境教育の専門的実践を有意味に変容させるのに必要な個人の反省をもたらす。

③批判的である
　環境と教育についての価値観や前提をイデオロギーの点から批判することを伴っているからである。それによって、教員は自分の専門家としての信念や実践が助長している関心を反省し、そしてエンパワーして、自分のめざす環境教育の目標を到達できるように適切な変化をとげる。

④地域に根ざす
　教育活動を展開している地域に関連している、現実の問題についての調査活動や改善に向けた活動に、参加者を巻き込むべきである。教員は生徒を現実の社会問題に積極的に関わるように促すとともに、より持続可能な方向へと社会を変えていくことをめざすべきである。

⑤協働する
　同僚と協働することによって、環境教育実践を束縛しているものを、より容易に認識できる。環境教育がめざしている改善に対して、逆行して作用する影響を管理する場合には、協働することは個人の努力よりもしばしば生産的である。

なったら少し休んで気分を変え、急な坂はふんばって乗り越え、ゆっくりでもよいから徐々に実践を積み重ねていくことが大切である。

　ここで、私がなんとか活動を継続できた実践的経験を総括すると次の3項目に集約される。

【まずやってみること】　環境教育、すなわち持続可能性に向けた教育には、やりがいを感じることができる素晴らしい世界が展開することがある。毎日の授業で、どの授業でも素晴らしい世界を展開してみせる自信は私にはない。しかし、少しずつでも自分の個性を意識して工夫した授業を作りだす努力を継続すれば、時にはやっていてよかったと思えることもある。

【周囲にやっていることを見せること】　教室以外の人に知られず黙々と授業を実践しているのも美しい態度であろう。しかし、私たちのめざす教育はみんなで作り出していくものである。周りの教員や他クラスの生徒、保護者にも実践をアピールして認知してもらわなければならない。

【形を残すこと】　そして、やったからには形を残すことである。やりだしたからには必ず成果を形に残しておくべきである。たとえ、その実践が徒労に終わったという評価しか残らなかったとしても、その教員の成長には大きく役立っているはずである。

　教員として素晴らしい世界を経験すると、これほどありがたい職業はないなあ、と感じることもある。かく言う私は、個人的にはつらいなあと思うことの方がじつは多い。しかし、物事は楽観的に考え、継続していればいつかまた楽しい思いをすることができるであろうと思いつつ、実践を継続している。教育にたずさわるすべての人に少しでも励ましになれば幸いである。

課題　1. 学校で環境教育をおこなう教員にはどのような専門性が必要か。
　　　2. 学校で環境教育をする場合の障壁にはどのようなものがあるか。

注

1　大阪教育大学に夜間大学院「実践学校教育専攻」の講座が1996年から設置されている。これは、現職教員の再教育の機関で、設置の趣旨は次のとおりである。「実

践学校教育専攻（夜間）アドミッション・ポリシー（2006年度）」1. 基本理念・目標　実践学校教育専攻では、小学校を中心とする現職の学校教員を対象とし、不登校・いじめなどの学校現場で起きている深刻で困難な問題の本質を解明し、実践的な観点で対処法を考究します。また、実践的な観点から教科教育の研究を深めることをめざします。2. 求める学生像・学校現場の経験が豊富で問題意識が明確な人・学校現場等での実践をとおして見出した課題の解決に取り組みたいと考えている人。

2　障壁の分類は、Ham, S. & Sewing, D. 1987/88, Barriers to environmental education, Journal of Environmental Education, vol.19, no.2, pp.17-24. による。アメリカの小学校の教員が教育活動で感じる障壁をインタビュー調査したものである。障壁の内容は、ティータイムを参照のこと。

3　ロボトムの5項目はフィエン「環境のための教育」（参考文献の1）p. 7）による。内容はティータイムを参照のこと。

4　テサロニキ宣言（環境と社会に関する国際会議：持続可能性のための教育とパブリック・アウェアネス）、1997、環境教育の定義の引用部分は第11項目。http://wwwsoc.nii.ac.jp/jsoee/oldfiles/thessaloniki.pdf で読むことができる（アクセス2007年8月23日）。

5　梅埜國夫・下野洋・松原静郎編著「身近な環境を調べる」東洋館出版社、1992年、「はじめに」。

6　フィエン（前掲書）、4頁。

7　井上有一によってまとめられた環境教育の3項目「環境の持続可能性」「社会的公正・存在の豊かさ」がある。環境教育の重点の整理は井上に依拠している。出典は、「エコロジーの三つの原理に関する考察——環境持続性、社会的公正、存在の豊かさ」『奈良産業大学紀要』第13集、1997年12月。

8　フィエン（前掲書）50頁に「支配的社会パラダイム」と「新環境パラダイム」という2つのパラダイムを比較した表がある。支配的社会パラダイムを代表するキーワードを3つ選ぶと、「人間による自然の支配」「限界なき成長」「専門家による決定」。それに対する新環境パラダイムのキーワードは、「人間と自然のホリスティックな関係」「成長の限界」「協議と参加」である。

9　フィエン（前掲書）、148頁。

10　塩川哲雄「高等学校での竹炭焼き活動」『国立オリンピック記念青少年総合センター研究紀要』2、2002年 a、89-99頁。
　　塩川哲雄「高等学校における地域での環境教育活動」『環境教育』12（1）、2002年 b、98-104頁。

11　岩本泰「「持続可能な社会」を創る環境教育の研究——学習者の主体的な行動や

参加の育成をめざして——」東京学芸大学大学院連合学校教育学研究科配置大学（東京学芸大学）博士論文、2006年、202頁。
12　日本環境教育学会主催公開シンポジウム「総合的学習における「環境教育」の展開——パートナーシップ、循環型社会、他者・国際理解をめぐって——」、2002年12月1日、神戸国際会議場における公開模擬授業でのできごとである。

参考文献

1) ジョン・フィエン著、石川聡子・石川寿敏・塩川哲雄・原子栄一郎・渡部智暁訳『環境のための教育：批判的カリキュラム理論と環境教育』東信堂、2001年
   批判的教育学の立場から、環境教育の新しい創造をめざして書かれた本。オーストラリアのディーキン大学、グリフィス大学大学院の環境教育コースの教科書である。

2) 井上有一監訳・共編『ディープ・エコロジー：生き方から考える環境の思想』昭和堂、2001年
   この本を読めば、ディープ・エコロジーの概要がひととおり理解できる。自然と人間がいかに結びつきながら生きていくべきかを考えるのに最適。

3) 吉本哲郎著『わたしの地元学：水俣からの発信』NECクリエイティブ、1995年
   著者は水俣の出身で市の幹部職員を経て現在は水俣市立水俣病資料館館長。地域のさまざまな場面で奮闘し、水俣の地域を見直す活動を開発してきた。読んでいて自然に笑いが起きて元気が出てくる本。紹介者（塩川）は水俣の地域活動で個人的に世話になって大きな影響を受けた。

5 地域の環境再生と環境診断マップづくり

片岡法子

本章のねらい

　本章では、地域における環境再生の方向性と、環境診断マップづくりについて検討する。環境診断マップづくりの取り組みは、環境再生を進めるにあたっての地域の課題を視覚的に表現するツールであるだけでなく、その作成過程において担い手を育成することができるという特徴がある。現状を把握し、課題を認識し、問題解決の方向性を探るというプロセスは、自分自身が地域におけるまちづくりの主体であることへの気づきであり、地域のあり方や社会の構造がどのようになっているかを探る学びそのものである。

　㈶公害地域再生センター（あおぞら財団）は、大阪・西淀川公害訴訟の和解金で設立された団体で、公害地域の環境再生を実現するための活動をおこなっている。わが国はかつて「公害列島」と呼ばれたように、全国どこに行っても公害現象が深刻な社会問題として認識された。しかし、現在においては、一部地域の特殊な問題としてとらえられがちである。本稿で紹介する大阪市天王寺区も1980年代までは公害地域に指定されていたが、現在においてはそのことすら知らない人が大半である。その地域において取り組まれた「環境診断マップづくり」は、地域の再生は決して他人事ではない自分たちの問題であることへの気づきであり、学びの過程であった。本章では、その具体的なプロセスを紹介する。

1 はじめに

　1960年代後半以降、住民自治や地方分権などの必要性がいわれて久しい。その具体化にむけて、さまざまなかたちが模索されてきたが、1980年代以前においては、その多くは挑戦と挫折を繰り返してきたというのが実態であろう。

　ところが、1990年代に入って「特定非営利活動法」や「地方分権推進法」などに代表されるように、それまでとは違う形で法律やそれに基づく制度が整備されてきた。1990年代後期以降は、各自治体においても自治基本条例やまちづくり条例といった形で、住民参加や情報公開、住民投票など、住民・市民と行政との協働を具体化していく事例が紹介されるようになった。背景としては、地方分権を進める政治的な動きがある一方で、「特定非営利活動法」が成立したように、市民活動が一定の成熟を示してきたこともあげられよう。いずれにしても、近年では制度として住民参加は保証されるようになってきたといえる。インターネットなどを通した情報公開もここ数年で格段に進んだ。より詳しい知りたい情報があれば、請求すればその多くが手に入る。「河川整備計画」、「地域福祉計画」や「交通バリアフリー計画」など、計画それ自体を参加型で策定するという手法も導入されている。

　こうした動きがある一方、多くの住民・市民にとっては、これらの変化を実感することは少ないのではないだろうか。「お任せ主義」「観客民主主義」などと言われて久しいが、長年にわたって住民はそのように手なづけられてきたと言っても決して過言ではない。中央集権下においては住民参加が形骸化されてきたことも、近年においては制度としての地方分権が進んでいることも、結局のところ政治や行政の都合で住民が振り回されているに過ぎない。そのため住民参加が進まないのは仕方ないとも言えるが、見方をかえれば、今こそその機会を活用できるときにきているともいえる。

　ここでとりあげるのは、私が㈶公害地域再生センター（愛称：あおぞら財団）に勤務した際、せいわエコクラブとの共同で、子ども版環境診断マップづくりの手引書『かぶりとえころ爺のまち調べとマップづくり』(2002年) を作成

した実践報告である。住民参加を論じる場合、いかにして主体形成していくかといったことが言われるが、この事例は、その方向性を示すひとつのモデルである。また、住民とは誰かといったことや、サイレント・マジョリティの問題に関しても、解決にむけたヒントを与えてくれている。

本稿では、まず、なぜ環境診断マップづくりをおこなうようになったのか、あおぞら財団の活動を通してその背景を明らかにする。次に、環境診断マップづくりの過程を、ここに参加したみなさんの意識や行動の変化とともに追う。最後に、今後のまちづくりのあり方について若干のコメントを述べてまとめに代えたい。

2 公害地域の環境再生のための環境教育

1 公害地域の環境再生

㈶公害地域再生センター（愛称：あおぞら財団）は1996年9月に設立された[1]。大阪・西淀川大気汚染公害裁判の和解金の一部を基金に設立された環境省所管の財団法人である。

あおぞら財団の構想は裁判闘争の中から生まれてきた。西淀川大気汚染公害裁判とは、高度経済成長期における、企業からのばい煙と道路からの排ガスによる都市型複合大気汚染の法的責任を初めて問うた、全国でも最大規模の公害訴訟である。1978年、阪神工業地帯の主要企業10社と国・阪神高速道路公団を相手取り、健康被害に対する損害賠償と環境基準を越える汚染物質の排出差し止めを求めて、地域住民100人が第1次訴訟を提訴した。以降、1992（平成4）年の第4次訴訟まで726人が原告となっている。

この裁判の過程で、1991年3月の地裁判決を前に西淀川公害患者と家族の会が「西淀川再生プランPart 1」を発表した。このプランは、1995年の企業との和解にいたるまで6回にわたって作成されてきた。ここでの考え方の中心は「公害地域の再生」である。公害病患者の存在は地域における環境問題の頂点に位置し、それは氷山の一角に過ぎない。これを根本的に解決するには、より底辺に向かって破壊されてきたものを再生していかなければならないというものであった。

表5-1 西淀川再生プランの概要

	年　月	内　容
Part1	1991年3月	テーマ：手渡そう川と島とみどりの街 　　公害被害者によるまちづくりの提案。西淀川の再生のあり方に関するマスタープランとして提示
Part2	1994年6月	テーマ：手渡そう川と島とみどりの街（Part1の具体化） 　　①共感の森、②生活史博物館、③公害道路の改造、④公害地域再生整備地域指定と事業団などの項目について方向性と内容を提案
Part3	1994年12月	テーマ：私たちは被告企業に何を求めているのか 　　和解に必要な事項を提示。地域再生の調査研究と国際交流を進めるセンターの設置とその資金、今後のまちづくり協議の進め方などを提案
Part4	1995年1月	テーマ：西淀川簡易裁判所跡地利用への提言 　　裁判所建物が取り壊されたことへの抗議。今後の利用案としてPart3にて提案したセンターの施設内容について具体化し提案
Part5	1995年2月	テーマ：公害道路改造への緊急提言 　　阪神大震災での阪神高速道路神戸線の倒壊という事態を受け、公害道路の"復旧"はありえないとする立場から、阪神高速の半地下化、代替物流整備、財源確保の方策について提言
Part6	1995年4月	テーマ：財団法人公害地域再生センター（仮称）の提案 　　(財)公害地域再生センターの事業構想として、①公害地域再生事業、②公害経験等の情報発信・交流事業、③環境学習事業の具体的な内容について提言

出典：西淀川公害患者と家族の会「西淀川再生プラン」1991〜1995年

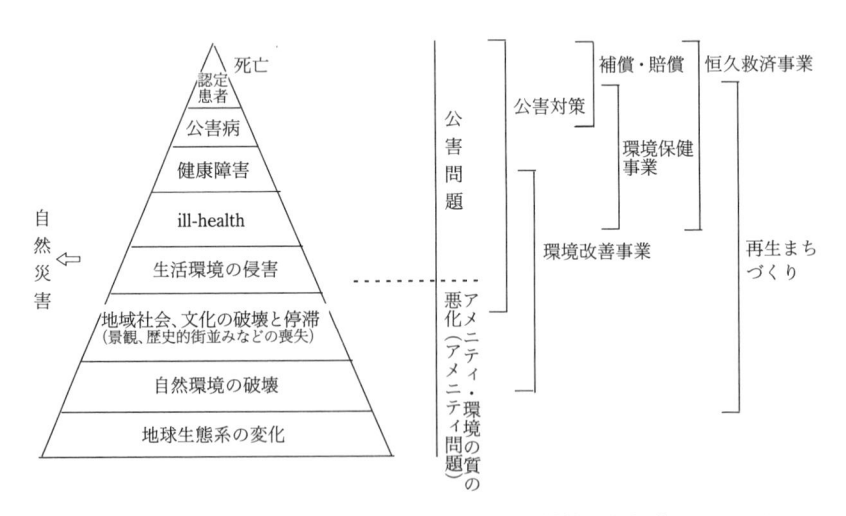

図5-1　宮本憲一氏による「公害・環境破壊の構造と対策のあり方」のモデル

出典：西淀川公害患者と家族の会「西淀川再生プラン　Part3」1994年
出所：宮本憲一『環境と開発』岩波書店、1992年を参考に作成

「公害地域の再生」をさらに詳しくみる。まず、「公害地域」とは何かについてである。『手渡そう川と島とみどりのまち――西淀川地域の環境再生にむけたあおぞら財団の提案（第1次）――』（あおぞら財団、2000）によれば狭義では、公害健康被害補償法に基づく旧第一種地域（大気汚染が著しい21市19特別区1町の全域ないし一部の地域）と第二種地域（水質汚濁および慢性ひ素中毒の疾病が発生した6県の一部の地域）を指す。また、自動車NOx法に基づく特定地域（埼玉県・千葉県・東京都・神奈川県にまたがる一部の地域と大阪府・兵庫県にまたがる一部の地域）がある。広義では、産業公害の後遺症に悩んでいる各地の鉱山地帯や新産業都市、道路交通公害や廃棄物の不法投棄、ダイオキシン公害などに苦しんでいる地域など今日的な公害による環境問題が進行している地域がこれに加わることになる。なお、最近ではアスベスト、土壌汚染、地下水汚染などさまざまな問題が指摘されており、幅広くとらえ直す必要があると思われる。

次に、再生すべきもの、環境再生についてである。これは、先に示したピラミッドの頂点から底辺にむけて回復していくことに他ならない。第1に、公害被害者の完全救済が求められる。公害病患者は、新薬などによってある程度の状況を緩和できる場合はあるが、残念ながら治癒することはない。高齢化に伴うケアの問題も発生する。こうした状況における健康回復や生きがいづくり、介護の体制などが求められている。また、潜在化している公害被害者の救済について検討を進める必要がある。近年では、ダイオキシンやアスベストなどの新たな物質による被害者救済のあり方も問われている。

第2に、公害の防止と現状回復である。公害地域に限らず最も大切なことは、新たな公害被害を発生させないということである。現在でも発生しているものについては、一刻も早く対策を講じる必要がある。たとえば大気汚染の場合、その主たる要因は自動車からの排ガスであるが、1台あたりの排出量を制限するという手法には限界がきている。特に汚染がひどい地域の規制を含め、まちづくり、公共交通体系、流通システム、個々のライフスタイルなど、多様な主体がさまざまな方法で取り組む必要に迫られている。また、工場からの公害もなくなった訳ではない。多角的な視点からの対策も求めら

れている。

　第3に、環境の質の回復・再生である。壊された自然を元に戻すことができれば最もよいが、不可能な場合は新たに作り出すという方法もある。各地で進められているビオトープづくりなどは緑空間の再生といえるであろう。そこに住む人々の記憶を再生させること、「原風景・原体験」を掘り起こすという作業も環境再生にとっては欠かせない。

　第4に、コミュニティづくりである。公害の発生は地域の中にさまざまなあつれきを生んできた。特に、裁判にいたり、長年に渡って闘争を続けてきた地域であればあるほど顕著であるといえよう。その関係性を修復していくことこそが、困難にして最大の課題であると私は考えている。公害病患者とそうでない人、住んでいる場所、職業、立場、考え方などなど、さまざまな対立軸によって地域の内部は分断してきた。これらのからまった糸をひとつずつほぐしていくことが求められている。そのためには、まず公害の歴史を正面から受け止めることが必要である。さらに、今日の地域の荒廃が住民不在の地域開発の結果もたらされたことを反省し、住民自身がまちづくりの担い手として再編成される必要がある。

2　「公害地域の環境再生」のための環境教育

　「公害地域の環境再生」を実現するためには、環境教育は欠かせない。特に、一度は壊してしまった環境を「再生」するには、被害の経験と教訓を踏まえるということがもっとも重要となる。「公害地域の環境再生」を実現するための環境教育とは、公害問題の発生の歴史とそこで起こったことの事実を知ることから始まる。そこでは、公害教育の実践に学ぶべき点が多い。ここで言いたいのは、公害教育そのものを再現すべきであるということではない。むしろ公害教育から学び、いかにして現在における環境教育の方向性を示すかということである。

　『〈環境と開発〉の教育学』の中で、高橋正弘は現代の環境教育の問題点として「環境教育を実践するにあたってどのような社会像を期待しているのか、どのような社会を構築しようとしているのかという視点がほとんど欠落して

いて、反対に環境問題の解決を担うことのできるとする人間像をまず徳目に集中して作り上げようとしている」ことを指摘している。さらに、公害教育が発生してきた要素として「上からの「近代」の発想を下から否定し、下からの「近代」を育てようとした」ことをあげ、「公害教育の掴んでいた近代観を掴み直して再び練り上げていく」ことの必要性を述べている。

　一方、1990年代以降において展開されている「持続可能性のための教育」や「持続可能性に向けての環境教育」といった形での議論がある。これらは国際的な流れを踏まえたものである。しかし、日本においては公害教育と対抗する形で示されてきた環境教育論への問い直しであり、再構築の必要性を述べる側面があることは否定できない。

　たとえば、同書において原子栄一郎は「持続可能性のための教育」における批判理論として「批判的かつ創造的な環境教育」の必要性を述べた。そこには「現況の批判と共に社会変革のためのエンパワメントが内包」されており、支配的なものに対して「脱構築的」であるという意味で批判的であることと、批判によって見出されたものから代案を模索するという意味で「建築的・構築的」であることを指摘した。

　また、『持続可能性に向けての環境教育』のなかで今村光章は「あくまでも生産や利益、富を最大化することを目的とし、究極的には〈限界〉なき『開発』と『発展』を優先する『開発＝発展パラダイム』を下地とする環境教育」の抜本的な変革の必要性を指摘している。その上で「『開発＝発展パラダイム』をのり越えるには、環境教育というラベルすら貼り替えたほうがよい」とし、新しい環境パラダイムによる「持続可能性に向けての環境教育」のあり方を述べている。

　「公害地域の環境再生」のための環境教育の実践は、上記のような「環境教育」への問い直しの流れを受け、新たな形で構築することに他ならない。藤岡貞彦は、『〈環境と開発〉の教育学』のなかで、1960年代半ば以降の日本環境教育の時代区分を4期に分けた上で、この区分を「各自がみずからの経験にそくして仮説することによって、はじめて環境教育実践を点検する指標が与えられる」と述べた。特に、第3期を1996年のチェルノブイリ原発事故以

降に区分し、これを契機として「地域環境課題がいっきょに地球環境問題に転化することになった」とする。このことによって〈地域－日本－世界〉をつらぬく人類の課題そのものが、どの地域にも露頭している時代に入り、環境教育実践においても「高度経済成長下の開発政策にもとづく公害反対運動に支えられ、被害者の立場に立つ公害教育の実践の教育的価値をまもり継承しながら、地域環境問題が地球環境問題にまで発展してきた」と述べている。あおぞら財団での取り組みでは、藤岡の指摘する実践の発展にいかに学ぶかということであり、原子のいう「批判的かつ創造的な環境教育」という問題提起にいかに応えるかということであろう。

　以上を踏まえて、あおぞら財団での環境教育の実践を振りかえるならば、次のような方向性を示してきた。まず、公害問題の事実や歴史、公害裁判の成果などをきちんと伝えるということである。西淀川区在住であっても、西淀川公害のことを知らない人は少なくない。「ひとつの事実、いくつもの真実」とは、ある現象を指してさまざまなとらえ方があることを示す言葉であるが、事実としてその地域で何が起こったのかを知らなければ、次なる展開も生まれない。その事実を知るためのツールを整備するということである。

　次に、人間にとっての尊厳とは何かということへの問いかけである。公害問題は、経済優先社会がもたらす豊かさと生活環境や自然環境の保全がもたらす豊かさとの選択のせめぎあいであったと言ってよい。それは今日なお、古くて新しい問題として私たちの目の前にある課題であるといえる。

　さらに、社会をつくる主体としての自己への気づきである。公害病患者ひとりひとりの力は小さかったかもしれないが、彼ら・彼女らの取り組みが、今日の環境意識の高まりの一翼を担っていることは否定できない。後述する環境診断マップづくりは、その道しるべのひとつである。

3　具体的な取り組み

　あおぞら財団は、1996年の設立当初から前述の西淀川再生プランに基づいた活動をおこなってきた。しかし、初めの約2年は本当に手探りの状態であった。事業計画に基づき本格的な取り組みをはじめたのは、1998年ごろ

からである。環境教育として独立した事業を実施するようになったのもこの頃からで、具体的なプログラムづくりの必要性に迫られていた。おりしも、2002年から「総合的な学習の時間」が導入されることとなり、それに先駆けての取り組みも各学校で始まりつつあった。あおぞら財団にも全国の学校から電話や手紙などでの問い合わせがあるようになり、地元の学校からも西淀川公害のことを学ぶ一環として講師の依頼が来るようになった。教育現場の現状やニーズの把握に努めながら、あおぞら財団がもっている資源を使いやすく活用できるようにする方法を検討する必要に迫られるようになったのである。

そこで、あおぞら財団が求められている社会的なニーズにどのように答えていけばよいかを検討する場として、1998年秋に「西淀川公害に関する学習プログラム作成研究会」(以下「研究会」と記載)を立ち上げた。メンバーは、西淀川区にある小・中・高等学校の教員、地域でエコクラブを実践する環境教育の専門家、大学で交通工学を研究する専門家などである。異分野の専門家の集まりとなったこの研究会は、それぞれのメンバーの関心と専門性にあわせた形での教材の作成やプログラムの開発がおこなわれ、正にコラボレーションというにふさわしい取り組みに結びついていった。結果、研究会の立ち上げから2年で取り組んだ活動としては、「西淀川公害に関する学習用パネル」および資料集の作成、学校における公害病患者の語り部活動、交通環境学習ワークショップの開催(道路環境・交通しらべ、自転車安全教室)、ブロックを使った大気汚染の変化に関する教材・授業実践の検討、後述する「かぶりとえころ爺のまち調べとマップづくり」の作成の他、各種のワークショップやイベントなどの形に結実していった。

研究会は現在でも継続されているが、その理由としては、常に学校などの教育現場と地域社会との対話の場であるからであろう。開かれた学校運営の必要性がいわれて久しい。多くの人が学校に通った経験も持っている。しかし、実は、学校が地域のことを知らないだけでなく、地域の側も学校のことをよく知らない。その壁を取り除いていく場が想像以上に少ないことに気づく。それぞれの状況を知った上で何ができるのか、具体的なテーマを元に対

話する場が求められているのである。その対話を重ねる中で、あおぞら財団の場合ならば、環境教育の分野で何かできるのかといったテーマが具体化してくるのである。

　以下に例にあげる「環境診断マップづくり」の取り組みは、もともとは、研究会のメンバーである小学校の教員のひとことから始まった。すでに、あおぞら財団で取り組んでいた「まちづくりたんけん隊」の取り組みを子どもにもわかる形にまとめて欲しいというものであった。その実践として学校で始める前に、まずは地域で活動しているエコクラブで実験的にやってみようということになり、取り組んだ例である。それが思わぬ方向に進んだ。実は、それこそが地域の再生にとって重要な要素のひとつだったのである。

3　環境診断マップと地域づくり

1　気づきから学びへ

　あおぞら財団における環境診断マップづくりは、活動の原点ともいえる取り組みのひとつである。それは、地域再生の第1弾として取り組まれた「まちづくりたんけん隊」と「原風景・原体験の聞き取り調査」の蓄積の上に形づくられていった。前者は、まちづくりの第1歩としてはポピュラーな手法で、「タウンウォッチング」や「地域調査」などとして取り組まれる場合もある。まずはその地域のことを知ることから始めるというものである。地元の人にとっては再発見や再認識の機会となる。地域の住民自身が実施すること、そのこと自体が「社会教育」の一環となることが求められる。

　前者が地域の現状を知ろうとするものに対して、後者は、変化する環境の中でそこに暮らしている居住者がそれと具体的にどのように関わり、思いをもっていたかを掘り起こすことを目的とする。記憶に残る地域の風景とそのときどきにおける関わりの事例を集めることにより、地形図や図書などからわかる地域の変化が、人々の暮らしの中でどのように生きてきたかに迫ることができる。それらをもとに、再生すべきものや方向性をさぐるというものである。何より、聞き取りの対象者自身が、自分が語ったこと自体がまちづくりの要素となることに気づく。「サイレント・マジョリティ」と呼ばれる人々

がまちづくりの主体へと変化するきっかけづくりのひとつとしても注目できる。

一方、「環境診断マップ」の考え方については、「環境影響評価（アセスメント）制度」における市民参加を実りあるものにするための手法として提案されていた。これまでの開発が地域の歴史や植生、実態などを無視したものであったことの反省にたち、これらを活かした地域のあり方について、開発者と住民が共に考えることのできる材料をつくる手法として提示されたものである。

この方法を上記の取り組みと重ね合わせる形で改良を重ねたのが、ここで言う「環境診断マップ」づくりである。地域環境の「診断」過程を支援する素材として地域の情報を視覚的に共有化し、当該地域での開発やまちづくりについて話し合うときの判断材料として活用できるものとした[2]。『都市の文化』においてマンフォードがいう「具体的経験」と「地域調査」を結びつけたものともいえよう。「環境診断マップ」をつくることは、住民自身が地域の現状と過去を学び、これからのまちのあり方を考えるための「地図」を作る行為それ自体なのである。

2　せいわエコクラブとの出会い

「せいわエコクラブ（以下「せいわクラブ」と記載）」とは、大阪市天王寺区聖和小学校内にある子ども会の1グループであり、1995年の環境庁「こどもエコクラブ」発足と同時に活動を開始した[3]。発足以来、地域の環境について調べたことを新聞にまとめ、回覧板で住民に知らせるなどの活動を積み重ねてきた。

私がせいわクラブと出会うきっかけとなったのは、先述した研究会においてである。研究会において取り組むべき事項として、「子ども版」の環境診断マップの手引書をつくってはどうかとの声が持ち上がった。研究会のメンバーとして加わってくださった原田智代さんが同クラブの代表サポーターをつとめていらっしゃったことから、聖和地域での実践をもとに手引書づくりをおこなうことになったのである。

後に『かぶりとえころ爺のまち調べとマップづくり』として完成したこの環境診断マップの手引書づくりの特徴としては、マップづくりに参加した人たち自身が、みずからの体験を通して感じたことをどのように表現すれば他者に伝わるかを一貫として追求したことにあろう。それは、次のような作成方法をとったこととも関連する。

　手引書づくりは、やろうと思えば情報さえ集めてくれば編集者と印刷業者との間のやりとりだけで作成は可能である。しかし、今回はその方法はとらなかった。せいわクラブの保護者らで構成される「せいわエコ・サポーターズクラブ」のメンバーが企画をし、主体となって実践を積み重ねた。地域での実践に関しては、実施者はあくまでもせいわクラブであり、あおぞら財団は黒子に徹することにした。

　次に、学習会を兼ねた打ち合わせを月1回おこなった。2001年2月から始めた打合せ会は約2年におよんだ。初めて子どもたちが活動に参加した2001年6月からは、毎回、印刷を兼ねた編集業者にも加わってもらった。原稿がそろった段階で業者に依頼するのが通常の形であろうが、話し合いの雰囲気を手引書に活かすためにはこの方法がよいと考えた。また、原稿の内容のみを検討するのではなく、ラフスケッチを書き直す形で必要な原稿を集めていった。こうすることで、具体的な完成のイメージがわき、そのために必要な作業が見えてくると考えたからである。業者の方には2年にもわたる雑多な作業に根気よく付き合っていただいたことに感謝している。

　以上を踏まえた上で、実際にせいわエコ・サポータズクラブのメンバー自身がおこなったこと、考えたこと、感じたことなどを形にしていたった。「手引書にする」ためには、単なる活動紹介ではなくマニュアル化する必要がある。その活動をおこなう意義、事前準備、当日の進め方、まとめ方、成果といったものを抽象化していくのである。こういった作業は、通常は記載に必要な事項を全体で確認し、後は1～2名の編集者がまとめるのが一般的である。しかし、今回の作業では、このまとめの作業にも極力サポーターズクラブのメンバーに加わってもらった。

　毎回の打合せは、業者の方も含めて全員女性だったということもあり、ざっ

くばらんな雰囲気で進んだ。環境診断マップづくりの骨格に関わる話だけでなく、手引書に掲載する必要はないけれどもその場にいる人同士で共有化しておきたいこと、地域で話題になっていることなど内容は多岐にわたった。家庭の話や食事、育児、趣味など無駄と思える話題も少なからずあった。しかし、その中に重要なエッセンスが含まれていることもあり、そういった話題もすべてを出しきった上で、次回までにやっておく作業や今後の予定を確認していった。理想を現実に代え、理論を実践で検証し、またその逆をたどる。環境診断マップの手引書づくりの過程それ自体が正に学びの場であったといえよう。

3　環境診断マップづくりから見えてきたもの
〈半信半疑での始動〉

　せいわクラブでのマップづくりの活動は、サポーターズクラブのみなさんが、あおぞら財団の成り立ちやまちづくりたんけん隊などの活動について学ぶところから始まった。特に、西淀川公害や裁判については知らない方が多く、同じ大阪市内であおぞら財団のような団体が立ち上がっていることが驚きだったようである。

　一方、聖和地域の周囲には都市計画決定がされた後、長年にわたって着手されなかった道路計画がいくつかあり、それが近年になって着工されている箇所があった。開通後、その地域を通る交通量が増えたり、これまではあまり車が通らなかったところが抜け道として利用される例もあった。こうした経験を通じて、地域における道路のあり方や車とのつき合い方については日常の生活の中で考えている人が多かった。そのこととあおぞら財団の存在が結びつくということが、少なからずあったようである。

　こうして、子どもたちも交えて、まずは自分たちの地域を見直してみることから始めようということになった。子どもたちにとって身近な存在から入る方がよい、家族とも話し合って欲しい、単にまちを見ただけで発見があるのかなど、さまざまな意見が出された。そこで今回は、「遊び場」というキーワードでマップづくりをすることになった。また、せいわエコ・サポーター

ズクラブで作成した地域の遊び場に関するアンケート用紙を事前に参加者に配布して各自で調べておいてもらい、その情報を持ち寄ってもらうことにした。アンケート用紙の記入に際しては、家族で話し合ったり、普段から遊んでいる場を記入してもらった。

　2001年6月11日、地域の集会所に子どもたちが集まった。集会室いっぱいに広げられた「ガリバーマップ（部屋がいっぱいになるように拡大した地図）」に、各自で調べてきたことを自由に記入していった。自分たちにとっての「遊び場」の好きなところ、嫌なところ、感じていること、気づいたことなど、どんどん書き込んでいった。この作業が、自分たちの住んでいる地域だから当然知っていると思っていたが、実は知らないことが意外と多いことに気づくきっかけとなった。また、身近な地域の中には好きなところもたくさんあるが、もっと良くしたいところもあることへの発見にもつながった。とくに子どもたちが多くのことを発見したことはもちろんだが、それよりも大人の方が学ぶことが多かったということがあった。そのことが、子どもたちが作成した「遊び場マップ」のことを周囲の人に知らせたいという思いにつながった。ガリバーマップの情報を配布できる大きさの地図にまとめ、PTAや自治会など地元の方々や小学校などに配布することとなったのである。

　その後、この「マップ」の配布が思わぬ反響を呼んだ。「マップ」という形にすることで地域の情報がコンパクトにまとめられ、視覚的な効果もはたらいてとてもわかりやすいものとなり、見た人も意見が言いやすいものとなった。また、情報源は遊びの達人である子どもたちであり、そこから見えてくる地域の現状ということが、見る人の共感を呼んだようである。「子どもたちが安心して暮らせるまちにしたい」ということが共通の願いとなって結実し、はぐくみ教育協議会などでの検討課題にものぼった。

　このことがクラブのメンバーにとって大きな励みとなった。「住民参加なんて他人事だと思っていたけれど、私にもできるんだということがわかった」とはあるサポーターの言葉だが、ここに「私にもできる」という大発見が待っていたのである。環境診断マップの手引書づくりとして始まった取り組みが、この時点で、どうすれば多くの人に自分の体験を広めることができるだろう、

どうすれば「私にもできる」ということを感じてもらえる手引書になるのだろうという話題に大きく転換したのである。

〈新たな課題との遭遇〉

半信半疑で始まった子ども版環境診断マップの手引書づくりの取り組みであったが、自分たち自身がまちづくりの担い手であることを自覚したことによって関心が大きく広がっていった。

まずは、子育てをめぐる地域の課題についてである。最近の子どもたちはどこで遊んでいるのか地域の中で意外と知られていないということがわかり、防犯の面からも見直す必要があるのではないかということがあげられた。特に、大阪市内ではホームレス問題が大きく取りざたされるようになっていた。聖和地域は大阪市内では古くからの住宅街であるが、日雇労働者のまちとして知られるあいりん地区（通称：釜ヶ崎）から比較的近い位置にあることなどから、ホームレスと呼ばれる人たちとのトラブルは他人事ではなくなっていた。特に公園の利用については、懸案の事項となっていた。

代表サポーターの原田さんは完成した手引書の中で「その対処方法は社会全体で取り組むべきことと考えるが、本来遊び場であった公園で遊べなくなった子どもたちはどこで遊べばよいのだろう」とその時のジレンマを記している。単に野宿者を追い出せばいいという問題でもない。共生の方向性は探れないのか、探れるとすればどのような方法や手段、プロセスがあるのか、そのあり方が問われていた。

次に、子どもをめぐる環境の厳しさについてである。手引書づくりの過程では、そもそも遊ぶ場所がなくなっているということが話題になった。かつては広場や空き地だったところが土地の効率化を進める中で駐車場やマンションなどに変化してきた。以前は道で遊んでいたが、今は危険で遊べない。そもそも遊ぶ時間がなくなっている。ここまでくれば、自分たちだけでは解決できない。しかし、その中でもできることはないのか。せいわクラブの意義や活動の問い直しといったところにまでかえってくる問題でもあった。

さらに、子どもの参画とまちづくりについてである。子どもは基本的にはまちづくりに参加できない。子どもの意見を大人に伝えるツールもない。あっ

たとしても単に大人に都合のいいように利用されたりはしていないだろうか。それでは、肝心の大人はまちづくりに参加しているのか。この間、地域の課題をどのように解決すればいいのか色々な人と話をしたが、自分たちだけでできることには限界がある。行政に相談をしたいけれど、そもそも役所のどこに聞けばよいのかがわからない。実は、まちづくりそれ自体が暗中模索の状態であることがだんだんとわかってきたのである。

　こうしてあがってきた具体的な事案に基づき、行政の取り組みへの対応はどうすればいいのか、地域の中での合意の仕組みはどうなっているか、苦情への対応はどうすればいいのかといった話題に進展していった。手引書の最後に「せいわエコ・サポーターズクラブ一同」として記された言葉には、これらの経験や思いが詰まっている。

> "遊び場マップをつくろう"と子どもたちと取り組んでみて、私たち大人もとても多くのことを学びました。自分たちの住んでいる地域をゆっくり見つめ直し、マップという形にしていくと、長所も短所もはっきりと浮かび上がってきました。ああなってほしい、こうなってほしい、とただ漠然と思っているだけでは何も伝わりません。『現状はこうだが、私たちはこのようなことを望んでいます』と具体的にデータや資料を添えることが大事なのだと気づきました。(中略)これからも住民の一人としてきちんと声を届け、まちづくりに参加していきたいと思います。もちろん、子どもも住民の一員、マップ作り等を通して一緒に楽しく関わっていく中で子どもたちにもそれに気づいてもらいたいと思います。

　その後、せいわエコ・サポーターズクラブのメンバーはPTAや地域でさまざまな取り組みをおこなう人とも共同し、土曜日の校庭・体育館の開放を実現したり、公園内のグラウンドのナイター化や地域への開放のあり方を市と協議したりといった具体的な取り組みにつなげている。

　別稿において、原田さんは「地域がよくなる事を願い地域活動を担ってきた人たちの間では、地域課題が把握され問題解決に向けての強い意思も共有

図5-2 環境診断マップの手引書

あおぞら財団『かぶりとえころ爺のまち調べとマップづくり』2002年

化されていると思われる。しかし、伝統的共同体とは異なり多くの住民が地域への関心を示さない中、住民は地域課題を解決する主体になりえず、行政がその役割を担うようになってきたといえよう」と指摘している[4]。せいわエコ・サポーターズクラブにおいて経験した一連の出来事は、こうした状況に対する突破口のひとつのモデルであったとも言えるのではないだろうか。

4　まとめ

　ニューヨーク市で近代的な都市計画、再開発に異を唱え、狭い道に人のあふれる多様性のある都市づくりを提唱したアメリカの都市研究者J・ジェイコブスは、次のように述べている。「遊び場や公園の全部が全部危険で、そこには人の目が全然ゆきわたらないというわけではない。しかし健全な公園や遊び場は、たいていの場合街路が活気に満ちて安全であり、洗練された『通り』の生活の雰囲気が行きわたっているような近隣住区の中にある。遊び場と歩道に、安全性と健全さが存在するのは、私の知るかぎりでは、人によくいわれていないような街路のおかげである」。危険から身を守るために囲いこむことは、結果として健全な注意の目から子どもたちをひき離すことにつながる。再開発地域のブロックの中にぽつんと置かれた小公園をつくるという計画をその象徴としてとらえているのである。その上で、犯罪発生率の低い地域においては「地域の歩道には、コミュニティの協力が最も強くあらわれている」とし、地域に住む人たちの注意が子どもたちの遊びの上にゆきわたっていることの重要性を指摘している。

　公害地域の再生は単に公害現象がなくなれば解決する問題ではないことはすでに述べた。公害病患者の存在は氷山の一角に過ぎず、その根底にある生態系の変化や自然環境の破壊、また地域社会や文化の破壊といったことをも考えると、地域の再生は決して特殊な地域の問題でないことがおのずとわかってくる。本稿で取り上げた聖和地域も例外ではない。都心にあって比較的閑静な様相を残してはいるが、根本的な構造は同じである。せいわエコクラブの活動は、そこで始まった小さな挑戦である。

　ここで重要なことは、主人公が子どもとその親たち（特に女性）であったということである。女性の社会進出が進んで久しいが、地域を代表する声のひとつとしてどれほど成り得ただろうか。ましてや、子どもたちの声は、地域の担い手としてどれほど反映されてきたであろうか。せいわクラブのメンバーが「環境診断マップ」づくりを通して経験したことは、地域をつくっていくのは「私自身」であることの気づきの物語でもあったともいえよう。

5 　地域の環境再生と環境診断マップづくり　105

ティータイム

各地で広がる地域再生の動き

　公害裁判の後、地域の再生に取り組んでいるのはあおぞら財団だけではなく、各地に見られる。岡山県倉敷市の㈶水島地域環境再生財団（みずしま財団）、兵庫県尼崎市の尼崎南部再生研究室（あまけん）、愛知県名古屋市の（特活）名古屋南部地域再生センター（名古屋あおぞらセンター）などは、いずれも大気汚染裁判における企業との和解金をもとに設立された団体であり、地域の環境再生や公害病患者の健康回復のための活動をおこなっている。

　公害裁判の後に地域再生に取り組んだのはあおぞら財団が始めてではない。イタイイタイ病裁判において1971年に原告勝訴が確定した後、「公害防止協定」等に基づいて毎年おこなわれている神岡鉱山への立ち入り調査は、住民・企業・専門家が一体となって取り組んでいる無公害への挑戦であるといえる。

　1990年代に入って、注目されたものとしては熊本県水俣市から始まった「地元学」がある。市役所の一職員が提唱したこの活動は、被害は水俣病という健康に関することだけでなく、患者を中心にさまざまな対立を生み、地域社会の人間関係を分裂させてきた反省に立っている。「水俣にはいろんな人たちが調べに来てくれたけど、住んでいる私たちはくわしくならなかった。結局調べた人しかくわしくならない、下手でもいいから自分たちで調べよう」という取り組みは広く共感を呼び、現在では全国各地で進められているまちづくりのモデルにもなっている。

　伝統的にある地域コミュニティの長所について述べられることが少なくないが、「私自身」が地域の担い手であることの気づきがなければ、単なる地縁関係の賛美でしかありえない。ジェイコブスの言うコミュニティも、その点を忘れてはいけないだろう。地域の再生はまさにここから始まると言ってよい。それがない「再生」は単なる見せかけであり、住民が参加することなく進められてきた開発行為を、形を変えて進めているに過ぎない。その気づきがあってこそ、作成した「環境診断マップ」は私たちの「地図」として次なる展開を示してくれるのである。

| 課題 | 1. 環境マップづくりにはどのような効果が期待できるか。
2. 地域環境を知るためのツールにどのようなものがあるかインターネットで調べよう。 |

注
1 あおぞら財団ホームページ http://www.aozora.or.jp を参照のこと。
2 あおぞら財団「つくってみよう 身のまわりの環境診断マップ」環境庁、2000年。
3 こどもエコクラブについては、環境省のホームページ http://www.env.go.jp/kids/ecoclub/index.html を参照のこと。
4 原田智代「地域が世界と未来につながる── abyss（深淵）を越えて──」2006。

参考文献
1) 磯野弥生「公害地域の環境再生への課題」『環境と公害』Vol.31、No.1、2001年夏
2) 今村光章編『持続可能性に向けての環境教育』昭和堂、2005年
3) 永井進他編著『環境再生──川崎から公害地域の再生を考える──』有斐閣選書、2002年
4) 藤岡貞彦編『〈環境と開発〉の教育学』同時代社、1998年
5) 宗田好史他編著『都市に自然をとりもどす──市民参加ですすめる環境再生のまちづくり──』学芸出版社、2000年
6) J・ジェイコブス（黒川紀章訳）『アメリカの大都市の死と生』鹿島出版会、1977年
7) ルイス・マンフォード（生田勉訳）『都市の文化』鹿島出版会、1974年

⑥ リナックス型の環境教育プログラムづくり

井上有一・原田智代

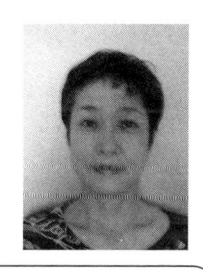

―― 本章のねらい ――

「リナックス」と呼ばれる OS（コンピュータを動かすための基本ソフトウエア）がある。コンピュータのプログラムのなかみがすべて公開され（オープン・ソース）、プログラミングの能力をもつ不特定多数の人たちが休日などにボランティア・ベースでその改良や拡張に参加し、高い能力を持つ安定したプログラムを多くの費用をかけずに社会に提供したことで知られている。これは、企業秘密の厚い壁に守られ特定の専門家の手で多大の費用をかけて進められる商業ベースのプログラム開発とは対照的である。当時はまだ学生であったフィンランドのリーナス・トーヴァルズ（Linus B. Torvalds）によって始められたこのプログラム開発の方法は、公開と参加にもとづく市民による環境教育の豊かな可能性を示している。

藤本雅巳は、みずからも参加した市民による環境教育プログラム開発を「リナックス型」と呼んだ[1]。現在、「プロジェクト・リンクス」と略称される環境教育プログラム開発の試みが進められている。藤本のいう「リナックス型」環境教育プログラム開発という考え方にもとづいて始められた市民の手になる取り組みである。本章では、この「リナックス型環境共育プログラム開発プロジェクト Project LINCS」を事例として取り上げ、透明性が保証され、市民の協働によって発展していくという性質を持つ環境教育の取り組みが持続可能な未来を実現して発展させていくうえで持つ可能性について考えていきたい[2]。

注
1　藤本雅巳、2000「総合学習教材『地球温暖化』」日本環境教育学会関西支部第9回研究大会（2000年12月9日、京都精華大学）での発表。
2　本章のプロジェクト・リンクスに関する記述は、この取り組みに呼びかけ当時から連絡係などのかたちでかかわってきた本章の二人の筆者の経験、メンバーからの聞き取り情報、ならびにプロジェクトを進める過程で作成された文書資料に基づく。聞き取りに対する回答は、後藤裕己、松本朱実、木内功、林美帆（財団法人公害地域再生センター）、塩川哲雄、田中美季の各氏から得た。プロジェクト・リンクスのサイト・アドレスは、以下のとおり（2007年8月時点）〈http://www.geocities.jp/projectlincs/〉

1 「プロジェクト・リナックス・オープン (PLO)」としての出発

　2003年11月、大阪府民環境会議（略称：OPEN）[1]が発足した。特に大阪府政とのかかわりを通じて、環境面で持続的であり社会的に公正な市民社会の実現を目指すもので、府下の約40の団体が参加した。「循環・共生・参加を基調とした市民社会の実現」を掲げて、およそ20の市民団体が理事などを送るかたちで運営に参加している。

　翌2004年には、特定非営利活動法人の認証を取得した。そして、「市民フォーラム『協働やねんECO都市大阪』2004」を開催し、そこでの議論を集約した「大阪府への要望書」[2]の提出や大阪府との懇談会などを通じて、政策提言活動をおこなっている。また、2004年11月には、独立行政法人万博記念公園の「循環型モデルパーク」事業にあたるNGO/NPOの中間支援を開始し、2005年1月には、環境省と「きんき環境館（近畿環境パートナーシップオフィス）」の協働運営を始めるなど、大阪府下の多様な分野の環境保全にかかわる事業を展開している。

　「プロジェクト・リンクス」は、2004年1月の呼びかけで始められた。当初の目的は、大阪府民環境会議のメンバーが相互に市民的な取り組みの前提になる理解や認識を深めていくことに資する環境教育（環境共育）プログラムを「リナックス型」という理念にもとづいて開発することとされていた。1年あまりのちに改称されるまで、名称も「プロジェクト・リナックス・オープン (PLO)」であった。ただし、呼びかけは「OPEN勝手連」の名称でなされ、大阪府民環境会議と組織上は関係なく、有志の独立した市民的取り組みであることが強調されている。

　参加資格は特になにもなく（OPEN会員でなくてもよい）、プログラム開発という本来の目的とは別に、インシデンタル・ラーニング（付随的に起こる学び）の場として機能することが期待されている。インシデンタル・ラーニングとは、教育が直接の対象にする人々が学ぶだけではなく、教育の取り組みにかかわる人々もその過程で多くを得るという「学び」を意味する。市民活動にかかわる人々が、その活動本来の目標を達成していくなかで、さまざまな学

ティータイム

「オープン」の三つの意味

　大阪府民環境会議の愛称は「OPEN（オープン）」であり、略称としても広く使われている。英名の Osaka People's Environment Network の頭文字をとったものであるが、「名は体を表す」というわけで、誰にでも開かれ、広く参加を呼びかけるネットワークとして発足した。OPEN はまた、政府や企業に情報公開を求め、政策形成や意思決定の過程を開かれた透明性の高いものにすることで、市民社会への扉を開こうとするものである。さらに、このネットワークに参加するひとりひとりには、みずからを開いて市民性を育て、開かれた相互関係を築いていくことが求められている。市民に開かれ、情報公開や政策参画という面での開かれた風通しのよい社会を築き、市民ひとりひとりがみずからを開いてつながっていくという三つの「オープン」の意味が重なったところ、そこに大阪府民環境会議の存在意義が求められている。市民活動のさまざまな場で、「オープン（開く）」をキーワードに多様で個性的な試みが重ねられることを通じて、公正で豊かな可能性に満ちた持続可能な未来は切り開かれていくのであろう。

びの機会を得ることも、インシデンタル・ラーニングに含まれる。すなわち、PLO は、このプロジェクトに参加した個人が、プログラムの開発を協働で進めていく過程で、互いに学び合い、環境教育への認識を深め、関連する知識や技能を得ていく場として機能することが、呼びかけ時点から期待されていたのである。

2　プロジェクト・リンクス (1)──概要と経緯

1　リンクスの構成と目的

　前述の呼びかけに応じて、3年ほどのあいだに40名あまりが参加を表明した。大阪府民環境会議にかかわる環境教育プログラムの開発を目的にしていたこともあり、大阪を中心に関西在住の会員が多数を占めるが、関東など他の地域の在住者も参加している。

月1度、定例会合が基本的に大阪で開催される。そこでは、プログラム開発にかかわる相談や作業、完成に近づいたプログラムの試行などがおこなわれる。また、日本環境教育学会などにおける研究発表や自由集会の開催、メーリング・リストによる情報交換やプログラムの検討なども、おもな活動に含まれる。月例会合は3年間で30回あまり開催された。また、リンクス会員が多数参加する日本環境教育学会の年次全国大会では2度の関連集会を主催し、学会関西支部主催のワークショップやリンクス会員の関係する市民団体などでは、完成間近のプログラム試行をおこなう機会があった。試行の結果は、参加者の振り返りシートの記述も含めて、プログラムの改訂に反映されている。今後、順次、プログラムが完成して公開されるに伴い、リンクス会員以外の人びととのウェブサイトを通じてのやり取りや、プログラムの普及・実施支援活動にリンクス会員が関わっていくことが期待される。

リンクスは、だれにでも気軽に利用でき、共に学びみずからを育てることができる機会を提供するためのプログラムづくりをめざしている。具体的には、2〜3時間で実施できるプログラムをテーマごとに作り出すことを目的とし、それぞれのプログラムは、基本的に、(1)参考資料、(2)ワークシート、(3)手順書の3点で構成されている。数人が集まって（多人数の場合は、複数のグループに分けてテーブルを囲む）、進行役をつとめる人の指示のもとに、学びのセッションを創り出すという設定である。進行役をつとめる場合、事前に別の機会に実施された同種のセッションに参加して、その様子がよくわかっているとよいが、そうした事前参加経験がなくても進行役をつとめることができるプログラムを開発しておくことが理想であろう。(1)参考資料と(2)ワークシート（ワークショップなどの作業に使う）は、当日のセッションで参加者全員に配布するために、そして(3)手順書は当日の進行役が事前に通読して準備をおこなうために作成されている。

2　第1期のプログラム開発

どのような主題を持つプログラムを作り出すかは、月例会合での相談を重ね、メーリング・リストを通じてのやり取りによる確認作業を経て、決定さ

れる。1年目(第1期)には、自然保護、市民参加、持続可能な発展、コミュニケーションをそれぞれのテーマとするプログラム開発が始められた。それぞれのプログラム開発をおこなうチームが作られ、それらはユニットと呼ばれている。第1期の4つのユニットが、議論や試行錯誤を経て作り出した3つのプログラムはほぼ完成した。

「自然保護」ユニットは、外来種問題から自然とのかかわり方を考えるという主旨で作業を進め、アライグマを主人公としたプログラムを開発した。2度の内部試行(リンクスのメンバーによる予備的試行)と3度の外部試行(学会の自由集会などでの試行)を経て、リンクスが完成したプログラムとしては第1号となる。「自然保護」ユニットは、当初、ダム問題をテーマにすることも検討した。しかし、多面的な問題をはらむダム建設問題は、「自然保護」の枠組を超えたかたちでプログラム化することが妥当との考えも出され、「市民参加」ユニットとの融合が図られ、「ダム問題」ユニットとして再編成された。ダム問題のプログラムも、内部試行・外部試行を経てほぼ完成し、現在、ウェブサイト上での公開を目指した最終調整が進められている。

なお、「自然保護」ユニットのアライグマ・プログラムの完成に至る取り組みを、ひとつの事例として、時系列に沿って以下に紹介しておく。

「コミュニケーション」ユニットは、共同作業を通じた意思疎通促進を狙い、

表6-1 「自然保護」ユニットによるプログラム開発の流れ

2004年1月	PLO参加呼びかけ。
2004年3月	第1回会合開催。7つのユニットが提案される。「自然保護」もその1つ。
2004年4月	メンバー確認。プログラム開発の進め方の検討開始。
2004年5月	プログラムの検討開始。
2004年8月	自然保護プログラムの前半部に予定していた「ダム問題」が、独立したプログラムとして開発されることになった。(ユニットの再編成)
2005年1月	外来種問題をテーマにしたプログラムの内部試行実施。
2005年4月	日本環境教育学会関西支部ワークショップにてプログラムの試行。
2005年10月	同プログラムを京都精華大学にて試行。
2007年1月	外来種問題をテーマにした自然保護ユニットプログラム「アライグマがいて委員会」の公開版が完成。

図6-1　アライグマ
作画：乾紗英子、この絵はアライグマ・プログラムのなかで使用されている

　環境意識普及にかかわる障害を明らかにし克服するためのプログラム開発をめざし、実験的な作業をリンクス内部で試みるなどの取り組みを重ねた。そして、そのような試みを振り返るなかで、このユニットの狙いは、すぐに独立したプログラムを完成させるよりも、リンクスの他のプログラムの基盤となる部分に意識的にコミュニケーションにかかわる要素を織り込むことで実現を図るべきものであるとの認識が共有されるに至った。その結果、このユニットのメンバーは他のユニットの作業にそのような意図を持って関わることになり、現在に至っている。将来的には、独立したプログラムを完成させる可能性を残している。
　「持続可能な発展」ユニットは、「持続可能な発展 (サステイナブル・ディベロプメント)」というよく耳にはするが理解の困難な概念を、正面からとらえて考える機会を提供できるプログラム開発を目的にして発足した。他のプログラムとの開発の進め方や構造といった面での共通性もあるので、ひとつの事例として、やや詳細にわたりここでみておく。「持続可能な発展」ユニットでは、2時間の長さで実施可能なプログラムということで、以下の構成案を比較的早い段階で得た。

表6-2 「持続可能な発展」プログラムの流れ

5分	配布物の確認、日程の確認
20分	ワークショップⅠ
30分	「持続可能な発展」概念の理解の共有 　1. 理念　　2. 歴史　　3. 日本／大阪府
60分	ワークショップⅡ
5分	事務連絡

　配布を予定しているものはつぎのとおりである。
(1)配布物リスト、日程表、ワークショップの参考資料、参考文献リスト
(2)インフォメーション・シート(用語解説、解説レジュメ、報道記事などの資料)
(3)ワークシート（ワークショップでの作業に使用）
(4)資料「持続可能性概念の解説」(12ページの資料、希望者のみ配布)

　ここで問題になったのは、ワークショップの内容である。当初、ワークショップⅠでは、持続可能な発展という概念について、自己紹介もかねて各自自由に語り、ワークショップⅡでは、「社会を持続不可能にしている要因」「持続可能な社会のイメージ」「持続可能な社会の成立条件」「自分自身、所属団体にとっての持続可能性にかかわる取り組みの課題」などについて意見交換をおこなうことになっていた。しかし、内部試行の結果、抽象的にすぎるテーマであり話し合いが成立し難いことが指摘され、また漫然と思いついたことを雑談して終わってしまうという懸念も強く示された。

　こうした自己評価を踏まえ、改訂が重ねられ、最終確定案を得る段階に到達しつつある。改訂の主旨は、具体的で身近な問題をプログラムのなかに取り込むことと、ある種の課題を共有してその答えを出すという一定の方向性を持つ議論ができるようにすることである。現在、ワークショップⅠは、自己紹介を兼ねアイスブレーキングとしても機能することが期待され、コンビニエンス・ストアを持続可能性の側面からとらえるきっかけを作り出せるよう再編成されつつある。コンビニと自分自身の関係を具体的に語るという方法は有力な改訂案のひとつである。さらに、ワークショップⅡは、なんらかの野菜を取り上げて自分自身との関係を考えることで持続可能性概念に接近していけるものに組み替えていく方向で、最終的な検討が続けられている。

3　第2期のプログラム開発

　以上に述べた第1期の3つのプログラムについて、おおよその完成のめどがたった2005年夏あたりから、第2期のプログラム開発が構想され始めた。食と農、NGOの企画づくり（愛称「みんなでつくろうプロジェクト」）、メディア・リテラシー、地球温暖化、まちづくりといったテーマが候補としてあげられ、2006年に入って、最初の2つの課題をそれぞれのテーマとするユニットが本格的に動き始めた。食農ユニットでは、既存の食育プログラムへの批判を踏まえ、フードマイレージ概念をリンクスのプログラムに取り入れることが検討されている。そして、市民団体の企画づくりに役立つ実用的なツールを提供しようとする「みんなでつくろうプロジェクト」ユニットでは、すでに基本的な構想がまとめられ、外部試行も実施されている。

　なお、前述のとおり、プロジェクト・リンクスは、当初、「プロジェクト・リナックス・オープン (PLO)」として発足した。しかし、略称PLOがパレスチナ解放機構と同じで紛らわしいというメンバーの声があり、実質的にも、開発を進めているプログラムが当初の目的であったOPEN（大阪府民環境会議）会員に対象を限る必要もなく、広く一般の人びとに向けて開いていくことが妥当と考えられたこともあり、第2期の開始と前後して改称することになった。メンバーや組織はそのままで名称だけが変更された。プロジェクト・リンクスの正式名称は、「リナックス型環境共育プログラム開発プロジェクト (LINCS: Project LINUX for Citizenship)」であり、略称「リンクス」は「つながり (links)」の掛け言葉である。

3　プロジェクト・リンクス (2)——克服すべき課題

1　活動メンバー固定化の問題

　リンクスの発足から3年あまりが経過した現在、以前には想定されていなかったものも含め、いくつかの問題が克服すべき課題として明らかになっている。自主的に独立しておこなわれる市民活動には、さまざまな制約がある。具体的には時間・労力・能力・費用などに関わる問題が発生するが、リンク

スの場合、この4つのなかでは、時間や労力の面での制約が大きい。関連して、積極的に活動するメンバーの固定化が深刻なかたちで進んでいる。これは、リナックス型という利点が生かされていないことを意味する。

　まず、会員登録をしたメンバーが月1度の定例会合に出席すること自体が容易でない。実際のところ、40名あまりの登録メンバーのなかで、定例会合に連続的に出席しているメンバーは10名前後にすぎず、定例会合以外の場（たとえば、日本環境教育学会年次全国大会における自由集会や、学会関西支部でのプログラム試行）への出席を加えても、そのような場を複数回共有できたメンバーは半数を超える程度にとどまっている。結果的に、会合出席の難しさという問題は、プログラム開発に直接的にかかわるメンバーを固定化する（「定連」をつくってしまう）方向に働く。登録会員であるにも関らず、出席が可能な場合においても、定例会合に出かけることをためらわせてしまう（「定連仲間」に入りにくい、敷居が高いという心理的抵抗を生じさせてしまう）ことが懸念される。

　「開かれている」「気軽に参加できる」「義務感に縛られない自主性を尊重する」「無理をしない」といった理念で出発していることもあり、リンクスでは、定例会への出席を強く呼びかけることがなく、リンクスのメンバー登録にも、義務はいっさい伴わないという仕組みになっている（会費納入も不要）。そのことがすべてとは考えられないが、発足後3年あまりが経過した現時点では、皮肉にもこれらの理念がリンクス内に定連グループをつくりだす方向に働いていると言わざるをえない。ただ、メンバーのなかには、個人的に会合出席を促す呼びかけをすべきであるとの考えが少なからず存在する。実際、「定連」メンバーの多数が、個人的な呼びかけに応えて参加を始めたということも事実である。

　もともと、リンクスのメンバーは関西以外の地域の在住者も含むことから、また、それぞれに本業や他の市民的取り組みに多忙な日々を送っていることから、少なからざるメンバーについて、定例会合への持続的な出席は得られないことが当初から予想されていた。ここで、大きな期待が寄せられていたのが、メーリング・リストによる意思疎通、情報・意見交換、プログラムづ

くりの作業への参加といったことであった。しかし、これまでのところ、メーリング・リストは期待されたとおりには、機能していない。投稿も、その多数は、会合出席メンバーによるものである（投稿数は3年間で450ほどであるから、その絶対数も多くない）。つまり、現時点では、メーリング・リストは、地理的・時間的に定例会合への出席が難しいメンバーの、代替的な参加手段にはなっていないのである。

　メーリング・リストをはじめとするインターネットの利用には、実に大きな期待が持たれていた。当初の構想では、プログラムづくりの主要な手段としてコンピュータを通じての地理的・時間的制約を超えるやり取りが想定され、むしろ定例会合は補助的なコミュニケーション手段として位置づけられてさえいた。しかし、実際のプログラム開発の作業を進めてみると、やはり顔を突き合わせての議論や検討という伝統的な手段を用いないと、作業そのものがいっこうに前に進まないことがはっきりしてきた。電子メールのやり取りではなく、象徴的に言うなら、相手の表情に浮かぶメッセージも受け取るという全体性を持つコミュニケーションがあってはじめて作業が進むのであった。しかし、これは同時に、定例会合に出ずに電子メールだけで「口出し」することを、実際的にも心理的にも難しくすることを意味している。

　確かに、電子メールが自由に使え、メーリング・リストやブリーフ・ケースなどの機能が利用できることの恩恵はきわめて大きい。たとえば、通信関連の追加的な費用はほとんど発生しない。リンクスのサイトも、メンバーのひとりが契約しているプロバイダーの使われていなかったホームページのサービスを利用することで、維持・運用の費用が発生していない。おそらく、リンクスの取り組みにかかわり発生する費用の最大のものは、会合などに出席するための交通費（各自が負担）であろう。ほかに会合で使用する資料などのコピー代があるが、インターネットの恩恵がなければ、会費なしでリンクスを運営することなどできないであろう。インターネットの恩恵は、費用面を超えて、情報や意見のやり取りの容易さや速さにおいてさらに大きい。インターネットの普及が、一方で大きな危険をはらみながらも、市民活動のきわめて有用な道具になるという指摘もうなずける。しかし、リンクスは、こ

の恩恵をいまだ生かしきっていない。

　リンクスのメンバーのあいだには、デジタル・ディバイドとも呼べるものが存在し、電子メールによるやり取りが会合を代替できない一因と考えられる。リンクスには、電子メールに限らずインターネットやコンピュータに精通しているメンバーもいれば、そうしたメンバーの知識や技術を神わざのように思う一方かなりの数の電子メールを毎日欠かさずやり取りしているメンバーもおり、逆にコンピュータになじめずキーボードの操作が困難なメンバーもいる。電子メールを使わないメンバーは、リンクスの活動そのものから弾き出されてしまう。これらのメンバーが、インターネットを通じたコミュニケーションを全員同じように利用して、環境教育のプログラムというひとつのものを創り上げていくことはやはり難しいのである。

　リンクス第2期の開始に伴い、定例会合ではまったく取り上げず、もっぱら電子メールでのやり取りだけを通じて、ひとつのプログラムを完成させるという実験的な構想も出されたが実現はしていない。定例会合に出席できないメンバーにとって実際のプログラム開発に参加しやすくなる条件を整え、それらのメンバーが持つ専門的な知識や能力を生かした貢献が可能なプログラムづくりが意図された構想であったが、メールによる呼びかけに反応がなく、ユニットの発足そのものに至らなかった。現時点では、時間的・地理的制約があるなかでのメンバーのプログラムづくりへの参加を保証していける実効性のある手段は見つかっていないのである。

2　特定メンバーへの負担集中の問題

　リンクス定例会合にほぼ毎回参加しているメンバーのあいだでも、時間的制約は大きな問題になっている。会合への参加意思を表明している10名前後のメンバーのあいだで月1回の開催日を決定することさえ、意のままにならないことがよくある。また、調整しきれずに開催日が決まり、1度ならともかく、無理を重ねて出席を続けると、別のところでさまざまな支障が生じてしまう。こうした事態は、リンクスへのコミットメントの持続性そのものを損ねてしまう。この問題に対しては、とにかくお互いに無理はせず、相手

に過大な期待もせずという、いわば消極的な対応しかできていない。時間的制約の結果、プログラム開発が予定より大幅に遅れることがよく起こる。

　労力的制約も時間的制約と並んで大きな問題になっている。前述のとおり、コンピュータの基本ソフトウエアであるリナックスの開発に着想を得たプロジェクト・リンクスは、インターネット上での自主的な協働を通じて環境教育にかかわるプログラム開発を進めることを旨としていた。しかしながら、前項でもみたとおり、インターネットを通じての協働が期待されたような力を発揮していない。結果として、月例会合が作業の主な場となる。とはいえ、月1度、4時間程度の会合では、事務的な打ち合わせをおこない、提出された案を検討する、そして完成に近づいたプログラムを試行するといったこと以上の作業は事実上できない。このようにして、実際のプログラム開発の作業（たとえば、ワークシートや配布資料の案の作成、手順書の原稿の準備）は、特定の個人に託されていくことになる。

　実際のところ、リンクスでは、それぞれのプログラムを開発するチーム（ユニット）には、事実上の「責任者」が特定されるかたちで存在する。その特定のメンバーには、プログラム開発の大半の作業が任され、責任担当制とでも呼ぶべき様相を呈している。このような特定の個人への負担の集中傾向を脱しようとする試み（たとえば、作業の分担を積極的に進める）もなされているが、十分な成果はあがっていない。そこには、それぞれのテーマに関わる専門性の問題や、そのプログラムづくりに込められた思いの違い、さらにプログラム全体を統一的に把握する必要からみて作業の分担が困難な部分が存在すること、などの要因がある。

　このように、実際のリンクスの取り組みでは、それぞれのプログラムについて特定の個人に頼る傾向が強く出ている。そうした特定のメンバーが負担することになる労力はけっして小さなものではない。しかし、取り組みは崩壊することなく、複数のプログラムがすでにほぼ完成している。これは、もっとも積極的にプログラム開発に取り組んでいるリンクスのメンバーが、きわめて意欲的であり誠実にみずからが引き受けた作業を進めているからにほかならない。一般的にいつも同様のことは期待できないであろう。提案者であ

図6-2　LINCS ロゴ

リンクス（lynx＝オオヤマネコ）を
デザイン化、作画：藤本有香

る「言い出しっぺ」に負担が集中するというその度合いが大きければ、その負担の大きさゆえに、やがて積極的な提案がなされなくなるという事態の到来さえ懸念される。

　自主性・主体性を取り組みの原則に置けば置くほど、結果として、個人に労力的負担が集中していくというある種のディレンマから、リンクスは脱却できていない。リナックス型の利点を生かすことで、こうしたディレンマの発生を抑制するには至っていない。コンピュータ・ソフトのリナックス開発に自主的に参加した一群のプログラマーは、コンピュータとの親和度（知識や技能の高さ）において、リンクスのメンバーよりもはるかに同質性が高かったと考えられる。こうした不利な条件のもとではあるが、現在の事態を打開する道を探ることが、実験的試みとしてのプロジェクト・リンクスに課せられた主要な任務のひとつであろう。

3　リナックス型であるための課題

　本節では、これまで、リンクス内部においてリナックス型であることの強みが完全には発揮されないままに終わっているという問題をみてきた。しかし、会合を基盤にした取り組みに積極的にかかわっているメンバーのあいだに限って言うなら、リナックス型の長所は完成したプログラムの各所に具体的に表れており、メンバーのあいだでもその効果は確かなものとして実感されている。たとえば、ほぼ完成した3つのプログラムの内容の充実は、会合や電子メールのやり取りがなければ、現在のかたちではありえなかった。ど

のプログラムも、メンバー間の忌憚のない批判の結果として改訂を重ね、大幅に改善されて完成域に達した。細部にわたる最終的なチェックも、中心になって当該プログラムの作成にあたったメンバー以外に責任をもつ担当者を決めておこなわれた。

　さらに、このプロジェクトが提案された際、リナックス型であることの意味を、プロジェクト内部でのプログラム開発の過程においてとともに、プログラムの完成・公開後のプロジェクト外部の人びとの参加が期待される改訂の過程においても追求することの重要性が強調されていた。そして、リナックス型の本来の強みが、このリンクス外部の人たちの積極的な参加によって本当の意味で生かされるというメンバーの声もあがっている。

　2007年秋には完成したプロジェクトの公開が始まり、プロジェクト外部の人びととのやり取りも本格的に始まる。公開の方法としては、完成したプログラムを印刷物のかたちで大阪府民環境会議の事務局などに寄託するということはあるにせよ、より一般的にはプロジェクトのインターネット・サイト上に電子ファイルのかたちで置くことが主な手段になる。そして、市民団体や学校や家庭で、必要な場合は改変を加えてプログラムを実施することを呼びかけ、実施した場合には、簡単な報告や改善のための提案を電子メールや郵便でプロジェクトに返すことを依頼することになる。このように、もとになるプログラムを提供し、その改良にボランティア・ベースで参加を呼びかけるところに、リナックス型の特徴がある。

　この場合、プロジェクト内部でさえインターネットを通じたリナックス型のやり取りが必ずしも満足できるかたちでおこなわれていないことを踏まえ、プロジェクト外部の人びととのコミュニケーションを保証するための方策を十分に考え、環境を整備しておく必要があろう。プロジェクト・リンクスは、コンピュータやインターネットに精通したメンバーを複数擁している。これらのメンバーが知識や技術を提供すると同時に、コンピュータとの親和度においてリンクス内部よりもさらに異質性が高いことが予想されるプロジェクト外部とのやり取りを促進するために、リンクスのメンバーが等しくこの環境整備に真剣に取り組むことが望まれる。現在、郵便やファクスなどの利用

にかかわるリンクスの対応能力はきわめて低い水準に留まっているが、リンクス外部とのやり取りを考える際、この問題を避けて通ることは許されないであろう。

　本節でみてきたプロジェクト内部の問題、すなわち、活動メンバーの固定化や特定メンバーへの負担集中は、リンクス外部とのやり取りにおいても、より深刻なかたちで起こることが十分に予想される。軽いフットワークで、肩に力を入れることなく、それぞれのメンバーが無理せずできる貢献を積極的・自主的におこなっていくことで、この外部とのリナックス型のコミュニケーションが実現すれば、プロジェクト・リンクスの実験が成功したことになる。この課題に成功裏に取り組むことができれば、市民のネットワークが育つという本来の意味を現実のものにしたことになり、ネットワークを育てる手法（アプローチの1つ）を手に入れたことになる。

4　市民教育としての EfS ——リナックス型であることの意味

1　市民の市民による市民のための教育

　環境面で持続可能であり、社会的に公正であり、社会の構成員ひとりひとりが生きることの豊かさを実感できるエコロジカルな未来の実現をめざす「持続可能性に向けての教育（EfS: Education for Sustainability）」[3]にとり、リナックス型という手法が持つ意味はきわめて大きい。そして、その意味は「市民性」ということに集約される。ここでは、「市民」ということの特質を、問題との主体的な関わり、課題に関する自主的な探究、参加と実践、地域へのコミットメント、社会批判性、民主的価値、連帯と協働といった要素でとらえたい。「共生」もキーワードのひとつとなろう。これらの要素とリナックス型であることとは、本質的な関係で結ばれている。リナックス型を標榜する取り組みにおいて、これらの要素が生かされることが、その存在意味であるとの言い方もできるだろう。

　プロジェクト・リンクスの正式名称は、前述のとおり「リナックス型環境共育プログラム開発プロジェクト」であり、「共育」の漢字表記を採用している。「教育」の意味を「（だれかを）教え育てる」と他動詞的に解釈し、「共育」

の意味を「(みずからが)共に育つ」と自動詞的に解釈すれば、そこには前段に言及した市民性が象徴的に表現されることになる。プロジェクト・リンクスは、市民的取り組みを支援するためのプログラムづくりを目的としているが、リナックス型であることにより、市民性そのものの育成にも貢献できる。これは、いわば、メタ・レベルにおける市民活動への貢献である。

リナックス型でプログラムの開発や改良に主体的に参加することで、インシデンタルな学びが起こり、人びとのなかの市民性が育てられる。自然保護や食農といった直接的なテーマにおける理解を深めると同時に、先にみた市民性を構成する要素を「付随的に」みずからのなかに共に育てていくことになる。この意味において、プロジェクト・リンクスのようなリナックス型のプログラムづくりの試みは、まさに市民の市民による市民のための取り組みになる可能性を豊かに持っているといえる。

実際のところ、リンクスに深くコミットしているメンバーは、こうした社会的に意味のある取り組みに参加し貢献ができることに対する満足度が高く、プロジェクトへのコミットメントをみずからの学びの場ととらえている。会合に出席するための時間のやりくりに苦労したり、プログラムづくりに苦闘したりはしているものの、その市民的意義を明確に意識しており、同時にみずからのかかわりを自分を向上させるための機会ととらえているのである。

2　公開と参加——透明性が保証され、共有され、発展していくという性質

リナックス型は、プログラムの開発そのものを透明度の高いかたちで進めることを理念としており、成果物が公開され、共有され、ふたたび透明度の高いかたちで参加型の改良が加えられ、費用をかけず営利のためではない成果物が限りなく発展していくことを旨としている。

実際のリンクスの取り組みでは、前述のとおり、プログラムの開発段階においてこの強みが限定的とはいえ発揮された。しかし、リナックス型本来の強みは、少数のメンバーのあいだではなく、社会に広く開かれた場でこそ発揮されるものである。それゆえ、リンクスの挑戦の正念場は、完成したプロ

グラムを広く公開して実施を呼びかけるこれからであると言える。たとえば、型破りの百科事典として、量・質とも高く評価できる水準を達成し、200以上の言語でなお無限の進化を続ける「ウィキペディア」は、非営利のリナックス型事業として知られる。「不特定多数の自発的な『執筆者』たちが書き加えていく」ことにより、日本語版も収録項目が24万に達し、毎日約300件の新項目が書き加えられているという[4]。「公開と参加」がその力を十二分に発揮した成功事例である。

　社会的公正という場合、結果の公正と同時に、手続きの公正が重要であることは言うまでもない。そして、この手続きの公正とは、具体的には、情報へのアクセスと決定への参加が保証されることにほかならない。市民的理念の立場からいうなら、金銭的利益のため秘密裏に進められる研究開発や密室にこもり少数の人びとのあいだで外部検証もなく下される政策決定の判断とは対極にあるものとして、この公開と参加のもとでの発展ということの意義が理解できよう。それゆえ、市民性とのかかわりにおいて、この公開と参加こそ、民主的であるリナックス型という様式の本義といえる。

3　自主性・主体性・社会批判性・協働・連帯

　最後に、リナックス型の取り組みは、市民の自主性や主体性がなくては成立しないものであると同時に、逆に市民のなかに自主性や主体性という不可欠なものを育てる契機を提供するものであることも忘れてはならない。リナックス型の取り組みのなかで起こるインシデンタルな学びは、市民的な自主性や主体性を互いに育てていくという面で、きわめて重要な役割を果たす。こうした自主性や主体性は、市民的取り組みの原点であろう。

　また、こうした市民的協働作業の結果として成果を生み出すというリナックス型のアプローチは、多額の費用をかけないでプロジェクトを進めることを可能にし、財政面で他のセクターへの依存を深めることなく、高いレベルの独立性を保ちつつ、市民的活動の核心でもある批判性の発揮、そしてそれに伴う代替案の提案を可能にする。文字どおり衆知を集めることで、その代替案をレベルの高いものにできる。さらに、協働や連帯という関わりのなか

から得られる満足感や達成感は、その後に続く市民的コミットメントを支える動機を育てるものになる。リナックス型の取り組みは、こうした満足感・豊かさ感・やりがい感を生み出しやすい条件を整えることになる。

　前節でみたように、実際のリンクスの試みでは、費用をかけない分、特定の個人に負担が集中するなどの問題が生じている。理念がそのまま実現するわけではないということであり、打開の方途を見いだすことが重要な課題になっている。とはいえ、メンバーの固定化や負担の集中について、それをただちに排除すべき問題と見なす必要はない、という考えをもつメンバーも少なくない。負担の集中も、強制されたものではなく、みずからが意義を感じ、さらにみずからの学びの機会と考えるものであるのだから特に負担を感じさせないということである。市民的な感性が前面に出たとらえ方だと言えよう。

　さらに、リンクスのプログラムのように、ひとつのまとまりのあるものを協働で創り上げる過程では、質的に異なる分担が必要となる。個々のメンバーの貢献を同質・同量のものにしようとすることは、多様な背景を持つ人びとが主体的に参加していることの強みを生かすことを阻害することにもなる。メンバーが、それぞれにみずからが得意とする分野に自主的な貢献をしていくことが、リナックス型の本義であり、主体性と協働との本質的な結びつきをここにみることができる。

5　プロジェクト・リンクスのこれから

　これまで述べてきたように、リナックス型の共育プログラム開発は、とくに市民性との関わりにおいて、きわめて豊かな可能性を持っている。その一方で、実際のプロジェクト・リンクスの取り組みにおいては、当初の予想とは異なる共同作業のあり方になるなどいくつかの検討すべき事項が発生するなか、試行錯誤が続いている。同時に、その試行錯誤のなかで、プロジェクト・リンクスは、公開するに足る、また外部試行において一定の評価を得ることのできた実用的なプログラムを生み出すに至っている。

　当初、プロジェクト・リンクスは、大阪府民環境会議の発足にあたり、これを側面支援したいという思いにリナックス型のプロジェクト開発への関心

写真6-1　LINCS 会合

が結びつき、2年間を一応のめどとする実験的・時限的な試みとして始められた。市民の相互の学びの場を創り出せる実用的なプログラムを首尾よく完成させれば、そのプログラムを大阪府民環境会議に寄付して、プロジェクトとしては解散ということも考えられていた。

しかし、大阪府民環境会議を超えた一般の人びとに対象を拡大した結果、プログラムの完成後も、少なくとも、プログラム外部の人びととのリナックス型のやり取りを保証していくという努力を継続する必要が生じている。一方、呼びかけ段階で、完成をめざしていたプログラムの数は、数件から10件程度であった。第1期のものが3件完成に近づき、第2期のものが2件開発中であり、続いてさらに2件が構想段階にあり、これらがすべて完成すれば、当初の目的をほぼ達成することにはなる。

第2期の開発が終了した時点で、その後のプロジェクト・リンクスのあり

方が決定されるだろうが、さまざまな可能性が考えられる。定期的な会合を維持しなくても、呼びかけのできるメーリング・リストといったネットワーク機能を残せば、いずれかのメンバーがなんらかのテーマでプログラム開発を始めたいと思ったときに、比較的容易に必要な開発チームを発足させることができるだろう。そのように取り組みたいと思ったプロジェクトについて、協働する仲間を集めることのできるシステムは市民的取り組みの財産といえる。

　その一方で、積極的な選択も可能である。本章でみてきたように、現在のプロジェクト・リンクスでは、リナックス型ということの強みが完全には生かされていない。第2期の終了を待って、リンクスのあり方を根本的に見直し、リナックス型という様式が持つ力を生かし尽くす条件をさぐり、さらに実験的な試みを続けることは、完成させたプログラムの存在という価値に加えて、今後の市民的取り組みに対する重要な貢献となるだろう。メーリング・リストなど、コミュニケーション手段としての利便性が高いコンピュータ関連のサービス利用については、利用のためのスキルを共有するためのメディア・リテラシーをメンバーのあいだに育成していくことが必要であろう。同時に、コンピュータやインターネットに依存したコミュニケーションに代わりうる情報・意見交換手段や作業の進め方をリナックス型のやり取りの文脈で考えてみることも、求められよう。

　重要なことは、リンクスをより広い市民的取り組みのネットワークのなかに置くことである。「地球環境と大気汚染を考える全国市民会議 (CASA)」[5]など、先行的にリナックス型の教材開発をおこなっている市民団体との連携も必要となる。最終的には、リンクスという取り組みの内部と外部という区別が実質を失うことこそがめざされるべきであろう。広範な市民のネットワークのなかに融け込んでこそ、リナックス型のプロジェクトはその本来の存在意義を実現することになる。

課 題
1. リナックス型でプログラムをつくる特長は何か。
2. リナックス型で身近なテーマの環境教育プログラムを仲間と作ってみよう。そのためにプログラムづくりの計画を立てよう。

注

1　特定非営利活動法人。〒531-0013　大阪市淀川区木川西1-4-20　サンフォレスト8F。〈http://www.geocities.jp/npo_open/〉
2　特定非営利活動法人大阪府民環境会議、2004「市民フォーラム『協働やねんECO都市大阪』2004」報告書。
3　今村光章（編）、2005『持続可能性に向けての環境教育』昭和堂。
4　「無料百科事典　誰でも執筆　日々進化」『朝日新聞（大阪本社）』2006年7月27日。
5　特定非営利活動法人。「本章のねらい」の注1にある藤本も参加したリナックス型の開発プロジェクトにおいて、環境教育教材「地球温暖化」を完成させ、ついで環境教育教材「ごみと私たちのくらし」も完成させている。〒540-0026　大阪市中央区内本町2-1-19内本町松屋ビル10-470号室。〈http://www.bnet.ne.jp/casa/index1.htm〉

参考文献

1) 今村光章（編）『持続可能性に向けての環境教育』昭和堂、2005年
　　明確な主張を持つ5人の著者がそれぞれに社会性を豊かに持つ環境教育のあり方とその必要性を論じている。市民性というキーワードが、馴れ合いや妥協に終わることのない、強い現状変革志向を持つ取り組みの必要性を象徴している。

2) 川嶋宗継ほか（編）『環境教育への招待』ミネルヴァ書房、2002年
　　多くの執筆者の参加を得て、多様な分野における環境教育の理論と実践を紹介している。リナックス型のプログラム開発と市民性の関係を、NGOの環境教育の取り組みの存在意義という観点から考察する節を含む。

3) ジョン・フィエン（著）、石川聡子ほか（訳）『環境のための教育』東信堂、2001年
　　社会批判性を基盤とした環境教育のあり方を本格的に論じる理論書。参加、公開、地域、協働、主体的取り組み、社会変革、民主主義といったキーワードを持つ市民性に基づく環境教育を考えるには必読の文献。

7　PDCA サイクルにもとづいた環境教育プログラム

渡辺　敦・八木下一壬

―― 本章のねらい ――

　児童生徒や教員が地域の人々と協力しあいながら自分たちのまちをより豊かで持続可能なものに変えていく。その活動それ自身が、関わる一人ひとりにとって学びを得る機会となり、子どもたちが夢を描き、教員たちは自信を持ち、地域の人々も子どもや学校と関わることでみずからの存在を確認し喜びをもつ、そんな教育の場を作ることができないだろうか。そのような教育の場と一体となる地域が、夢と希望を持ちくらすことのできる安心な社会ができないだろうか。公立の学校教育における環境教育という機会を、実感のある児童生徒の学びと持続可能な社会づくりという実質的な成果が得られるような教育の機会へと改革することは、一人ひとりが生き生きとして豊かな持続可能な社会づくりを推進する上で極めて重要なことである。

　本章では、上記の課題をとらえつつ、環境 NPO かながわ環境教育研究会が、神奈川県大和市において、学校・教育行政・環境行政と連携して取り組んで来た「やまと　みどりの学校プログラム」をテーマに、これに取り組むことになった経緯、委員会を構成しておこなったプログラム策定における試行錯誤の経緯、成果物であるプログラムの紹介、そしてその協働のプロセスについてふりかえる。これらが更なる教育現場の改善のための協働の展開についての一助となることを期待している。

1 かながわ環境教育研究会の活動と環境学習の改善

1 「やまと みどりの学校プログラム」の根底にあるもの

NPO かながわ環境教育研究会の活動を始めるとき仲間と話し合い、自分たちがめざす社会は「心豊かで持続可能な社会」であると定め、これをめざすべき姿、ビジョンとした。そして、そのための人材の育成を会の使命として設定した。平成9年のことである。具体的な活動として、学校の環境学習・総合学習の支援、市民向け講座の企画運営をおこない、市民が環境まちづくりの活動に取り組めるようになるための支援、そして、環境学習推進のための調査研究を推進してきた。

「人と環境にやさしい国をつくること」で自分たちを豊かにしようと努力を重ねるスウェーデンから多くを学んだ。ナチュラル・ステップと言う環境団体は、スウェーデンの環境部門の国家戦略「スウェーデン2021――持続可能な社会の構築に向けて――」の基盤となる持続可能な社会の原則と、その活用のための方法論を伝える NGO である。この NGO の考えは、現在のかながわ環境教育研究会の活動の根幹を提供している。関連して、スウェーデンで最も活用されている環境副読本の日本語版を翻訳出版した。それらから学んだ大切なセンスを多くの子どもたちに届けたいと願い、機会があって川崎市の環境副読本の制作を川崎市の先生方と担った。

平成11年度には、神奈川県と「生活型環境学習プログラム」の開発に向けての課題や基本的な方向に関する調査を実施し、「主体性・創造性を育む学習プログラムの基本的なフレーム作りと学習推進のしくみづくりに関する素案」として、持続可能な社会作りのための環境教育・環境学習がめざす姿と、その要素を【取り組み姿勢】と【行動能力】の二つの区分、11の要素として整理した (水谷編、渡辺、2001)。

平成12年に神奈川県と取り組んだ環境省の委託事業「体験的環境学習推進事業」では、研究会の本拠地のある神奈川県大和市に関わる活動を始めた。学校の環境学習支援として、学校近くの里山を活用した環境学習、商店街と学校の連携による環境学習、姉妹都市岐阜県大和町への交流体験学習などに

取り組んだ。

平成14年からは、幸いなことに大和市がこの学校の環境学習支援事業を引き継ぎ「自発的環境学習推進事業」として取り組み始めた。今回のテーマである「やまと みどりの学校プログラム」は、平成14年度の「自発的環境学習推進事業」の一環として取り組んだものである。

平成13年には、神奈川県環境農政部と協働し「県内公立小中学校を対象とした、地域と連携した環境学習に関するアンケート」と題して、総合的な学習の時間の導入を前に、環境学習の現状と学校現場がその推進において抱える課題をまとめ、どのような対策を進めるべきかを明確にすることを狙いとして調査をおこなった（神奈川県、渡辺、2002）。

この調査は、神奈川県内の公立の全小中学校（小学校876校、中学校417校）を対象としておこなった。小学校736校、中学校359校から回答があり、85％という高い回収率を得た。

この調査から、学校運営のしくみに関わる問題や教室での学習の進め方、予算や地域との関わりなど多くの問題を教育現場が抱えていることが切々と伝わって来た。この調査の成果として、**表7-1**の16の点を特に重要な対策の

表7-1 アンケート結果に基づく、環境学習を充実させるために特に重要な提案

○『環境』に関わる基礎的な講習と取り組み姿勢を考えるワークショップの推進
○『課題解決学習』の進め方・手法に関する講習と実習のためのワークショップの推進
○『系統的なカリキュラムづくり』に関する研究推進とその体制の整備
○『構想カリキュラム』の充実と教員間の支援体制、切磋琢磨する体制の整備
○『カリキュラムづくり』「自分は何故それに取り組むのか？」を突き詰め、実感できる結果を得る学習の推進
○『学習推進上の基盤』の整備と充実
○学校施設などのハード面の充実
○知識や情報面の収集や学校現場の支援を行う『地域総合学習支援センター』の設置
○予算や人員の充実
○地域の公共機関などの施設の充実
○『学習の継続的推進』を保障するしくみの充実
○『コーディネイト』『ファシリテート』能力に関する研修の場、情報交換の場作り
○『専門家派遣システム』の構築（教師の支援のしくみの整備）
○支援者の協力体制の確立
○地域の学校支援システムの整備、教育ボランティアの充実
○保護者の学校教育に対する理解を深め、子どもの活動を支援する機運を家庭や地域に醸成する地域の学校づくりの推進

提案としてまとめて報告した。

　一連の活動を通じて「環境学習」として取り組まれている多くの学習において、その目的やその学習が最終的にめざす姿などについての関心が薄いこと、どのように取り組むことが効果的かという手法の理解が不十分であることが原因で、学習が曖昧になったり十分な効果をあげていなかったりするのではないかということが疑問として生じた。国語・算数・理科・社会などの教科に分断された学習を統合した学びの機会として導入された「総合的な学習の時間」も、課題解決学習として多くの試行錯誤が繰り返されつつも、狙い通りの効果をあげているとはいえない状況が続いていた。平成11年12月の中央環境審議会の答申にあるように「環境教育・環境学習」の役割を「市民の日常生活や社会活動において環境負荷の少ない行動様式を具体的に現実のものとし、持続可能な社会の実現に、目に見える役割を果たすことが期待されている」と整理すると、総合的な学習の時間で取り組まれている課題解決学習が、実効のある学びの機会となるように改善することが不可欠であると強く認識するに至った。この課題を解決し、環境学習の前進を図る必要があるという熱意が、「やまと　みどりの学校プログラム」構築と推進の根底にある。

2　行政への事業提案と環境教育の花びら積み構想

　前節でまとめた調査を終えた感想として、主体的な課題解決のしくみや手法を学校現場が日常的に活用できるようになることこそが大切であること、制度の問題もあるが、現場の主役である教師自身が子どもと一緒になってその技術を身に付け、教育の現場で課題を解決していくことの大切さを感じた。

　この課題の解決のためには、二つのアプローチが考えられる。ひとつは、現行の枠組みを尊重しつつ改革のしくみを組み込んでいくことである。総合的な学習の時間の導入、学校選択性の導入、学校評議員制度の導入、学校評議会による地域立学校の試行などがあげられる。今ひとつの方法は、現行の制度のなかで実施可能なプログラムを提供し、現場での改革を行政や多くの地域の市民の参加により学校を支えつつ課題解決していく方法である。

地域に根づいた活動を進めてきたNPOとして、地域で小さな成功事例を構築し、これを徐々に広げていくアプローチを選択し、平成14年度の「自発的環境学習推進事業」の事業提案の一つのテーマとして、PDCAプロセスを骨格とする課題解決の手法を子どもたちの学習の中に組み込み、これを評価するプログラム「学校環境活動認証プログラム」を先生方と一緒に開発し学校現場に導入することを、大和市環境部に提案した。このプログラムの実践が子どもの学びに留まらず、教員自身の課題解決力の向上につながることで、先にあげた多くの学校現場が抱える課題を解決するための活動が学校現場を主体としておこなわれていくことを期待した。

　事業の提案は受け入れられ、「やまと　みどりの学校プログラム」づくりが始まった。この取り組みは、教育委員会と市長部局が協力し合うという点で、さらに、外部のNPOとも協働すると言う点で大和市としても画期的な出来事であった。教育委員会はこの取り組みを「環境教育の花びら積み構想」としてとらえ、一連の活動の基盤と方向付けをおこなった。この花びら積み構想とその背景について述べる。

　「環境教育の花びら積み構想」の概念図を**図7-1**に示す。教育委員会の説明資料には『「環境NPO法人と環境総務課の協働事業（協定事業）」と教育委員会

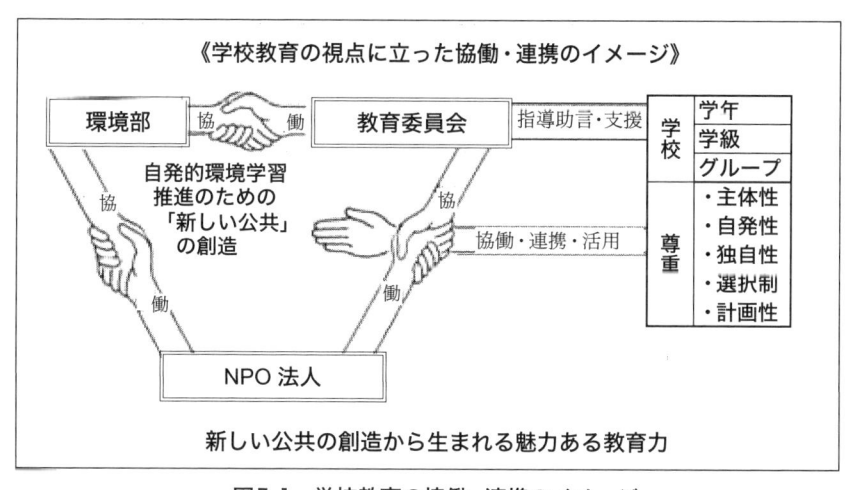

図7-1　学校教育の協働・連携のイメージ

施策(環境教育の推進)のタイアップについて——「新しい公共の創造から生まれる魅力ある教育力」とのタイアップ』と解説されている。この事業を始めるにあたり、教育委員会で作成し、校長会で確認された文章を以下に掲げる。

「大和市では、環境マネジメントシステムを構築し、環境への負荷の少ない循環型社会の充実・発展をめざしている。大和市の環境を保全・創造し、将来の世代に引き継いでいくためには、次世代を担う児童・生徒の環境への関心、意欲、自発性を高め、実践力を育んでいくことが重要であり、市民・行政・教育に携わる者が一体となって取り組んでいくことが必要である。そこで、学校における環境教育を推進し、環境保全全般に関する自発的な実践活動を評価するために、「環境教育の花びら積み構想」のもと、教育委員会、学校、環境部、NPO法人が協働して「学校の環境活動認証プログラム」を作成することとする。」

「新しい公共の創造」とは、大和市が市民活動推進条例の策定にあたりキーワードとして掲げたもので、従来行政により担われてきた「公共」を、市民や市民団体、事業者が参加し、多様な価値観により創出され共に担う「公共」としてとらえ直し、各主体がそれぞれが所有する時間や知恵、資金、場所、情報などを社会に開き、ともに「公共」を構築していくことを意味している。
　この「新しい公共の創造」の考えを学校における子どもの視点に立った学びのパートナーシップを構築していく活動として具体化しようという願いがこのプログラム作りの背景となった。
　「花びら積み」とは、図7-2に示すように、児童生徒を中心に、学校教育に関わる人々、行政に関わる人々、家庭の人々、地域の人々(市民・市民団体・事業者)が花びらのように取り囲み、それぞれの持つ教育力を生かすさまをイメージしている。この活動を「環境教育」をテーマとして推進することの意味づけとして、さらに次のように述べられている。『地域で育つ子どもたちにとって、まちづくりの中で考える環境教育は、生活全体が学びのチャンス・場となりうる。環境教育を通じで、「みずから課題を見つけ、主体的に

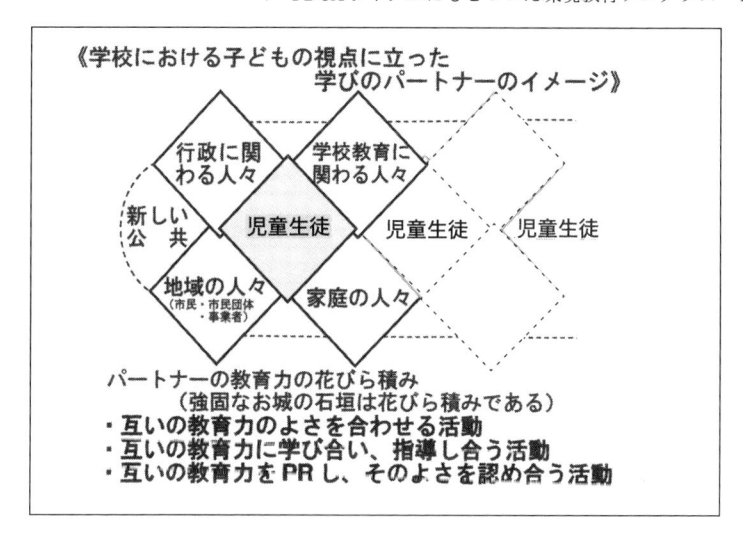

図7-2 パートナーの教育力の花びら積み

解決する能力」を養いたい。その学びは、学校内に留まらず、地域に広がり、いろいろな人々との関わりの中で充実し、深まる。やがて、大和市民としての誇りを持ってまちづくりに貢献し、世界を視野に入れた個々の責任に基づいた活動につながることを期待したい』。

　この考えに基づき、大和市の児童生徒がよき市民として新しい公共を担い豊かなまちづくりに貢献するという視点を持ち、具体的には、現在、学校(児童生徒)ががんばっている姿、がんばろうとしている姿が見えるようにするためにも、積極的な評価のひとつの手段として大和市としての学校環境認証プログラムの作成をすること、教育委員会としては全校がチャレンジすることを想定して認証のあり方を考えること、認証制度への参加は、基本的に学校、学級等の自発性に委ねることなどが校長会で確認された。

　このようにして、「やまと　みどりの学校プログラム」の作成は、環境教育のひとつのツールを現場に導入するという狙いとともに、「教育の花びら積み構想」として、大和市が取り組む「新しい公共の創造」と言う概念を学校現場で実践するモデルという役割も担いスタートすることとなった。

3 「学校環境活動認証プログラム」先進事例

プログラムの検討を始めるにあたり、内外の先進事例の調査を平成14年5月から8月にかけておこなった。調査候補をかながわ環境教育研究会が抽出し、環境部と協議の上、行政が取り組む「学校の環境活動認定（認証）プログラム」として10件、それ以外の機関が取り組む環境活動の認定（認証）プログラムとして4件の合計14件の調査をおこなった。

調査では、事業の概容、対象校、取り組み対象、役割分担、審査者、認定（認証）者、審査方法、認定（認証）期間、実施状況などの項目について整理・解析をした。

自治体が取り組む「学校の環境活動認定（認証）プログラム」として、会津若松市、仙台市「杜の都のエコ・スクール」活動、所沢市「ISO14001に基づく環境教育プログラム」、戸田市、日田市、平塚市「わかば環境ISO」、松阪市、水俣市、陸前高田市「陸前高田市版ISO14001」、石川県「学校における環境保全活動指針」の10件について調査した。

一連の調査を通じ、他の自治体などで取り組んでいる認証プログラムは、環境ISOを教育現場に広げるという発想で構築された要素が強く、「新しい公共の創造」という観点から出発する大和市でめざそうとするものとは異なっており、大和市でのプログラムの策定にあたっては、先進事例を参考にしつつも、このプログラムがなにをめざすのかについて基礎から十分確認し合うことが重要であることが示唆された。

2 環境部・教育委員会・NPOの想いを合わせる

1 検討委員会による基本方針づくり

NPO側で先進事例の調査を進める間に、環境部と教育委員会では、プログラム検討委員会の設置に関わる調整をおこなった。この結果、学校現場、教育委員会、環境部、NPOの四者11名で構成される検討委員会が平成14年11月に設置された。委員は、学校現場から5名（小学校教諭2名、中学校教諭1名、小学校教頭、中学校教頭）、教育委員会から3名（指導室、教育研究所、教育総務課）、環境部から1名（環境政策担当課長補佐）、NPOから2名で構成された（女性4名、

男性7名)。委員長には、中学校の教頭、副委員長には小学校の教頭(共に女性)が選出され、活動が開始された。

第一回の委員会では、教育総務部長から「環境教育の花びら積み構想」が説明され、活動の基盤を確認すると共に、このプロジェクトに対する決意が語られた。環境総務課からも環境教育推進の柱として「子どもから家庭へ」のスローガンを掲げ、今回の事業の成果に期待していることが述べられ、関わる四者がそれぞれの立場で、この連携プロジェクトの成功への想いを強くした。

第二回委員会では、このプログラム作りにおける基本方針を話し合うための「このプログラム作りにおいて大切にしたいこと、願い」をカードに書き出し、整理するワークショップをおこなった。ワークショップのコーディネイトはNPOが担った。

出し合った40の個別のカードを5つの大タイトル、17の中タイトルに整理した。まず、1) <u>推進の基本</u>として、取り組みやすさを大切にすること、一人ひとりを大切にすること、ゆったりとした気持ちで取り組むこと、現行の枠にとらわれないこと、などがあげられた。2) <u>めざす姿</u>としては、参加してよかったという達成感が持てること、大和市が良いまちだと思える活動であることがあげられた。さらに、めざす子どもの姿として、生活を見直し自分なりに実践できる子、環境は大切だと思える子、などがあげられた。3) <u>活動を進めるうえで大切にすること</u>として、主体性が見える形となる、深まっていくしくみ、子ども・教師・保護者が関わる、社会との関わりに気づく、他の学習のとバランスを考慮、活動時間の保証などがあげられた。この中で特に<u>活動のプロセス</u>として、自分のテーマが設定できること、目標を明確にできること、見通しを持ち計画ができること、結果を評価できること、継続できることなどがあげられた。また、4) <u>関わりがつながっていくこと</u>については、学校間、小・中学校間が交流する活動、家庭にも広がっていく活動、地域が認めてくれる活動などのキーワードがあげられた。5) <u>連携や推進組織</u>として、学校の主体性と支援、支援チームとの連携などがあげられた。

これらの各位委員の想いをまとめ、**表7-2**の6点をプログラム作成の基本

表7-2 やまと みどりの学校プログラム作成の基本的な考え方

①このプログラムは、学校における環境教育を推進し、環境を大切に思える子ども、自分なりに実践することのできる子どもを育成することを通じ、循環を基調とした持続可能な社会の実現に努めることを目的とします。
②学校における教育活動を基盤とし、それぞれの学校や地域の実情に合わせて柔軟に運用し、環境学習をより充実させることを基本とします。
③身近な環境保全活動に取り組み、自然や人を感ずる心を養い、環境問題を正しく認識できる知識を培い、仲間と協力し合いながら自発的に行動できる能力を身につけることを促すプログラムを作成します。
④このプログラムは、教科学習、道徳、特別活動、総合的な学習の時間などの既存の教育活動の中から発展する活動を重視し、学びがより深まっていくものとします。
⑤学校内の活動にとどまらず、学校間での交流、保護者から家庭への広がり、更に地域の人々へ活動が浸透していくことをめざすものとします。
⑥教職員及び児童・生徒一人ひとり（保護者や地域の方々を含む）がかかわり、活動が推進されていくプログラムとします。

的な考え方として委員一同で合意した。

基本方針の話し合いの中で、「認証（認定）」という言葉は学校現場を考えると不適切であり、これを「推進」に変えること、「認定書」ではなく「証明書」とすることが話し合われた。このように議論は、柔軟に現場を思いやりつつ進んだ。各委員は、自分の取り組めそうなプログラムを提案したり、支援チームとの連携を考えたり、プログラム完成後のPRについて話し合ったりなど、各委員の個性を活かした拡がりと深まりのある議論が重ねられた。新しい公共の考えを実践しているという充実感を感じつつ会議は進んでいった。

2 プログラムの骨格づくりと本編試作版の誕生

基本的な考え方を整理した後、翌年の3月には、近隣の平塚市を訪問し「わかばISO」を見学した。平塚市は、市全体の取り組みとして、全市で環境ISOの取得を推進しており、事業者、学校、家庭という順に推進している活動の一環としての理解で推進されているものであることがわかった。大和でめざすものは、もっと教育現場が主体的に取り組めるものにしたいという思いが委員の中に広がった。

先進事例を学ぶ一つの取り組みとして、NPOの紹介で兵庫県東条東小学校での学校ぐるみの環境学習「東条川学習」の実践者である岸本教諭の事例

紹介を聞いた後、大和市のプログラムについて意見交換をおこなう会を開催した。ここでは、東条川という素材をうまく活かした、1年生から6年生までそれぞれの発達段階に応じた環境学習の事例が紹介され、具体的なプログラム作りという点で大きな示唆を得た。

　見学や事例の学習など、検討を進めるための基盤整備や情報提供の段階を無事終え、いよいよNPOが作成したプログラムのたたき台をもとに、プログラムの流れや、各ステップの位置づけなど、さまざまな要素について議論し合い、プログラムの検討は順調に進んだ。

　当初NPOが作成したたたき台は、本編、資料編(実践例・展開例)、ワークシート編の三つで構成されていた。本編では、先に述べた、基本的な考え方や、「環境教育の花びら積み構想」などの基本的事項の整理に続いて、プログラムが、1) 参加校、2) 取組み対象とテーマ、3) 取組み対象者と推進組織、4) 取組み期間、5) 市役所の推進組織、6) 学校の推進体制、7) プログラムの構成、8) 登録、9) 学校間及び地域との交流、10) 広報活動、などを項目として作成されていた (表7-1参照)。

　委員会にてもっとも議論が集中したのは、参加の登録や活動計画の提出、活動の中間チェックとアドバイス、登録審査など、環境ISOの段取りをどの程度残すかについてであった。検討の初期に決めた「認証」を「証明書」に変えることは良いとしても、各段階をある程度きっちりと進めないとPDCAのプロセスが曖昧になってしまい、結局今までの流れを変革することは難しいと考えるNPOと、主旨は理解するものの、現場にとってなるべく負担がかからないしくみで提案しないと、現場がふりむかないと、現場の理解を重要視する先生方との意見の調整に苦心した。

　結果として、プログラムの導入段階としては、現場にとって受け入れ易いことを大切にすべきであることで合意し、できる限りシンプルな登録の手続きとすることになった。具体的には、活動を始める時の「エントリーシート」の作成と、活動終了時の「活動報告書」の作成の二つの書類提出に留めた。そして、みどりの学校プログラム自身に継続的改善の考えを組み込むことで双方が合意した。つまり、プログラムが現場に受け入れられ、さらに充

表7-3 やまと みどりの学校プログラムのフロー

	ステップ	取り組むこと
【Plan】 テーマを決定し、活動計画をつくる	【土】	(1)基本方針を知る
	【幹】	(2)きっかけ探しとテーマ設定
		(3)知り、体験する (Study)
		(4)発見する
	【枝】	(5)「活動課題」を決める
	【葉】	(6)活動の方針と行動目標を決める
		(7)活動計画を完成させる
		「みどりの学校プログラム」エントリーシートの作成提出
【Do】 活動する	【花】	(8) 活動計画書にそって活動する
		アドバイスの要請と支援
【Check】 ふりかえりとまとめ	【実】	(9)活動結果をふりかえり、まとめる
		「みどりの学校プログラム」活動報告書の作成提出
		登録証の発行・受理
【Action】 次につなげる	【種】	(10)ステップアップ
		「バトンタッチの会」を開催する

　実させたいという現場からの声を受けてから、記入方法を詳細化したり、中間チェックや、外部の支援を組み込む改善を進めたりするようにする考えであった。チェックのしくみの充実をねらったNPOとしては、「活動報告書」を実施者が記入する時に、PDCAの各段階をふりかえりつつ記入されるように報告書の項目を吟味することに努力した。このように、各メンバーが前向きのこだわりを持ち、ぎりぎりの案を出し合いながら徐々に内容が充実していった。

　このような議論を重ね、素案の提示から約2ヵ月半、3回の議論を経て、PDCAがきっちりと書き込まれた実施フロー、取組みテーマの区分、プログラムの各段階の説明、活動登録のしくみ、各ワークシート、支援体制などをまとめた全体構想図などが形になっていった（**表7-3**参照）。

3 「みどりの学校プログラム」の誕生

　プログラムの各部の議論や、全体構成などの一連の議論がある決着をし、プログラムの文章の調整や、作成したものの運用上の提案をまとめ市長にお願いする文書を作成するなど、活動のまとめに入りつつあった5月の末、

NPO としては、ある満足感を得ていた。その時、先生方から、一つの意見が提起された。現場にもっとわかりやすく伝えるためには、現在の本編ではまだ不十分である、もっと改良したい、という意見であった。このときの連絡のためのファックスのやり取りから一部を紹介する。「……このプログラムが、どの学校でも「やってみよう！」と思えるものにしていくことを第一にしていくことを再度確認したいと思います。学校の現状を無視しては、活動は進みません……」NPO としては、ハッとした。自分たちとしてはでき得る限り学校現場を考慮し、わかり易くプログラムを作ったはずであったのだが、先生方は不足と言う……。そして、先生方は、まず、自分たちでやってみるので任せて欲しいとのことであった。NPO としては、後はお任すべきと提案を受け入れ、先生方の検討を待った。

　1週間後、改めて検討委員会を持ち、先生方の新たな提案を検討した。それは、素晴らしく、わかりやすく、思いを持つ現場の先生であればこそ可能な素晴らしい改善であった。この案を生み出すためには、当然、今まで突きつめてきた PDCA のプロセスの理解と、これを伝えたいという熱意がそこに感じられ、NPO としても、とても嬉しい変革であった。協働作業としてこの成果を得たことを誇りに思えた。その後約1ヶ月をかけ議論と修正を重ね、現在の本編となった。従来の本編は、解説編となり、資料編、ワークシート編と全体で4部の構成のプログラムとして最終案がまとめられた。

　「環境の木を育てよう」として、PDCA の考えが、見事に、土⇒幹⇒枝⇒葉⇒花⇒実⇒種とつながり広がっていく（**図7-3** 環境の木参

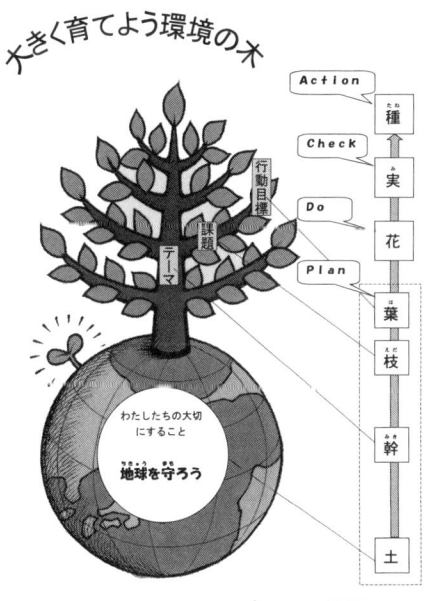

図7-3 「環境の木を育てる」活動

照)。NPOの提案した基本の流れを先生方が熟慮理解し、現場の知恵が融合されたまさに協働の成果といえる開発がなされた。たたき台を提案し、議論を引っ張ってきたNPOとしては、委員会での多くの情報交換の中で、議論の本質を先生方が受け止め、先生方なりの形として新たな創造をして頂いたことに感謝し、協働の醍醐味を噛み締めた。

3 「やまと みどりの学校プログラム」の概要

1 環境の木を育てる

「みどりの学校プログラム」のポイントは、環境ISO的なPDCAのプロセスを、学校教育の現場で受け入れやすいように、「地球を守ろう」という宣言のもと「環境の木を育てる」活動としたところにある。環境の木を育て、花を咲かせ、実をならせ、種をひろげていく活動である。「地球を守ろう」という基本方針のもとに、それぞれの学びを深める環境活動を推進することになる。フローは、PDCAサイクルに則り、活動が広がり、深まり、そして継続的に実施されることをめざしている。「やまと みどりの学校プログラム」に参加し、活動結果を報告すると、登録証を得ることができる。そのためには、「エントリーシート」を作成し、活動に取り組み、結果を「みどりの学校プログラム活動報告書」にまとめ提出する。登録のねらいは、活動の結果を学校の中だけでなく、地域の人々が知り、大和市の活動としてみんなが認めたものと位置づけることにある。以下に、このプログラムの特徴を項目ごとに整理する。

1) 参加校

大和市立小学校及び中学校を対象とし、プログラムへの参加は、各学校の自発的な判断によりおこなわれる。

2) 取り組み対象とテーマ

参加校の児童・生徒及び教職員など(保護者や地域の方を含む)が進める環境教育を対象とし、テーマには次のような区分を設け、広い分野から選ぶことができるものとした。⑥として、自由なテーマの設定も可能とした。

①資源とごみ、②エネルギー、③地域の活動、④くらし・食、⑤自然、⑥

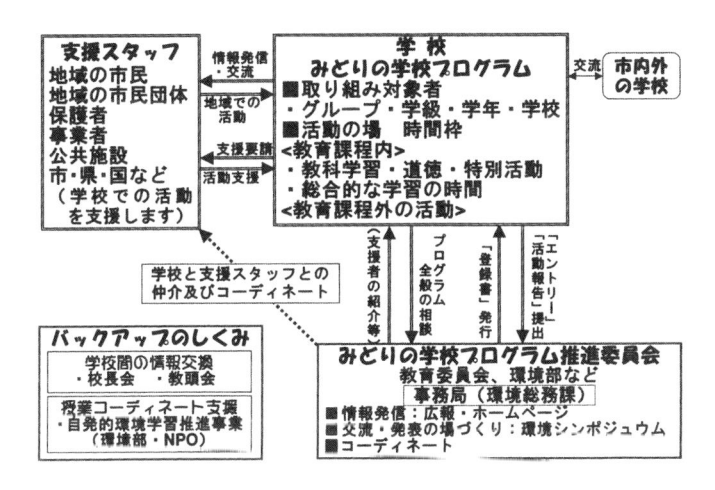

図7-4　プログラムの推進体制

その他（わたしたちのエコじまん・自覚啓発活動）

3) 取り組み対象者

　学校全体や児童会・生徒会のような組織でも、学年や学級、グループでも参加できるものとし、取組みの自由度を最大限に広げたものとした。

4) プログラムのフロー

　学校での環境活動をしやすくするため、テーマや活動課題の決め方、活動方針や目標など、活動計画づくりや推進などを、ステップごとに取り組めるような構成とした。

5) プログラムの推進体制

　プログラムを推進するための体制は、図7-4に示す通りで、学校は、地域の人々や専門家など多くの支援を受けられる体制を整えたことが特徴である。

2　「やまと みどりの学校プログラム」の運用開始と成果

　平成16年4月に大和市は、「環境立市　大和」を宣言し、「環境に学び、知り、考え、そして環境に配慮する人間の育成」を誓った。この宣言に関わる新たな取り組みとして平成16年度から「みどりの学校プログラム」が、大和市立の小中学校28校を対象にスタートした。平成16年12月28日現在、多彩

な34のテーマで活動が取り組まれた。

　実は、夏過ぎまではあまりエントリーが多くなかったが、教育委員会が熱心に現場に働きかけることにより年末には34ものテーマがエントリーされ、市立小・中学校の総児童・生徒数の約30％にのぼる約5,000名が参加するプログラムとなった。

　このことが可能であったのは、委員の先生方が学校現場の実態を十分理解した上で受け入れ易いプログラムとして仕上げられたことが成功の要因として大きかったと言える。

4　なぜ「やまと みどりの学校プログラム」を生み出すことができたのか

1　協働の力

　おそらく、一つの要素が欠けても「やまと みどりの学校プログラム」は、今のような形にはならなかったであろう。NPOがこの提案をしなかったら、環境部門がこの提案に取り組もうとしなかったら、教育委員会が環境部の提案に魅力を感じなかったら、検討委員会の中で突きつめた議論ができなかったら……いろいろな、関門をくぐり抜けこのプログラムは完成し、利用されることになった。何故このプログラムを生み出すことができたのかについて、それぞれの立場の役割を考えつつ述べてみたい。

　NPOは、現場の問題点をつぶさに調査し課題を明確化し、事業提案という形で行政に投げかけた。まず、ことを起こす役割を担ったといえる。行政（環境部）は、従来からの環境教育の支援事業をさらに充実させることを願い、NPOの提案を受け入れた事業として取り組むことを決定した。事業の現場は、教育委員会である。環境部は教育委員会へこの事業の実施を提案し、事業推進の事務局の役割を担った。教育委員会は、自部門の目標の一つである環境学習の充実を通じた学びの深化を期待し、「新しい公共の創造」を教育現場で実現するという活動の基盤を構築し、この事業を「環境教育の花びら積み構想」と位置づけ強力に推進する役割を果した。検討委員会の委員となった現場の先生方は、苦労しつつもNPOの提案するPDCAの意味を理解し、「環境

の木を育てよう」というわかりやすいメッセージを生み出し、学校現場への橋渡し役を担った。環境部は、検討委員会の一連の活動を事務局として取りまとめるとともに、プログラムの実施における支援体制の調整の役割を担った。このように、それぞれの立場が、それぞれの持てる力を出し合い、立場を超えて一つのプログラム作りにその力を結集することができたことが、このプログラムを生み出したといえる。

　何故、各パートナーは自分の役割を担い切ることができたのか。それは、関わるメンバーがこのチームが作り出そうとする形の無いもの、おぼろげながらのビジョンを自分の目で見ようとし続けたからであり、ビジョンを自分の力で形作ろうとし続けたからであろう。ビジョンを明確な形にしていく喜びを感じたからであろう。たとえば、NPOとして参加いただいた環境ISOの専門家は、対価を求めず、自分の個性を生かし、社会的価値を生み出すことに熱意を持ち続けた。各自が自己の想いが社会的な価値として形になる喜びを味わった。思えば、このようなチームワークを生むことができた理由は、委員会の当初に確認した、「基本的な考え方」の合意という基盤、枠組みがしっかりしたものであったことによるといえるだろう。この基盤なしに、各立場のこだわりをぶつけ合えば、意見をあわせることは難しかった。枠組みの合意、ビジョンとして掲げる目標をより高い価値を持つものにしようとする熱意。これは、チームの方向付けをした教育総務部長が提案した「花びら積み構想」という基盤と、これを成し遂げて欲しいという強い期待があったからであろう。人々の期待、熱意、こだわり、想い、夢。言い変えると、自分たちの力でより良い社会を創りたいという熱意、そのことが、実は、新しい公共を担うということと同義の活動として結実したといえるであろう。このような気持ちは、どんな人の中にも必ず生ずると信ずる。立場の違いを生かし、ビジョンを定め、自分の持てるものを社会に開き協働する中で、個人では成し得ない成果を生み出す。ここが事業成功のポイントであろう。

　思いをあわせるしくみの他に、今ひとつ言及しておきたいことは、一人ひとりの中にある思いや考えを議論の場に引き出し、これをビジョンに向ってだんだんと形にしていく道筋をつける役割の大切さである。コーディネイ

ティータイム

社会のビジョンを描こう

　持続可能な社会をめざすための環境学習を効果的なものとするための重要な要素として、大きく二つの要素がある。一つは、本編で述べたPDCAの流れに沿って、環境学習のプロセスを着実なものとすることである。もう一つの重要な要素は、PDCAプロセスのPの段階に関することである。めざす将来の姿「ビジョン」を明確に描こうとすることである。自分たちが取り組もうとしている、もしくは取り組んでいる活動が、具体的にどのような姿をした持続可能な地域社会を構築することにつながるのか、もしくは、持続可能な地域社会を担う一つの組織をつくりあげることにつながるのかを明確にし、到達点のイメージを関係する者が共有することである。環境先進国スウェーデンの持続可能な社会づくりの計画「スウェーデン2021」では、2021年に持続可能な社会を達成しようとして次のように述べられている。「2021年、私たちは、小さなエネルギー効率の良い家に住む。食料生産に使われるエネルギーは3分の1に減少する……」。このように具体的な持続可能な社会の住宅や食糧生産や交通などのあり方を提案している。これに習い、神奈川でも、神奈川地球環境保全推進会議が平成15年に新アジェンダ21かながわの策定において「2033年のかながわ」と題したビジョンを策定した。「2033年、わたしたちの神奈川では……
　海や川の水はとてもきれいで、子どもたちは水と遊んでいる。夜には、星が降るように見える。ゆっくりと15分も歩けば豊かな水や緑があり、だれもが遊び憩う。人々は鎮守の森や里山の手入れをし、身近なところでも野菜や草花を作っている……」。
　神奈川のビジョンは、まだ漠とした部分があるが、このような将来の方向性を自分たちのまちという基盤の上で具体的にどうしたいのかを話し合う中で、イメージが徐々に明確になり、かつ必要な活動が浮かび上がってくる。このような活動として環境学習が組み立てられ、連携し、持続可能な社会づくりに向けた具体的な成果が見えしくることで、人はやりがいと喜びを学習の中に発見することができるといえる。このような成果の循環こそ活きた学習として環境学習が定着していくために必要なことであろう。変曲点を迎えた地球環境は、そのような環境学習の成果を必要としている。
　このような、環境学習活動をつながりのある包括的な活動としてとらえ、自分たちのまちづくりへと定着させることをめざした資料として川崎市環境副読本（中学校用）「あしたをつかめ！ Yes, We Can !」がある。ぜひとも参考にされたい。（注：川崎市環境局ホームページから全ページがダウンロード可能である。）

ト、ファシリテイトと呼ばれる機能である。この機能は、有能なリーダーが全体を引っ張っていくタイプのリーダーシップとは異なる。多様なチームメンバーの個性を活かすことに熱意を持ち、メンバーの考えをうまく引き出し、時に後押しをし、議論を構築していく。今回の事業をファシリテイションという観点から見てみたい。各主体はそれぞれのニーズを持っており、それを引き出し、統合する場が今回のプログラムづくりであった。委員会では、議事進行と内容のとりまとめを担うNPOがファシリテイト役を担当して来たが、委員会の活動が盛り上がっていった最後の段階では、それぞれがそれぞれを活かしあおうとする相互にファシリテイトしあうような雰囲気ができていた。チームの中でファシリテイションの役割を誰かが役割として担うのではなく、皆が自発的に担い合う関係になっていた。それぞれを活かし合おうという想いが重なっていったとも言える。互いを尊重し合い、お互いの創造性を引き出し、高い成果を求めようとするとき、言い難いことも言い合える関係となっていたことが、本編の作り直しという最後の生みの苦しみを超える原動力となったと言えよう。協働し合い、個性を活かし合う関係の一つの望ましいスタイルを体験できた。このことを可能としたものは、各自がそれぞれの立場の専門性と自負と思いやりを持っていたこと、そして、それぞれが主体的にこの事業に熱意を持ち取り組もうとする、前段に述べた思いをあわせるしくみがあったことによるのであろう。

　関係者は、「やまと　みどりの学校プログラムづくり」という一連の取り組みを通じ、協働の方法論と素晴らしさを学び、楽しんだともいえよう[1]。

2　さらなる発展へ

　平成18年3月、大和市の教育委員会は、新しい環境学習ハンドブック、ワークシート集を発行した。このハンドブックには、「学び方のページ」としてPDCAのステップをあらわしたすごろく遊びがある。そして、「皆さんの活動を応援するためのしくみです」というコメント共に「みどりの学校プログラム」が紹介されている。ここには、「明るい未来へ……」という環境学習の狙い、「大きく育てよう環境の木」というプロセスと課題の整理の考え方の

説明がなされている。このハンドブックには、「3分で準備できるワークシート集」という副題の付いたそのままコピーして使えるワークシート集が別冊で整備されている。みどりの学校プログラム作りの経験が、3年に渡る学校現場での活用実践を踏まえ、さらに充実し、このような環境学習ハンドブックとして結実したことは、みどりの学校プログラム作りを協働で進めてきたことの大きな成果であるといえる。このハンドブックの活用を通じ、現在も先の委員会の成果が実っているといえよう。

> **課　題**
> 1. NPO・行政・学校が協働するにはどのような点に留意するとよいか。
> 2. PDCAサイクルが学校現場に根づくためには、どのような工夫が必要か。

注

1　このプログラム本体や参加状況を下記の大和市のホームページで見ることができます。http://www.city.yamato.lg.jp/k-soumu/yamakan/yamakan-top.html#sec01

参考文献

1) 水谷編、渡辺、2001　日科技連刊「続 地球の限界」
　　環境学習を持続可能な社会づくりを考えた時、そのめざすべき姿はいかにあるべきかについて検討し、総体としてのあるべき姿とそのための11の要素について解説している。

2) 渡辺、2002　川崎市環境副読本　中学校版
　　持続可能な社会づくりのための教育という観点から環境学習をとらえ、地球の生物の歴史、環境と人間との関係、持続可能な社会のあり方についての理解などの基盤の上に、自分たちが主体的に地域の課題解決者となっていくことを促す内容。

謝辞

　　この文章は、この活動に参加した関係者を代表しまとめさせて頂きました。関係各位に深く感謝するものです。そして、現在も現場で進められている活動がどんどん充実していき、プログラム自身もさらに充実発展していき、さらに子どもたちのための豊かな学びの機会がつくられていくことを願って止みません。

8 手作りの高校版環境マネジメントシステム

濵谷哲次

―― 本章のねらい ――

　小中高等学校が、行政が施策として用意した学校版環境マネジメントシステムを実施して環境教育活動を推進する例は国内で増えつつある。その一方で、そのような施策なしに、一つの学校が独自に手作りで環境マネジメントシステムを構築し、運用している高校がある。

　学校に教職員の組織や生徒の組織が整えられていない状態から、全校が意思決定をおこない、組織を作り、しくみを築いてそれを浸透させ機能させるためには、それ相応の創意工夫や外部支援などが必要である。

　本章では、独自の学校版環境マネジメントシステムを準備する段階から、しくみが校内に定着し、生徒の活動が軌道に乗るまでの経過やその成果などについて紹介する。

1 枚方なぎさ高校をめぐる環境

平成16年度、府立学校の改変統合により府立磯島高校と府立枚方西高校が統合されて、本校は枚方なぎさ高校(普通科総合選択制)として発足した。統合された両校が新たな枚方なぎさ高校に伝えていくべき伝統の一つとして、環境教育への全校的な取り組みに力を入れることとした。全生徒が環境問題への見識を持ち、21世紀を担う人材になってほしいとの思いがあった。

本校は淀川左岸、京都と大阪の中間に位置し、河川堤防から約100mに位置している。磯島地区はかつて淀川を渡る渡し船の発着場所であり、江戸時代に地区の一部は高槻藩の所領であった。明治以後この地区は枚方地域に属するようになったが、アシや各種自然草が群生する自然に恵まれた地域である。学校周辺には畑地も多く、隣接して磯島取水場がある。同取水場は大阪の水の80％を供給している浄水場に水を送っているなど、本校の周辺には教育活動に活用できる環境があった。

そこで、それらを活かすことをねらいとして、平成15年度に大阪府のエコハイスクール事業に申請し、採用が決定した。平成15年度から17年度の3年間府立高校の環境教育実践校としての先進的取り組みをおこない、現在に至っている。

なお、本章で紹介する実践報告は磯島高校19〜21期生、枚方なぎさ高校1〜3期生が混在して生活していた両校にまたがった時期の内容である。

2 エコハイスクールの指定を受けて

1 外部からの支援

平成15年度から始まる3年間のエコハイスクールの指定を受け、学校での取り組みを計画するにあたり、本校の横を流れる淀川の水や自然、さらに普段の生活から出される大量のごみに着目して環境問題を考えた。また、どのようにすれば生徒と教職員を含め学校全体としての取り組みができるのか。その始まりに向けた組織づくりについて情報を収集し、アドバイスを受けた。**表8-1**にあるように、NPOや企業、大学のほか水道局や下水処理場などに訪

表8-1　環境教育の情報収集や協力依頼した施設・機関

村野浄水場	淀川資料館
枚方市水道局	交野市水道局
枚方市教育文化センター	大阪市立環境科学研究所
貴船神社	淀川左岸流域下水道渚処理場
京都府相楽郡精華町水道局	京都府営水道木津浄水場
枚方市東部整備室	京都府立木津高等学校
大阪市立環境科学研究所	㈱アドバンス
㈱チクマキャンパス事業部	大阪教育大学
大阪産業大学人間環境学部	関西外国語大学
大阪府立大学総合科学部・農学部	京都精華大学人文学部
龍谷大学理工学部	
NPO法人ひらかた環境ネットワーク会議環境教育サポート部会	

問や見学をし、情報収集をおこなった。

2　校内の体制づくり

前述の各組織から情報収集をおこなった結果、校内に組織をつくり環境教育の推進体制を確立することが大事なことを確信した。そこで、校内に教職員で構成する組織と生徒で構成する組織をつくることになった。

(1) 環境教育推進委員会

この委員会は略称エコ委員会と呼ばれている。現在は教職員で構成されているが、発足当初は、教員側からは教頭、理科、芸術・家庭科、地歴・公民科、保健体育科、国語科、保健部の代表が、生徒側からは生徒会代表の8名で構成されていた。後に事務長、英語科、数学科も加えて教職員11名の体制にし、生徒だけで構成される組織を新たに立ち上げた。この委員会の主な仕事は1年間の基本方針の策定と予算の執行であり、役割分担による生徒会環境委員会各部会の指導を中心としている。

(2) 生徒会環境委員会

前述の委員会から立ち上げられた生徒による組織がこの生徒会環境委員会である。1年生から3年生の各クラスから2名ずつ選出して構成された。さらに、この委員会には3つの下部組織がある。すなわち、水部会、ゴミ部会、緑化部会である。

水部会は主に水質検査を含む水問題に取り組む部会である。学校周辺の淀川や天の川、黒田川の水質検査、部会メンバーの家庭の水道水の遊離残留塩素濃度の測定、学校内の水道水の遊離残留塩素濃度の測定などをおこなっている。

ゴミ部会は主にゴミの減量化に取り組んでいる。校内の不要紙の回収、ゴミの総量の測定、分別収集の徹底のための宣伝活動、毎年11月に市民団体主催で実施される学校近隣を流れる天の川大清掃行事に参加することなどをおこなっている。

緑化部会は緑化活動とエネルギー問題に取り組んでいる。花壇づくりや畑の耕作により校内の緑化をおこない、それらの活動を通してエネルギー問題を考える。また、園芸部や家庭科部との連携を計り、花いっぱい咲かせる取り組み、畑の耕作による収穫物を使っての料理研究などをおこなっている。

(3) 環境マネージャー会議

平成16年2月、磯島高校・枚方なぎさ高校版環境マネジメントシステムの取り組みに向けて、生徒会にある環境委員会を動かすリーダーとして、環境問題に関心を持つ生徒を公募にて募集した。それに応募して集まった生徒で環境マネージャー会議を構成した。具体的には、生徒会環境委員会に対して、環境マネジメントシステムに関する企画立案を提案する役割を担った。

その後、磯島高校・枚方なぎさ高校版環境マネジメントシステム宣言に向けての具体的取り組みを、NPO法人ひらかた環境ネットワーク会議・環境教育サポート部会の支援を受けつつおこない、現在に至る。

3　エコハイスクールの取り組み

平成16年2月、ひらかた環境ネットワーク会議のスタートに合わせて環境教育サポート部会に参加した。ひらかた環境ネットワーク会議とは市域の環境保全活動に取り組む、市民・行政・事業者で構成されるパートナーシップ組織である。下部組織には活動テーマ別の部会があり、その中の環境教育サポート部会は市域の環境教育活動に取り組むことをねらいとして設立された。本校も枚方市域の市民、事業者、公共団体及び民間団体などとの連携を

表8-2 EMS宣言の取り組み

平成15年	磯島高校がエコハイスクールとして認定を受ける。
	磯島高校版EMSの構築に向けて作業開始
	エコハイスクール事業計画の中心に、①水問題、②ゴミ問題、③校内緑化の3点を据えて、生徒会への働きかけを始める。
平成16年2月	ひらかた環境ネットワーク会議設立会員
10月	学校版EMSプロジェクトチーム立ち上げ
	学校、PTA、ひらかた環境ネットワーク会議との顔合わせ
11月	生徒会リーダー合宿にて勉強会
	長崎県立国見高校のEMS視察
12月	総合学習において高大・地域連携環境学習
平成17年2月	環境マネージャー公募
2月18日	第1回環境マネージャー会議
3月10日	第2回環境マネージャー会議
3月30日	第3回環境マネージャー会議、ひらかたFM出演
4月18日	第4回環境マネージャー会議
5月12日	第5回環境マネージャー会議
5月17日	第1回環境委員会
5月26日	第2回環境委員会
6月14日	環境委員会　水部会
6月16日	環境委員会　緑化部会
6月23日	第3回環境委員会
6/20～6/23	点検練習のチェックシート回収
6月27日	第6回環境マネージャー会議
7月8日	第4回環境委員会
7月11日	環境委員会　緑化部会
7月14日	第7回環境マネージャー会議　磯島高校・枚方なぎさ高校版EMS宣言について
7月15日	第5回環境委員会
7/11～7/15	点検練習のチェックシート回収
7月20日	磯島高校・枚方なぎさ高校版EMS宣言
7月21日	第8回環境マネージャー会議
8月23日	第9回環境マネージャー会議　文化祭の取り組みについて

深めてエコハイスクールとしての活動の活発化を図ることをめざした。

　その後学校版環境マネジメントシステムを構築して取り組むことに向けてプロジェクトチームを立ち上げ、担当の教職員、PTAおよびひらかた環境ネットワーク会議の顔合わせをおこなった。また、生徒会のリーダー合宿で学校版環境マネジメントシステムについての勉強会をおこない、ひらかた環

境ネットワーク会議のメンバーも参加した。

　高校における独自の環境マネジメントシステムを構築し運用している先進校である長崎県立国見高等学校を訪問し視察をおこなったが、これについてもひらかた環境ネットワーク会議の支援を受け、環境サポート部会メンバーに同行した。ここでシステム構築のポイントを学び、本校においても環境問題に関心のある生徒が環境マネージャーとして活動できるように公募制にしてマネージャーを集めた。この環境マネージャー会議は回を重ねて環境マネジメントシステムのキックオフ宣言に向けて準備をおこなった。また、PDCAサイクルにおける点検チェックをおこなうことは、高校生にとってはこれまでに経験したことのない新たな活動であるので、システムを運用する前にチェックシートを用いて点検作業の練習もおこなった。

磯島高校・枚方なぎさ高校版EMSスタート宣言文

　本日、ここに磯島高校・枚方なぎさ高校版EMSのスタートを宣言します。

　本年2月、日本においても京都議定書の発効を受け、より積極的なCO_2の削減に向けた取り組みが必要と考え、環境マネージャー会議にて原案作成の取り組みを始めました。その中でEMS…環境マネジメントシステムの開始が必要と考え、具体的な内容として、紙・ゴミ・電気の削減を目標とすることにしました。本年度の削減目標は5％に設定します。

　6月の末の1週間と7月の第二中間・期末考査後の1週間に試行した結果、おおむね実行されていました。

　さて、ここでみなさんにいくつかお願いしたいことがあります。まず1つめは、ゴミは分別して捨てること。2つめに使い古しの紙は各教室においている古紙回収箱に入れる。また、この古紙回収箱がいっぱいになりましたら1階大職員室前に設置している回収箱に入れるようにしてください。最後に3つめは、夏場の明るいときや晴天時の窓際の電気の消灯、移動教室の際は必ず消灯すること。

　以上の3つの点について必ず実行してほしいと思います。このような取り組みが少しでもCO_2の削減につながっていくことをみんなで考えてほしいと思います。

　さて、本校の環境委員会では3つの部会に分かれて活動しております。水部会では、本校の近くを流れております淀川、天の川、黒田川の水質検査と学校・家庭の水道水の水質検査を続けています。ゴミ部会では、分別回収の徹底をアピールしたいと思います。緑化部会では、畑の耕作を通してCO_2の削減問題を考えています。

　このような取り組みを通して私たちにとって欠かせない資源をこれからも守り続けていければと考えています。

平成17年7月20日
磯島高校・枚方なぎさ高校環境マネージャー会議

図8-1　環境マネジメントシステムのキックオフ宣言文

4 学校版環境マネジメントシステムの取り組み

1 キックオフ宣言

平成17年7月に、磯島高校・枚方なぎさ高校版環境マネジメントシステムのスタート宣言をおこない（図8-1）、PDCAサイクルに基づいて活動を開始した。以後、毎月末、環境委員によるEMSチェックリストを用いての点検作業をおこない、環境委員会に報告、その後環境マネージャー会議での点検作業をおこない、現在に至る。

2 学校版EMSの具体的な取り組み

磯島高校・枚方なぎさ高校はエコハイスクールとしての活動を生徒会環境委員会（水部会・ゴミ部会・緑化部会）が中心となって環境問題に取り組んで来たが、上記の問題に取り組むために環境マネージャー会議を招集し、勉強会を続けて来た。そして、高校版EMSのスタートに向けて、①紙②ゴミ③電気の削減にむけて取り組みを始めることにした。

今週はその試行期間とし、各教室に掲示されているそれぞれの取り組みにできる限り努力をして下さい。

①紙について　……不要の紙は三段ボックス下の古紙回収箱に入れて下さい。
②ゴミについて……燃えるゴミ、カン、ペットボトルに必ず分別の上ゴミ捨て場へ。
③電気について……教室移動の時や、誰もいない時は部屋の消灯を忘れずに。

(エコ磯ニュース第9号より)

図8-2　EMSスタート時の取り組み項目

3 生徒会環境委員会各部会の取り組み

(1) 水部会の活動

水部会は、川水および水道水（一部井戸水を含む）の水質検査を継続実施した。活動に参加した生徒は1〜3年生で、平成15年6月から現在に至り、学校内および近辺の淀川、天の川、黒田川を調査対象とした。環境委員会としての取り組みなので教育課程上には位置づけず、したがって単位時間数はカ

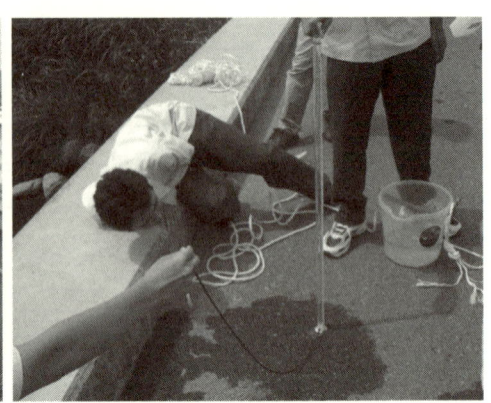

図8-3　黒田川での取水調査　　図8-4　川水の透明度を測る

ウントしない。

　水質調査の目的は、生徒にさまざまな環境問題について考えさせる手段のひとつとして、普段われわれが使用している水の水質を知ることの重要性を理解させることである。検査内容はおもに3点あり、(1)川水の汚れの程度、(2)生徒たちの自宅の水道水についての遊離残留塩素の濃度変化、(3)学校1階の水道水中の遊離残留塩素濃度測定、であった。

　6月および9月にCOD、全窒素、pH、透視度、全リンについて検査したが、実施回数が少ないため、データの解釈などの学習はできなかった。ただし、川は浄化作用を持つことを理解させる努力をし、淀川下流で以前採れなかったシジミが最近取れるようになった話をした。川の水を調べるには天候や農作業の進み具合等を考慮すべきであり、季節による変化はデータが不足なので当分の間学習しない予定である。

(2) ゴミ部会の活動

　ゴミ問題に関してのさまざまな取り組みの方向性の中で、絶対量の減少への取り組みと、資源ゴミの有効利用に向けてのゴミの分別回収の徹底化を図ることを中心に考え、以下の取り組みを実施した。

　燃えるゴミ、缶、ペットボトルの三分別の徹底を図るため、教室の外に、2階、3階、4階廊下に新たに分別用ゴミ箱を設置。分別回収すれば資源にな

図8-5　分別型ゴミ箱の設置　　図8-6　磯なぎ祭出し物終了後の解体現場

ることを生徒たちに呼びかけ分別回収の徹底を図る。なお、校舎外設置のゴミ箱は、校舎への入り口にある自転車置き場と玄関前運動場入り口の2カ所を除いて元あったゴミ箱はすべて撤去した。

　また、秋に実施される文化祭「磯なぎ祭」に向けて生徒会として取り組んだことは文化祭で出るごみの減量である。これは学内の環境問題の中で例年課題となっているもので、ゴミの量をなるべく少なく再利用できるものは再利用できるよう、生徒会が中心となって「磯なぎ祭エコ大賞」の企画立案を全参加者に求める活動をおこなった。

　さらに、ゴミの総量把握のためにゴミの重量測定を開始した。生徒会環境委員会ゴミ部会が週2回、毎週水、金曜日の放課後に重量測定をおこない、記録した。現状は、おおよその重量は測定されているが、ねらいとしてはゴミの減量化への意識づけと考える。

　その結果、ゴミの分別回収については表示のわかりやすさもあり、おおむね徹底できている。ゴミの重量測定をおこなった結果、測定回数が毎週2回であったことから指定日に捨てないクラスも若干あったが、全体としてゴミ問題への意識を高めることができた。また、「磯なぎ祭エコ大賞」の実施は生徒会にとって4回目の試みであり、各参加団体の企画書の段階から積極的な姿勢がみられ、またクラスの取り組みをレポートとしてまとめ上げた。「エコ大賞」

図8-7　ゴミの重量測定現場　　　　　図8-8　裏紙利用の回収箱

に向けての各クラスの取り組みも、年を追うごとに積極的になっている。
(3) 緑化部会の取り組み
　全学年の生徒を対象に校内において平成15年6月から教育課程に位置づけずに活動している。生徒会環境委員会による校内緑化の取り組みとして通年で畑の耕作に取り組んだ。以前にあった、若干の畑地を拡大する形で、草抜きから始めた。また16年度に、耕耘機を購入、5月中に夏野菜の植え付けに間に合うように畝作り、植え付け、水やりと大変忙しい日程であったが、何

図8-9　朝の水やり　　　　　　図8-10　耕耘機を使用しての畝作り

とか順調に生育し、夏休みにはシシトウ、キュウリ、ナス、ピーマン、などの収穫物が毎日あり、生徒たちは喜んでいた。9月に冬野菜の準備に入る。高気温の日が続き種まきのあと、苗が害虫による被害に遭うが、本年は、ダイコン、水菜、ニンジン、ハクサイ、二十日大根、菊菜などしっかり収穫できた。

園芸部と連携を図りつつ始めた農作業ではあったが、収穫物を得る楽しみもあって、夏期休暇中の水やりも生徒環境委員会緑化部会のメンバーが頑張り、夏野菜、秋野菜、冬野菜と季節を感じることのできる活動となった。

平成18年度への課題は、本校ができあがる過程において投入された土の様子が十分把握出来ないままのスタートとなったため、農作物にとっての最重要課題である「土作り」が不十分であった。腐葉土をはじめとして、落ち葉などを利用した堆肥作りから始め、有機農法による野菜作りをめざした。落ち葉や草抜きで出たものを蓄積、堆肥として利用を図っているが、その量がまだ不十分であるため今後も腐葉土作りを中心に進める。

4　地域との連携について

平成16年2月、ひらかた環境ネットワーク会議が設立され、その中の環境教育サポート部会による多くの方々のサポートを受けつつ、学校版EMSを立ち上げることができた。その過程については前掲の取り組み経過に述べた通りであるが、ここではなぜ地域連携を中心とした環境問題への取り組みが大切であるのかを考えつつ、本校における環境教育の方向性を示すこととする。

(1) EMSの実施について

平成15年度のエコハイスクール申請にあたっては、本校の位置が、淀川の周辺域にあることと、従来からの問題であったゴミ問題に加えて、21世紀に向けての食糧問題に目をやること、これらの3点を中心に生徒、教職員、学校全体の意識向上をめざして取り組むことを考えた。

その折りに第一に考えたのが永く持続しての取り組みとなるように、ハードルを低く設定すること、枚方周辺地域を中心に、地域の子どもたちが入学

し3年間を過ごす中で、幼、小、中、高、大、それぞれが連携して地域に根ざした取り組みとしての環境問題を忘れずに、意識して生活していくこと。これらを生徒みずからが考え、組織し、実行していく力を3年間を通して身につけさせたいと考えた。

(2) 環境教育サポート部会について

磯島高校・枚方なぎさ高校版EMS構築プロジェクトの準備において、当部会から提示されたことは、学校版EMS導入のメリットであった。すなわち、

① 生徒の自立性がつく。
② 環境教育が体系的におこなうことができる。
③ 学校のイメージがより良くなる。
④ EMSを導入している学校はまだ少ないので、ディファクトスタンダードとなる。
⑤ PDCAサイクルを知ることによって、何事にも継続的改善ができるようになる。また、社会に出てからの環境システムへの順応性がつく。
⑥ プログラムが確実に実行されるので、省エネ、省資源等で経費が削減でき、予算の流用の可能性が出てくる。

これらのうち、①②④はこの3年間で実感として達成されており、③⑤は今後の卒業生の生き方の選択にかかっている。卒業後の進路選択の1つとして環境系の大学進学をした者もいる。⑥については平成18年度が1年～3年まで7クラス設定としてそろうので基礎データをとる初年度となる。

5 まとめ

紙・ゴミ・電気の削減目標を5％に設定して開始された「学校版EMS」。この一年を振り返ってようやくスタートラインに立つことができた、という思いが実感である。「学校版EMS」という言葉がまだ広く知れ渡っていない中での宣言・スタートは不安に満ちたものであった。しかし、生徒会環境委員会・環境マネージャーの生徒たちに支えられてのこの4年間を振り返ると、彼ら自身が高校生活3年間を通していかに成長したか、特に環境マネージャーとしての活躍には目を見張るものがあった。

ティータイム

PDCA サイクル

　PDCA サイクルはマネジメントシステムの柱で、学習活動も同様に学習行為を計画立案し (plan)、実施し (do)、うまくいったところそうでないところを点検し (check)、是正あるいは改善に向けて見直しをおこない (act)、次の計画に反映させる手法である。

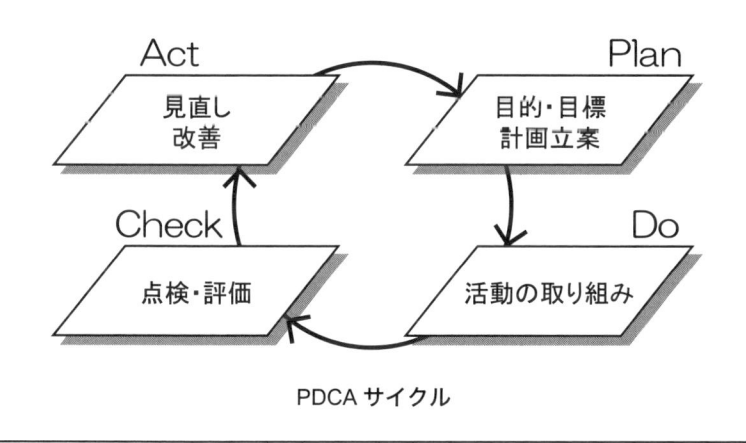

```
    Act                          Plan
  見直し                       目的・目標
  改善                         計画立案

   Check                         Do
  点検・評価                  活動の取り組み
```

PDCA サイクル

　21世紀に突入し、世界規模において環境問題が叫ばれている中で、根本的な解決策はひとりひとり、個々人の今後の問題意識のありよう、努力の持続にかかっているものと考えるが、学校教育の現場で「学校版 EMS」を生徒・教職員共々、持続した取り組みとして日々続けていくことが一番重要かつ大切なことだと考える。

　ひらかた環境ネットワーク会議・環境教育サポート部会の多くの方々の支えにより、本年も環境関連の授業を高大連携プログラムの一環として実施していただく予定であり、今後外部監査の実施等もお願いする。

　枚方地域の「学校版 EMS」実施校として、また、府立高校のディファクトスタンダードとしての「学校版 EMS」が確立できるように、生徒たちの取り組みを見守っている毎日である。

課　題
1. あなたの学校や職場ではどのような環境保全活動をしているか。体系づけて1つの図にまとめてみよう。
2. 環境教育と環境マネジメントシステムにどのような関連性があるか考えよう。

⑨ 大学のISO14001の効果的な運用と学生の参画

清水耕平・山口龍虎

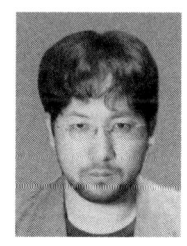

―― 本章のねらい ――

　日本の大学は武蔵工業大学（横浜キャンパス）をはじめとして、2005年6月現在49の大学がISO14001を認証取得している。ISO14001はもともと企業の環境影響を管理するために用いられていたが、大学においては、環境影響の管理だけでなく環境教育も重視される。そこで本章では、長崎大学環境科学部の実践事例をもとに、大学のISO14001における環境教育の手法と課題を学生の参画という視点から整理する。

　本来ならばISO14001の継続的改善の概念からいって環境教育活動は徐々に活発になるはずである。しかしながら多くの大学では認証取得後の勢いは薄れ、3年も経つと活動は停滞してしまうようである。そうしたなか、長崎大学環境科学部では3年経った今、逆に学生の環境活動が盛り上がりを見せつつある。この長崎大学環境科学部のケースを追うことで、大学のISO14001を実効性のあるものとして展開するヒントが見えてくる。

1 ISO14001 認証取得大学の現状

1 大学における ISO14001

国内の ISO14001 認証取得件数は、2005年6月時点で21,746に達しており、その中でも大学は49件の登録がある[1]。1998年10月の武蔵工業大学(横浜キャンパス)をはじめに、大学の認証取得件数は毎年5件前後ずつ着実に増加している。学内の事業計画などにおいて、ISO14001認証を目標に掲げる大学がまだ多数存在することから、この着実な増加は当面続くことが予想される。

大学の ISO14001 認証取得件数を地域ごとに見ると、関東、東海周辺に多く関西には少ない。その他の地域は大学の数自体が少ないこともあり各都道府県あたり0～2件程度となっている。これは ISO14001 認証には視察などの顔を合わせた情報交換が必要であり、近隣における ISO14001 認証取得大学の有無が大きく影響すると考えられる。

大学が ISO14001 の認証取得に要する準備期間はおよそ1年から1年半である。システム構築の手間は民間企業とは異なり規模の大小には影響されない。大学における環境負荷は製造業などの企業に比べて小さく、初期調査があまり大がかりにならないこと、システムの適用範囲に学生を含めないためにその教育訓練の必要がないことなどがその理由にあげられる。

また、文系理系や学部のちがいはあまり関係しないが、国立私立のちがいは多少存在する。大きな傾向として、当初は私立大学が理事長によるトップダウン型で認証を先行させていたものの、2003年頃より国立大学が国立大学法人化の対策を考慮し現在では認証取得件数が逆転した(取得率［国立大学：12.0%、私立大学：4.0%］2005年6月)[2]。

2 ISO の導入手順

大学における ISO14001 の導入手順は、私立大学環境保全協議会によって全国36大学のアンケート調査をもとにまとめられている[3]。ここでは、これを参考にして5段階にわけて、その手続きを整理し紹介する。

第1段階：認証取得の準備

┤ティータイム├

ISO14001

　1992年ブラジルのリオ・デ・ジャネイロで開かれた環境と開発のための国連会議では180カ国以上の国家代表が参加して地球環境問題を議論し、「アジェンダ21」などいくつかの文書を採択した。アジェンダ21とは、21世紀に向けて持続可能な開発を実現するための具体的な行動計画である。
　国際標準化機構（ISO）はこのアジェンダ21を実現する手法として1996年にISO14000s（シリーズ）という環境マネジメントシステム（EMS）規格を制定した。ISO14000sの中心であるISO14001は、EMSをどのように構築すればよいかを定めた仕様書のことで、この規格は世界のすべての地域のあらゆる種類と規模の組織に適用できる。たとえば、ねじやクレジットカードなどの寸法規格、写真フィルムの感度の規格などは世界のどこへ行っても共通している。各国が独自に製品の品質や性能、寸法などを決めたのでは世界規模でみるとバラバラになってしまい障害になる。
　ねじなどのハードに対してだけでなく、組織の管理体制などのソフトも規格の対象になっている。

　第1段階のISO14001の認証取得の準備は、ISO14001を導入する目的やその効果について大学の内部で検討することから始まる。導入目的は環境教育の充実、学生・教職員の意識向上、環境関係の人材養成などである[4]。さらに、この段階で事務局を設置し、組織体制の準備をする。事務局構成員は、文書作成に長けた者、学内組織に通じ人的ネットワークを有する者、環境問題や環境関連の法律などに詳しい者となる。事務局の規模は、予算や大学の規模にもよるが、平均すると専任が1から2人、兼任が7から8人程度である。中心メンバーは学外での研修に参加したり、すでに認証取得した組織から取得に関する情報を収集するなど、ISO14001についての教育を受ける。自力で認証取得が難しいと感じた場合には、専門のコンサルタントを雇うこともある。現在、およそ3分の2の大学が専門のコンサルタントを雇っている。次に、審査機関を選ぶ。審査機関によって考え方にばらつきがあるため、審

査機関の選定も重要である[5]。審査にかかる経費は、大学の規模（構成員数）、環境負荷の内容、キャンパスの広さにより算出される。

第2段階：環境計画の立案

第1段階で基本的な準備が整ったら、計画（Plan）を立てる。まずは大学が環境に影響を与える原因すなわち環境側面を抽出する。環境側面には大きく分けて、学内活動における有害な環境側面（電気、ごみ、水の使用や排出）、そして教育・研究などの有益な環境側面の2種類がある。これらの環境側面に対して環境影響評価をおこない、著しい環境側面を特定する。この著しい環境側面が環境管理をする際の中心的な要素となる。また、環境側面に適用される法律や条令、協定、業界団体の指針などを特定する。これにはおもに理系学部がおこなう実験などが関係する。

著しい環境側面および法律などが特定された後、環境目的と環境目標を設定する。これらは可能なかぎり数値化することが求められている。実行段階では、この数値の達成をめざして取り組むこととなる。

環境目的および環境目標が設定されたら、それらをもとにして環境方針をつくる。大学の建学の精神などを生かした独自性や特色を出し、大学全体で実施する際の基本方針にする。この環境方針は周知が義務づけられているため、ホームページに掲載したり、カードをつくって学生に配ったりしている大学が多い。

第3段階：実践

第3段階は実行段階（Do）である。はじめは大学の既存組織における位置づけを明確にし、体制及び責任を整える。計画を立てる段階から体制及び責任を整えておくと、計画が立てやすい。学長や学部長が就く最高経営層、運用の実質的な責任者である環境管理責任者、実務について話し合う会議体としてISO推進委員会、各部門の責任者である部門長、実務を進める推進委員、実効性を客観的に評価する内部監査委員が定められる。

計画を推進するには、構成員を訓練し、自覚や能力を養うことが大切である。著しい環境側面の業務をおこなう者は、訓練を通して能力を身につけ、たとえば実験における薬品漏れの処置や毒劇物の取り扱いなどにあたる。自

覚とは、組織の構成員全員に対する教育のことをいい、省エネやごみ分別など、その大学で決められた一般的なルールを守るように促すものである。その他、内部コミュニケーションや外部コミュニケーションをとることも必要である。大学で環境教育を実施する際には、これら訓練、自覚、能力およびコミュニケーションがとくに重要である[6]。

　ISO14001は、認証取得以前には漫然とおこなってきた環境改善を整然とおこない、文書化するところにも特徴がある。既存の学内規程や細則がある場合にはこれらを無視するのではなく、文書の中にそれらを明記し関連づけることが必要となる。もし著しい環境側面に関する運用をおこなう際に既存の学内規程や細則がなければ、手順書を新たに作成する。極端な言い方をすれば、一般の学生や教職員はこの手順書に書かれたことを守っていれば、大学での日常生活レベルでは大きな支障はない。

第4段階：内部監査

　運用を約半年おこなった後、点検(Check)および見直し(Action)をおこなう。その際、内部監査チームを編成し、自分の所属部署以外の部署の監査をおこなう。監査の質を保つためには、チェックリストによる監査をおこなうのが一般的である。監査終了後、該当部署は監査で指摘された内容について是正・改善をおこなう。一通りの是正・改善が終了すると、最高経営層に監査結果を報告し内部監査は終了する。

第5段階：審査

　以上の一連の過程が終わると審査へ移る。経費に余裕があれば、本審査前に書類審査および予備審査を受けておくと、本審査の際に重大な指摘を受けることを回避できる。審査中は、大学事務局側の考えと審査結果が食い違い不適切な指摘を受ける場合もあるが、審査員に教育研究機関である大学についての情報や理解が不足していることもあるので、わかりやすく説明する必要がある。

　本審査終了後、2～3週間で審査結果の通知がある。「環境マネジメントシステム登録証」授与式は、大学のイメージアップおよび学生への周知徹底のため大々的におこなわれることが多い。

3 大学のISO14001の課題

大学におけるISO14001認証取得の課題は大きく2つに整理することができる。ひとつは、認証取得前の課題であるシステムの文書化である。審査機関は、環境マネジメントシステムにともなう文書をISO14001の要求事項に照らし合わせることを基本に審査を進める。しかし、この文章化の作業には多大な労力が必要とされる。福岡工業大学社会環境学部（2004）をはじめ、多くの大学で指摘されている事項である。これらを克服するためには大学という組織の特性を生かしたシステムの「適性化」の視点を持つ必要がある。

もうひとつは、認証取得後に教職員・学生の意欲をいかに維持するかである。教職員や学生の意識向上がISO14001認証取得の最大の目的であったにもかかわらず、その意欲を維持する困難さを多くの大学が痛感している。これらを克服するためには教職員だけでなく、学生の参画を促すためのシステムにおける学生の「構成員化」の視点を持つ必要がある。

次節ではこれら2つの視点のうち、学生の「構成員化」を意識しながら、長崎大学環境科学部の事例を見てみる。

2 長崎大学環境科学部の事例

1 認証取得プロセスにおける学生の位置づけ

① ISO14001取り組みの経緯

長崎大学環境科学部は、平成9年度に国立大学のなかでは最初の文理融合学部として設立された比較的新しい学部である。平成14年3月第1回卒業生を社会に送り出し教育・研究が充実した時点で、環境に配慮した実践活動の先駆者とならなければならないとの考えに基づき、認証取得の機運が学部内に高まった。そして平成14年5月の教授会にて、ISO14001認証取得に向けたキックオフ宣言をし、学部内にISO14001認証取得委員会を設置し、認証取得に向けた体制が整えられた。これを契機に学部内の環境整備を推進しようと、新しい分別ごみ箱の設置、古紙回収箱の設置および回収業者との契約、処理困難な実験廃液の専門業者による処理などがおこなわれた。また、他大学と同様に、ISO14001認証取得による環境に関する研究・教育の充実を掲げ

られた。学生が卒業後社会で仕事をおこなう際に環境に配慮できることをめざして、講義内容の確認と整理をおこない、シラバスの充実も図られた。キックオフ宣言後、16回の運営委員会と2回の内部監査、2回の審査を通した後、平成15年3月20日の認証に至っている。

②**学生の位置づけ**

図9-1にあるように、長崎大学環境科学部のISO14001では、学生は構成員として位置づけられてはいない。これは、原則として関係者全員の参加によるISO14001の運用が求められているが、最初に審査を受けた時点において、

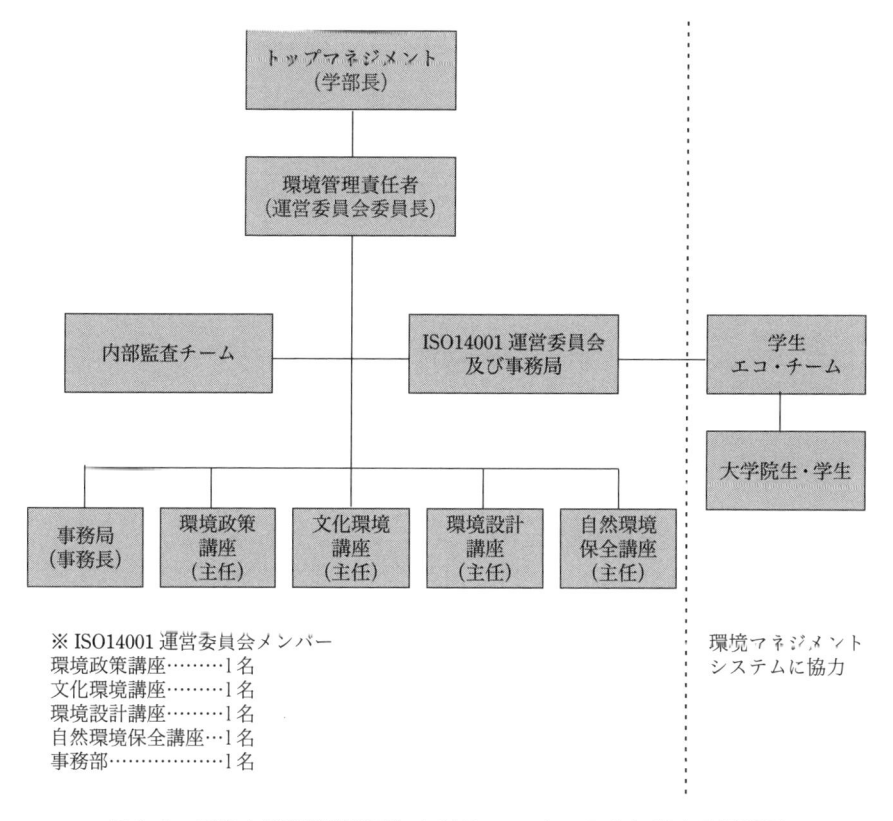

図9-1　長崎大学環境科学部におけるEMSシステムに関する組織図

(出典：長崎大学ホームページ)

その構成員を当該学部の職員のみと定めたためである。認証取得後、順次大学院生、学部学生へと範囲を広げていくこととしている。2006年9月現在、研究室に所属する学生（文系は3年生以上、理系は4年生以上）まで認証範囲を広げ、研究室の学生に、自分が環境に配慮している日常の行動を報告させるなど、少しずつしくみを整えつつある。

図9-1の組織図の右側にある学生エコ・チームは運営委員会および事務局に関わっている組織である。認証取得をめざした当初は、このチームがマニュアルや規程類・様式の作成から内部監査まで運営に幅広く関わっていた。次にこの学生エコ・チームやその後の活動に着目し、学生の参画への動きをさぐる[7]。

2　学生の参画への動き
①認証取得までの自主的参加

ISO14001認証取得には、一部に限られてはいたが学生も初期段階から積極的に関わっている。ただし、組織の構成員に位置づけられていたのではなく、教員主催の自主勉強会に関心をもった1年生の4～5名が自主的に参加した形となっていた。参加した学生はさらに審査員のフォーマルトレーニングも受けている。こうして集まった学生で「学生エコ・チーム」が作られたが、特に責任や権限は与えられず組織としては未成熟なものであった。

学生エコ・チームはおもに、認証取得へ向けた基礎調査を実施し貢献している。電気・ガス・水道・重油・コピー紙などの使用量に関する月次・年次のデータを整理し、調査シートによる各研究室・実験室単位での環境負荷の発生状況について調査した。大学の教育や研究、事務活動などに適用される法律や規制事項に関する条文の洗い出し、廃棄物や薬品その他物品における廃棄物処理法、消防法、危険物取扱法などの関連法にかかる取り扱いについても調査をおこなった。基礎調査終了後はマニュアルの作成業務を補助し、調査結果やマニュアルの作成経過について、教職員で構成される委員会で報告した。長崎大学環境科学部がISO14001を認証取得するまでの取り組みには、学生のこのような参加と貢献があった。

②学生活動の停滞

　長崎大学環境科学部は、環境に関する教育・研究の充実のため、学生がISO14001認証取得の実務に関わることに重要な意義があることは認識していた。しかし、初発の段階では学生がどの程度関与することができるのかを測りかねていたこともあり、責任や権限を与える段階までには至っていない。そのため、学生エコ・チームが準備段階で委員会に提案したい内容があっても、手続き上、会議で議論の対象にはされなかった。一方学生側も、とくにマニュアルづくりなどの公的文書に関する決定プロセスなどに関与できるためには、継続的にひとつひとつの実績を積み上げながら教員や大学担当者の信頼を得てはじめて、その土俵に立つことができるということについての認識が不十分であった。こうした事情もあり、教職員と学生エコ・チームの間にはその関係が十分育っていなかった。学生エコ・チームは職員から組織として認知されていなかったために、たとえば学生が何らかの行動した際、「顧問はだれ？」と職員から尋ねられるケースがしばしば生じている。

　また、学生は取り組みの結果が明確になることを求めがちで、結果が目に見えないと活動を継続する動機が薄れてしまう傾向があった。たとえば、認証取得後、研究室の取組状況を調べた際に効果が見えない場合、学生はISO14001認証取得がほとんど環境改善に貢献していないということに失望感を感じた。

　初期のメンバーは個人の自主的な参加であったため、個人の「熱心な思い」が活動を維持する原動力であった。学生エコ・チームがISO14001を運営する組織に位置づけられず、またチームの目的が不明確な状態が続いたこともあり、認証取得後から徐々に学生の活動は縮小していき、やがて停滞期間がその後約1年間続いている。

③学生委員会の組織化の兆し

　その後平成17年になり、学生の動きは再び活発化し始める。その中心を担ったのは、学部2年生の選択科目である環境マネジメント論を受講した学生であった。現行のISO14001を学生が積極的に関与できるシステムへ改革することをめざし、10名程度の学生が活動グループを結成し、組織的な活動を

開始させた。ISO14001を認証取得している他大学へのアンケート調査を実施し、フォーラムを開催するなど、大学におけるISO14001の研究やアイデアが積み上げられた。それによって、学部側に提案できるレベルにまで自分たちの企画をブラッシュアップすることを目標にして、その内容を練り上げた。ちなみに、長崎大学では全学の学生を対象に「夢大賞」という企画コンテストが実施されており、これに応募した結果、準大賞となった。この一連の企画づくりや活動は、環境マネジメント論の担当教員の強力なサポートを受けることができたことも成功要因のひとつであるが、グループの目的を明確にした学生の取り組みの成果である。この新たな学生の活動は初期の学生エコ・チームが必ずしも組織として活動することを意識せず、個人の集まりで動いていたのとは異なり、その反省をステップにして組織として意思決定し活動できた点に大きな特徴がある。

　こうした活動を続ける中で学生グループは、学部のISO14001運営委員会から環境報告書を作成する計画へのメンバーとしての参加の提案を受けた。環境報告書を作成するには次のような作業がある。委員会において環境報告書の内容について話し合って案を決定し、企画を立案する。次に、関係教員に原稿執筆を依頼し、大学の事務からデータを収集・加工する。原稿全体の文章を校正し、印刷会社を手配するなどである。その業務のほとんどは外部から招いた審査員がおこなってはいるが、学生グループも原稿執筆や資料収集などにできる範囲で関わった。このような仕事をしていく学生たちは中で公の仕事に関わる経験をすることができた。

④学生委員会の組織化

　環境報告書の作成を通じて、学生委員会の組織化へ向けての動きが加速した。その結果、平成18年に入り、報告書作成に関わった学生メンバーは学生委員会を組織として立ち上げ、学部のサークルとして位置づけた。しかしまだこの段階では、ISO14001の運営組織のひとつとして認められたわけではなかった。そこで現在はその認知に向けて、学生たちはさらに組織形態を整備し、活動の企画を立案するなどの準備をしながら、実績を積み上げている段階である。

学生委員会は活動が停滞しかけた時期もあったが、教員や大学院生のサポートもあり、責任を果たせる活動を展開しつつある。また環境マネジメント論を受講した新たな学生の参加もみられる。学生委員会の体制は、環境報告書班、マニュアル簡略化班、ホームページ作成班の下部組織からなり、組織的に活動している。7月には学部のISO14001運営委員会に対し、学生組織から企画を提案し会議でプレゼンテーションをおこなった[8]。責任と権限をもった学部の一組織としてのポジションを獲得すべく、現在調整がおこなわれている。

3　大学におけるISO14001の効率的な運用に必要な3つの要件

第1節で述べたように、大学におけるISO14001の課題を克服するためには、システムの「適性化」と学生の「構成員化」が重要である[9]。これは教育機関全般において環境マネジメントシステムを構築する際にも、共通する要素である。そこで、ここではシステムの「適性化」にも多少言及する形で、学生の「構成員化」の要素を軸に、長崎大学のISO14001認証取得の事例から、大学におけるISO14001の効率的な運用に必要な要件を3つのポイントに絞ってまとめてみる。

1　スキルアップ

ISO14001のシステムの「適性化」には、運営委員のスキルアップが重要な要素となる。ISO14001はあらゆる組織で導入可能なものだが、ISO14001のしくみを理解せず、必要以上に文書をつくって複雑なシステムを構築してしまうケースは多い。ISO14001の基本的なしくみは、「計画(Plan)」「実行(Do)」「点検(Check)」「見直し(Action)」という一連のシンプルなサイクルにそって継続的に環境改善をするものである。ISO14001の60の実施事項をひとつずつこなしていけば、運用はそれほど難しいものではない。ISO14001を難しいものだと思わせる要因は、聞きなれない用語が多用されている点であろう。したがって、用語を自由に使いこなし、効率的な環境マネジメントシステムをつくるには、運用のためのスキルを身につけることが肝心である。

これはとくに学生委員会がISO14001の運営に関わる際に重要である。長崎大学環境科学部において、認証取得の段階に自主的参加の学生が関わることができたのは、自主的な勉強会への参加を経て外部研修を受け、必要なスキルを身につけたからである。一定の実力が認められれば、大学はその評価に見合った仕事を任せることができる。スキルアップした学生が運営に関わることで、教職員のシステム文書化の手間が軽減されるだけでなく、現状よりも効率的なマネジメントシステムへの再構築が加速される。教職員、学生を問わず実働する人材の層の厚さが学内のISO14001の効率的な運用に大きな力を発揮する要員になる。

2　学生組織づくり

　学生の参画を促し、その「構成員化」を進めるうえで必要となるのが、学生組織づくりである。長崎大学環境科学部におけるISO14001に関わった初期の学生メンバーは、実力はあったが、組織的な責任や評価が与えられなかったために継続的に関わることができなかった。学生の活動を継続させるには明確な役割を付与することが必要になる。そして、大学のISO14001のように実力のある個人だけで運営ができないようなシステムにおいては、その役割は個人ではなく組織で担うほかない。

　長崎大学環境科学部では、教職員と学生が協働して環境報告書を作成したことが、大学の組織や教職員に対する学生の関わり方を変化させる一つの契機となった。学部の仕事を協働しておこなうことで、仕事に対する姿勢が変化し、組織づくりが促進され、学生が責任を持って関わるようになった。大学側は、学生委員会のどの下部組織がどの内容の業務を担当し、どこまで責任を負うのかという明確なラインを引いて、学生委員会に責任と権限を与えることができるようになる。

　学生組織を学部内の組織と位置づけるのに有効なものとして、何らかの事業の遂行について学生組織と契約関係を結ぶ方法がある。水光熱費の削減分の10分の1の費用を学生組織の活動費にあてている千葉商科大学の取り組みなどは先進的な事例である。対価をともなう仕事になることで、その活動に

もそれだけの重みが発生する。自分の役割に対して責任を全うすることへの自覚と、組織自体の存続のためにも契約関係は有効な方策のひとつと言える。

3　システムとしての教育の活用

　ISO14001の構成員の枠を教職員以外にも広げ、「学生の参画」を実現するには、一般の学生に対してISO14001の内容や自分たちに求められる行動について周知することが必要となる。教育機関がISO14001を運用するには、その機関の特性を生かして教育を実施することが最も確実で効果的であると考えられる。

　一般の学生が自覚して行動しなければならないのは、紙・ごみ・電気などを減らす手順であり、ISO14001の成り立ちやしくみ、環境方針や目的・目標を覚えておく必要は必ずしもない。これについてはISO14001規格要求事項4.4.2能力、訓練および自覚、4.4.6運用管理を参照してほしい。紙・ごみ・電気を減らすような日常生活レベルの行動手順は、今や多くの大学で作成されているだろうから、一般の学生にはその方法を周知徹底するだけでよい。環境マインドの創造など高尚な目的を掲げる大学や、ISO14001の成り立ちからしくみまで教える大学もあるが、挑戦することが難しすぎて、かえって紙・ごみ・電気を削減する日常生活レベルの行動ができないということになりかねない。

　ISO14001に取り組む大学のなかには、ISOの学生委員会の学生と一般学生との意識の違いを嘆く人が少なからずいるが、学生集団のなかにそのような意識の差があってもよいのではないか。たとえば、環境省の職員は環境問題の解決をめざして、世の中のしくみを政策として作る仕事をしているが、一般の人々には彼らと同じレベルの考え方や仕事は求められてはいない。世の中には環境問題だけではなく、福祉の問題は介護福祉士、景気の問題は経済アナリストなど、それぞれ専門家が問題解決のためにはたらいている。専門家でない一般の人々は決められたルールを理解し、守る程度でよく、専門家と同じ行動をする必要はない。それぞれの持ち場でそれぞれに求められている役割分担が果たせればよい。

大学では、学生が講義に出席し、ノートをとり、レポート提出やテストを受けて単位をとる。学生は単位を落とさないよう、最低限の勉強はする。そのため、一般学生が紙・ごみ・電気を削減するには、2コマ程度の講義で環境マネジメントシステムのルールを教えることも効果的な方法ではなかろうか。

一般の学生に、学生委員会に参加して活動してみようかというきっかけを与えるためにも、環境教育に関連する講義の活用は有効である。特に長崎大学環境科学部で、環境マネジメント論の講義の受講生のなかから学生委員会の有志が自主的に集ったように、獲得できるスキルやその活用目的が明確になっている講義を活用することは、学生にとっては受け入れやすいものとなる。

こうした授業を選択ではなく必修科目にしたり、現在の必修の授業にこうしたシステムを学ぶことができる内容を取り入れることで、より広く学生の構成員としての自覚と行動を促すことができるようになる。専門的な力を身につけスキルアップをめざす学生が毎年育成されるため、学生組織共通の課題である中心メンバーの不足という課題の解消にもつながる。

課題
1. 大学がISO14001を認証取得するとどういう利点があるか。
2. あなたの大学にはどのような環境側面があるかを網羅的に書き出し、そのなかから著しいものをピックアップしよう。

注

1　馬場俊幸・武政剛弘・江頭和彦「大学におけるISO14001認証の取得の現状と特徴」『九大農学芸誌』61巻1号、2006年、参照。

2　谷保暁子・酒井千絵・服部勇「ISO14001の認証取得の実情――企業と大学の実例――」『日本海地域の自然と環境』10号、2003年、参照。

3　私立大学環境保全協議会・ISO14000委員会『大学のISO14000』研成社、2004年、参照。

4　谷保らが実施したISO14001導入目的調査によると、「環境教育の充実(24%)」、「学生・教職員の意識向上(22%)」、「環境関係人材養成(12%)」など環境教育を

目的にしている大学が最も多い。意外に少ないのが「地球環境への貢献 (15%)」であり、「イメージアップ (11%)」、「近隣地域との共生 (6%)」など外部へのアピールと大差がない。「コスト削減 (2%)」や「法規制遵守 (2%)」はごく少数である。谷保暁子・酒井千絵・服部勇「ISO14001 の認証取得の実情——企業と大学の実例——」『日本海地域の自然と環境』10号、2003年、参照。

5　審査機関は2004年3月時点で40社あり、2003年3月時点で、日本環境認証機構 (6)、日本規格協会 (6)、日本品質保全機構 (4)、日本能率協会 (4)、ロイドレジスター (3) などが大学の審査をおこなっている（括弧内は審査大学実績、2件以下の審査機関は省略）。私立大学環境保全協議会・ISO14000 委員会『大学の ISO14000』研成社、2004年、参照

6　私立環境保全協議会の調査から平均を算出すると、3.5人のチームを10.4チームほどつくり、のべ8.1日かけて監査がおこなわれる。合計で教職員18.9人、学生6.7人が監査チームに加わって内部監査を実施する。チームの中に1人、外部の内部監査講習会を受講した人がいると、監査は滞りなくおこなわれる。私立大学環境保全協議会・ISO14000 委員会『大学の ISO14000』研成社、2004年、参照。

7　谷保暁子・酒井千絵・服部勇「ISO14001 の認証取得の実情——企業と大学の実例——」『日本海地域の自然と環境』10号、2003年。

8　清水耕平・中村修・山口龍虎・遠藤はる奈・渡邊美穂・後藤大太郎「高等学校における環境対策としての EMS に関する研究」『長崎大学総合環境研究』8巻2号、2006年。

9　武政剛弘・高良真也・中村修・田中正治・栄信歳・清水耕平・大山志乃・越智愛・河上博輝・永山一樹・成松悠太・渡邊由美子『環境報告書』長崎大学環境科学部、2005年本文中に登場した学生たちがつくった環境報告書。長崎大学環境科学部のホームページからダウンロードできる。

参考文献

1)　私立大学環境保全協議会・ISO14000 委員会『大学の ISO14000』研成社、2004年

　　大学における ISO14001 認証取得の教科書。34大学のアンケート調査を基に、9名の執筆者がそれぞれ中立な視点で執筆。本稿第1節を執筆する際、参考にした文献。

2)　三橋規宏『環境が大学を元気にする——学生がとった ISO14001 ——』海象社、2003年

　　大学における ISO14001 の構築事例が、わかりやすくまとめられている。元新聞記者の文章のため読みやすい。大学の具体的な事例、特に学生の成長が手に取るようにわかる。

3)　石井薫『環境監査』創成社、2002年

大学のISO14001および地方自治体の学校版ISOの事例が掲載されている。教育機関の環境マネジメントシステムをつかむならばこの本。監査の理論的整理もあり、ISO14001を使いこなして簡易なシステムをつくるならこの本で原理原則を抑えることもできる。

4) 玉川学園『ISO14001 玉川学園環境管理マニュアル』玉川学園出版部、2001年
ISO14001を幼稚園から大学まで全部まとめて認証した玉川学園の事例紹介本。マニュアルなどの文書類も掲載しており、これからISO14001を認証取得する事務局員の虎の巻として活用が可能である。

10 社会システムとして環境教育をとらえる

石川聡子

―― 本章のねらい ――

　本章では、環境について学ぶためのしくみづくりすなわち環境教育システムについて検討する。

　近年、持続可能な社会を実現するための社会制度の整備が喫緊の課題になっているし、国連・持続可能な開発のための教育の10年においても、国、自治体、地域あるいはコミュニティの各レベルでの環境教育がどのようであれば持続可能な社会づくりに寄与できるかが議論されている。いわゆる環境教育推進法においても自治体レベルでの環境教育施策の方針や計画が作成されることが求められている。

　近年このように環境教育が新たな局面へと転換しつつある一方で、1980年代後半に国レベルの環境教育政策において環境教育システムの構築の必要性が指摘されながらも、いまだ十分に実現できていないという古くて新しい課題がある。

　本章では、環境教育システムを社会システムとしてとらえてその基本的な考え方を整理し、環境教育システムの構成を提示するとともに、環境教育システムについての政策や先行研究の動向について紹介する。

1　環境教育システムとは

1　社会システムとは

　システムとは何だろうか。システムには生態系という自然界のシステムや人間界のシステムといった人工的なシステムもある。人間界のシステムとは、政治、経済、教育、医療、福祉などの社会システムや情報処理システムなどのことである。社会システムという用語は、社会という概念に対比させてパーソンズなどの機能主義の立場に立った社会学者が用いたものである。社会が自給自足によって包括的なまとまりをもつ単位である一方、社会システムはその社会において特定の機能を持つ部分的なシステムである。社会システムは、政治、経済、教育をはじめとする社会における特定の機能に関わってひとつの単位になっている（富永、1995）。社会システムは、政治システム、経済システム、教育システム、医療システム、福祉システムなどの複数の部分システムで構成されており、それぞれの部分システムはそれぞれ分化した機能を備えている。

　また、システムになっていない社会があるとすれば、そこでは人と人は個人の人格やアイデンティティで直接つながりネットワークをつくるが、シス

ティータイム

システムとは

　システムは、互いに関係し合う複数の構成要素の集まりである。その要素が互いに影響、関連、依存して複雑なシステムを形成している。
　アンダーソンとジョンソン（2001）はシステムを次のように説明している。
①システムのすべての構成要素はシステムの目的を実現するために存在している。
②システムのすべての構成要素はシステムの目的実現のために何らか秩序だっている。
③システムはより大きなシステムの中でそれぞれの目的を持つ。
④システムは変化と調整によって安定を維持する。
⑤システムはフィードバック機能を持つ。

テムになっている社会では、各主体は特定の目的を持って関わり合う。一般的に、政治システム、教育システムといった社会システムが設定するそれぞれの目的は単一的というよりは、階層的な構造からなる目的群と見なすのが妥当である。社会システムにおける人的ネットワークは、階層化した目的群に対応関係にある構造を持つと考えられる。

2 環境教育システム

　本章が取り上げる環境教育システムもこれらのシステムと同様に、まとまりを持った目的を実現することをめざしている。環境教育システムは、教育の社会的機能によって人を育て、組織を育てそして活動を育て、環境問題の解決あるいは持続可能な社会の実現に寄与する成果を出すことをめざす。この究極の目的をいきなり実現することは困難なので、ステップやフェーズをたどりながら計画を遂行し、下位目的からより上位の目的を構造的に達成することになる。環境教育システムがこの目的群を達成するには、環境や環境問題などの学習コンテンツやそのまとまりとしてのカリキュラム、教師やファシリテータなどのサポート役、学校内外のあらゆる場で学習する児童・生徒や市民などの学習者の存在が必要である。学習活動を計画どおりに進行したり途中で修正するプログラム、どんな成果が現れたかを確認する手だても必要である。これらは互いにばらばらではなく、つながりや決まりあるいはすじみちなどの秩序によって裏づけられている。

　環境教育システムが安定して存在を維持するには、システムのふるまいやはたらきを社会の状況に応じてダイナミックに変容させ、また外界や他者との対応を調整することが必要である。ある段階で得られたアウトプットをそれの原因であるインプットにフィードバックさせて、インプットの要素を調節する。

　環境教育システムは、広く教育システムのなかで見れば環境という特化したテーマを取り扱う小さなシステムと見なすことができる。環境保全システムとして見れば、規制や経済的措置とは異なる教育という機能によって、広く市民の資質の伸長と活用から環境保全の実現に近寄ろうとする小さなひと

つのシステムと考えられる。環境教育システムはより大きなシステムの一部分に位置づきながら独自の目的を実現しようとするのである。

2　地域での環境教育システム

1　身近な地域環境の学習

　前述した地域における環境教育システムをここではさらに地域社会システムとしてながめてみる。石戸（2003）は、教育システムを教授・学習関係において成立する社会システムととらえた上で、社会学者ニコラス゠ルーマンの構造的カップリング概念を拡張させて、教育システムと経済システム、教育システムと医療システム、福祉システムあるいは政治システムなどとの相互関係のあり方を論じている。これと同様に考えると、地域における環境経済システム、環境政策システム、環境法システムなどで構成される環境保全システムと教育システムを構造としてゆるやかに結合させて環境教育システムを創り出し、地域社会システムのなかに位置づけることができる（図10-1）。

　このように理論的に環境教育システムを想定することはできるが、私たちの生き方や生活に密接した身近な環境教育システムとはどのようなものにイメージできるだろうか。言い方を変えると、私たちの多くが日常的に環境教育システムを成り立たせる構成員であるような環境教育システムとはどのようなものかを考えようということである。

　私たちは、家族や他者、時間や空間、お金やものなどの諸環境にはたらきかけながら日常生活を営んでいる。だれも孤立しておらず、社会を構成する

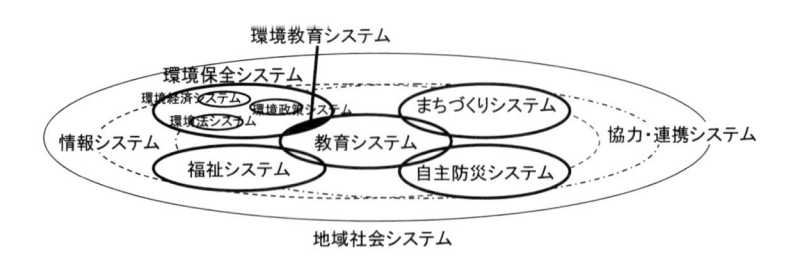

図10-1　地域社会システムとしての環境教育システム

何らかの組織や集団に所属し、そこで何らかの役割を果たしている。家族とはそのような組織の最小の単位であり、より大きな組織には国家や自治組織、企業などの経営組織、学校などの教育組織などがある。家族が営む家庭生活の舞台はおもに居住空間およびその周辺の区域である。本章では地域という言葉をそのような私たちの生活の足場である身近な区域のことを指して用いることにする。

環境教育の研究と実践では、多くの人々が環境について関心を持ち、環境について学び、働きかけをおこなうことがのぞましいという原理が一般的である。その根拠には、ベオグラード憲章 (1975) やトビリシ勧告 (1977)、テサロニキ宣言 (1997) などを代表的なものとしてあげることができる。高度科学技術社会に生きる私たちの多くは、日常生活を営むなかで直接的にあるいは間接的に、また意図してあるいは意図せずに何らかの環境影響を及ぼしているのだから、環境についての学習や保全への関与をみずからの社会的役割と認めて活動する主体が社会の中でより多数である方がのぞましい。

できるだけ多くの人がそのような学びや環境づくりに関わる場面として想定されるのは、そのような活動がその人の生活の足元である地域において展開される場面である。地域における環境の学習や活動で取り上げる内容は、原則的にはだれも見たことも行ったこともない遠い所で起きている事象や自分たちの眼で顕在が確認できない事象よりも、自分の地域で起きていて自分たちの眼で確認できる具体的な事象の方が扱いやすい。しかし、今日の環境問題が地球環境問題と言われていることは、大気や海洋に国境はなく、私たちが日常生活で排出した二酸化炭素などの温室効果ガスは地球規模での温暖化現象に影響を及ぼしていることを思い出せば容易に納得できる。私たちは直接見聞できないできごとや事象について、メディアを活用したり想像力や感受性を豊かにしたりすることで見聞の不足を補うことがある程度できる。したがって、地域の環境やその問題を自分たちの問題として地域の学習や活動で扱うことは理にかなっているが、より広く地域を経て地球規模の環境やその問題まで視野に入れて活動することができればよりのぞましい。

2 市民の主体性

　前の節で触れた温暖化防止のための温室効果ガスの排出量の削減の施策を取り上げて、地域の人々の環境の学習や保全活動の主体性についてもう少し話しを続けよう。これについては、国レベルの京都議定書の6％削減約束を受けて、多くの広域自治体が独自に削減のための数値目標の設定作業を進めつつある。さらにその動きを受けて、基礎自治体にも同様の数値目標の設定の作業動向があり、筆者の住む基礎自治体でも大阪府の立てた目標を参考に今後市域での数値目標の設定に取りかかる計画があると聞いている。市の数値目標が具体的に決まれば、市域を区分する校区コミュニティや自治会レベルあるいは家庭レベルにおける何らかの自主的な取り組みが数値目標の設定はともかく施策に位置づいて求められることになると考えられる。その時に、地域環境教育システムの稼働具合、市民の活動参加の主体性の成熟度、市民の施策の受容態度の柔軟性などが関係して、地域における二酸化炭素削減の取り組みは地域環境教育システムにとっての学習課題に値するかどうかが市民によって判断されるであろう。

　地域における環境教育システムはたしかに、自分たちの地域の環境をよくすることについて市民が学び、学んだことを活かして実際によりよい地域環境をつくることを実現するしくみであるが、システムにおける意思決定は参加する人々の主体的な判断による。地域環境教育システムは、その地域の主役である地域に暮らす市民みずからがデザインし、実際に作り、動かすものである。したがって、自分が直接あるいは間接に排出した温室効果ガスが自分の地域に直接の負荷を与えるのではなくても、この課題を自分たちの問題と地域で受け止めて合意が成立すれば、地域環境教育システム上で温暖化防止に向けた学習を展開することが可能なのである。

　学習や保全の活動のシステムの実現が人々の主体性次第であるということは、一旦立ち上げた環境教育システムを廃止することも、そこから退くことも個人の自由である。意見の対立など人間関係で嫌な思いをした、組織としての意思決定に賛同できない、活動がおもしろくないなどさまざまな理由で活動から離れる人がいても、それを引き留める強制力も何もない。だからこ

そ、多くの人々が地域の環境教育システムに参加できるためのミッション、目標設定、得られる成果に工夫と魅力が求められる。地域に健康被害などのリスクを受ける可能性のある環境問題が生じた時に、環境教育システムで問題とその解決の手だてについて学び、問題解決に対応した実績があっても、問題解決とともに学習の継続を止めてしまうこともあれば、福祉やまちづくろなどの環境以外のテーマに地道に継続的に取り組む地域社会システムの実績を環境教育システムにうまく適用させることもできる。

このように環境のテーマに限ることなく他のテーマにおいても、自分たちの生き方や生活の基盤である地域社会を自分たちの手でよりよくするために、主体的に地域のシステムを意識しながら活動できる人々のことを市民と呼びたい。市民の環境保全活動のテーマには、日常的なものから専門性が高く国や国際レベルの政治判断が求められるものまであるが、特定の専門性を持たない多くの市民は身近なテーマに取り組み、専門性の高い市民は地球レベルのテーマに取り組むという差別化を図ることを意図しない。専門性の高い特定の活動に取り組んでいる市民であっても、自分の足元の地域活動を他者に任せずに地域の人々とともに活動することがのぞましいのは言うまでもない。

3　地域自治のシステム

市民の主体性を根拠にした地域環境教育システムとは、いわば地域自治のしくみのひとつといってよい。地域自治とは、地域のことを地域みずからが決めることであるから、地域自治のシステムとは、それをみずからが実行するシステムということになる。

ここで地域の範囲について言及しておく。上述にあるように、市町村という基礎自治体よりももう少し面積の狭い学校区や連合自治会域あるいはコミュニティなどの地域が望ましい。これらの区域を活用するのは広さの点からだけなく、これらの既存の行政区を活用することで既存の地縁組織と活動に共通部分を持たせる可能性が生まれるからである。また、地域を流れる河川についての学習や保全活動など、テーマによっては流域という地域特性が

加わるので、必然的に地域環境教育システムがカバーする地域もこれに応じることになる。

3 環境教育システムの構成

1 環境教育システムの下位システム

環境教育システムが特定の機能を持つ地域社会システムであることを前節で説明した。その機能とは、環境保全システムと教育システムそれぞれの分化した機能の結合であった。教育を土台にして環境保全にはたらきかけるしくみ、環境保全をおこないながら教育にはたらきかけるしくみ、これら両者の連鎖のしくみが環境教育システムである。さて、この環境教育システムをその機能ごとに分けて、5つの下位システムで構成することができる（**図10-2**）。

1つめの下位システムは環境教育プラットフォームである。地域における市民の学習行為を展開する地域環境教育システムの基盤である。2つめの下

下位システム③：相互作用システム
（利害関係者間の相互関係やコミュニケーション、媒介としての学習プログラム）

下位システム⑤：人材育成システム
（学習による市民の成長とその過程の確認）

下位システム②：心理・認知システム
（理解や感受性の深化、態度や価値観の変容などの自己言及）

学習者の成長

下位システム④：マネジメントシステム
（PDCAサイクルによる学びと活動の運営と改善）

プラットフォーム

下位システム①：環境教育プラットフォーム
（市民の学習を展開する共通基盤である組織や場のダイナミズム）

図10-2 環境教育システムの構成

位システムは心理・認知システムである。これは学習者個人の自己システムであり、環境やその問題についての理解や気づきの深まり、それらによる態度の変容や価値観の取捨選択などの情報処理や自己決定のシステムである。3つめの下位システムは相互作用システムである。環境のあり方や顕現化している環境問題をめぐる利害関係者などの間の相互作用のしくみである。環境コミュニケーションのシステムや、利害関係者間を媒介する情報コンテンツや学習プログラムもこのシステムの一部である。4つめの下位システムはマネジメント・システムである。学習行為や環境の運営や維持といった保全行為の運営や改善をPDCAサイクルでおこない、さらに両方の行為を独立ではなく相互の影響力を強化するように互いを連鎖させて、効果の確認をおこなうしくみである。5つめの下位システムである人材育成システムは学習者個人の資質の成長を促す。

　それぞれの下位システムについて次の節でもう少し詳細に説明し、その後で各セクション間の関連性について述べる。

2　環境教育プラットフォーム

　環境教育プラットフォームとは、地域環境についての学習活動や保全活動を実現するために地域の主体組織が提供するプラットフォームとそのしくみである。そこでの社会的活動は個人の行為として展開されるだけではなく組織としての行為として取り組まれることが理想的でありまた一般的である。学習活動のためのプラットフォームは地域におけるフォーマル・エデュケーション、ノンフォーマル・エデュケーション、インフォーマル・エデュケーションのあらゆる形態において設定される。コミュニティにおいてもサイトとしての学校においてもそれぞれの主体組織がプラットフォームを運営し、環境教育およびそれに関わる教育政策や環境政策を推進する。

　環境教育プラットフォームは、環境教育推進のミッションの遂行に向かって、組織における意思決定や活動の成果などを有意味に関連させるフレームやスキームを備えながら、それらに作用する要素群の秩序や相互影響、フィードバック機能を実現する。環境教育プラットフォームを簡単な表現で言い換

えるならば、環境教育活動を実現するしくみを持った場ということになる。

3　心理・認知システム

　学習者の環境やその問題についての理解の深まり、気づきや感受性の高まり、社会的状況への行動パターンの適応、価値観の取捨選択などの情報処理や自己決定のシステムである。わかりやすく言うと、私たち一人ひとりの頭と心の中のはたらきということである。

　ベオグラード憲章やトビリシ勧告で立てられた環境教育の目標群を段階的構造に作り直した学習モデルがある[1]。環境教育の段階的目標と称して、第1段階としての関心（親しむ、気づく）、第2段階としての理解（知る）、最終段階としての行動（実践する、守る）というラダー・モデルである（図10-3）。これは、環境やその問題に対する関心や気づきが学習者の態度変容に影響を及ぼし、そこに価値観の転換などが作用するなどしてこれまでとは異なる行動や新規の行動を取るという心理システムあるいは認知システムである。

　その一方で、このモデルどおりに階段を一直線に登るというよりも、学習者は周囲の状況や文脈に適応するなかで新しい行動パターンを発見したり修正したりすることもある。その場合には階段を行きつ戻りつすることもあるだろうし、この階段の順序にはあまり意味がないかもしれない。自分にとって身近な地域環境やそこに生じている問題に対して自分はどのような行動パターンを取ることで地域の状況に適応しようとするか、換言すれば地域の状況に応じた適切な行動パターンを選択できるための学習が必要となる。環境教育プラットフォーム上で、何について、どのタイミングで、どの利害関係者と、いかに学ぶのがよいかという学びの進め方を含めて地域環境について学ぶのである。心理・認知システムは学習者個人の内面のメカニズムであり、他者の心理・認知システムとも環境教育プラットフォームを通して相互作用している。

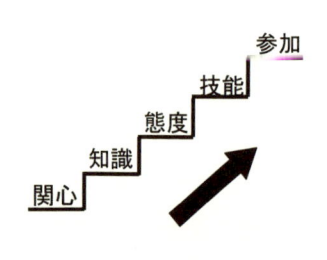

図10-3　環境教育目標のラダー・モデル
（関心→知識→態度→技能→参加）

4 相互作用システム

　相互作用システムは、環境教育プラットフォーム上および他プラットフォーム間とのシステム要素同士の相互作用のしくみである。プラットフォームで環境教育活動に参加する市民、地域環境をめぐる利害関係者間の社会的関係やコミュニケーションはこれに当てはまる。学習の対象となるプログラムや市民の間で交換したり交流したりする情報や知恵も相互作用システムを構成する要素の一部である。学習プログラムは市民同士の共通理解や共感の醸成だけでなく、環境教育システムと環境保全システムを結びつける媒介にもなる。プログラムで学習した内容を保全活動場面に移して実践したり、その逆の橋渡しをしたりする。

　また、これら以外に地域環境に関わる事物や現象あるいは活動資金などのリソースも相互作用システムの要素となりうる。地域通貨を相互作用の補強のためのツールとして環境教育プラットフォームに組み入れることで、人と人とのやりとり、そのやりとりで行き来するものや情報を促すことなどが考えられる。組織内外のシステム要素間の相互関係がシステムとして作用する時、相互作用システムが成り立つと考えられる。

5 マネジメント・システム

　環境学習活動と環境保全活動の両方をPDCAサイクルでマネジメントするしくみである。目標とそれを実現する方法を決め、それにしがたって実行し、実行が計画どおりおこなわれているかを把握し、計画の達成具体を判断し、次の計画に反映し改善を図る。学習活動のマネジメントとは、学習者が「どのように学ぶかを学ぶ」あるいは「学び方を学ぶ」ことも含めて、学習活動をデザインし、遂行することである。学習によって何を明らかにしたいのか、そのためにはどのような方法で学習をすすめるのか、知りたいことを得るための情報はどこにあるのか、その情報にはどのようにアクセスできるか、学びの手だてや道すじをデザインし学習をすすめる。進み具合について自己評価あるいは他者評価を取り入れて見直し、修正も加えながら学習を展開していくのである。

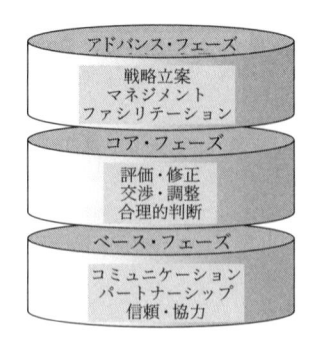

6 人材育成システム

環境教育システムにおける市民の資質の育成すなわちキャパシティ・ビルディングを担う部分が人材育成システムである。人材育成システムにおいて伸ばしたい市民のキャパシティを3つのフェーズで表すことができる（図10-4）。基本となる資質（ベース・フェーズ）には、他者とコミュニケーションができパートナーシップが取れること、さらに信頼関係が築け、互いに協力できることである。次に、育成したいキャパシティの核（コア・フェーズ）に位置づくのは、学習や活動を評価し修正をおこなうスキル、利害の調整や異なる意見を持つ他者との交渉、そして科学的・合理的判断とそれに基づくアクションである。さらに高度なキャパシティ（アドバンス・フェーズ）には、学習と保全活動を連鎖させる戦略の企画力、活動を運営するマネジメント・スキル、交渉や調整のスーパーバイザーに必要なファシリテーションである。

人材育成システムは、これらの段階的目的の実現に向けて、環境教育プラットフォームにおける人材育成の計画・実行・修正を学習と保全の活動の進捗状況や成果に応じておこなう。

図10-4 市民のキャパシティ・フェーズ

4 環境教育システムの研究と政策の動向

1 環境教育システムをめぐる政策の動向

本書が注目している環境教育システムという用語は、1980年代から今日に至るまで複数回繰り返しながら国レベルの環境教育政策で議論され、用いられてきた。したがって、この用語は筆者の造語でも本書が初めて用いる用語でもない。ただし、旧環境庁は環境教育システムという用語を用いてはいるものの、その用語の定義や環境教育システムのフレームワークなどの具体像は十分明らかに示していない。

しかしながら、環境教育システムという用語を用いていることから推測で

10 社会システムとして環境教育をとらえる 191

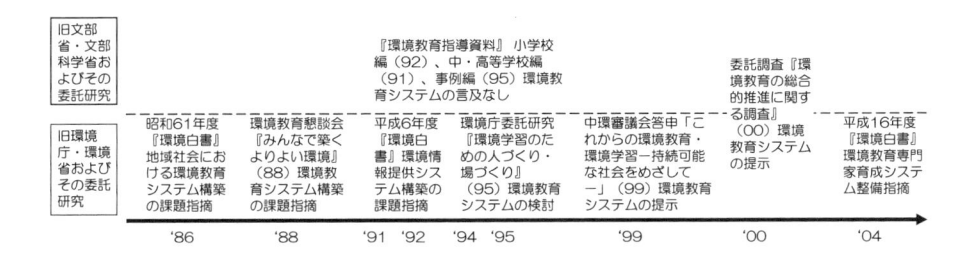

図10-5 国レベルの環境教育システムの動向

きることは、環境教育をひとつのシステムとしてとらえる見方があるということである。そこで国や地方自治体レベルでの政策において、環境教育システムがどのように示されているかを紹介する(図10-5)。

日本の環境政策の課題として環境教育システムの構築が初めて指摘されたのは、1986年度の環境白書においてである。同書において、「昭和61年度において講じようとする公害の防止に関する施策」の「環境教育の推進」の項のなかで、「地域社会における環境教育システムの在り方等について基本に立ち返った検討を進め、環境教育の積極的な推進に資する」とある。これを受けて1986年に旧環境庁の委託によって環境教育懇談会が設置された。同懇談会は1988年に報告書『みんなで築くよりよい環境』を発行しており、そのなかで環境教育についての課題を指摘した。すなわち、環境教育の基本的考え方、生涯学習・環境科学の視点からの環境教育の推進、国際協力、情報提供ネットワークの構築、環境教育のための拠点づくり、民間活動の支援体制、環境教育モデル事業の実施などに加えて、環境教育システムの構築である。この一連の政策動向は、環境教育システムと言う用語を初めて採用したという点でメルクマールではあるが、しかし、環境教育システムの内容が具体的に検討されることはなかった。

続いて1994年度の環境白書では環境情報提供システムの構築の必要性が明記されたが、これは環境をコンテンツとする情報システムの指摘であって環境教育システムそのものについてではない。

その後1998年7月に中央環境審議会に諮問された環境教育・環境学習の推

進方策のあり方に対して、同審議会は1999年12月に「これからの環境教育・環境学習―持続可能な社会をめざして―」を答申した。この答申では環境教育システム全般と環境教育推進の個別方策に特化した部分的な環境教育システムの構築を課題として示している。同審議会が環境教育システムについてどのような関心を持っていたかを概観するために、同答申に記された環境教育システムをまとめる（表10-1）。ここでは環境教育システムという用語そのものは用いられていないが、たとえば「環境教育・環境学習を推進するための仕組み」「体系的かつ総合的な環境教育・環境学習を着実にすすめることが可能となるような効果的な仕組み」などと表現されている。しかし、このようなしくみがどのような構成やフレームワークを持つものなのか、また答申のなかに散見される個別方策における部分的な環境教育システムはそこにどのように位置づくのかは示されていない。つまり、環境教育システムを全体的システムと個別テーマごとの部分的システムとに分節してとらえることはしたものの、それらを構造としてまとまりのあるシステム像として十分表現できているとは言いがたい。

表10-1　中央環境審議会答申における環境教育システム

テーマ	システムの概要
システム全般	連絡会議の設置、人材育成・登録制度、基金の設置、人材・学習施設等の情報整備など環境教育・環境学習を推進するしくみ
	体系的かつ総合的な環境教育・環境学習が可能なしくみ
	環境教育・環境学習の理念の普及・推進のしくみ
情報	環境情報・環境学習情報の提供・共有システム
	高度通信情報システム
	中長期的な環境教育・環境学習の効果を把握する情報収集システム
人材育成	シルバー層の人材育成のしくみ
	推進役の人材育成のしくみ
連携・協働	多様な人材が連携・協働できるしくみ
	連携をコーディネートするしくみ
態度変容の評価	人々の理解や行動の変化を継続的に把握するシステム
	行動の変容（の効果も含む）を支える社会的なしくみ
マネジメント	企業の環境マネジメントシステム
個別テーマ	エコラベル制度やグリーン購入などのしくみ
	アジア太平洋地域の連携のしくみ

社会システムとしての環境教育システムは環境問題の改善や解決という目的の実現に向けて意図的にデザインし創り出された人工的なシステムであるから、システムのアウトプットとしての成果や効果の質と量が問われる。近年のように地方自治体への交付金が削減され多くの自治体の予算配分が削減されているなかで、施策としての環境教育事業が実施されるとなると、費用対効果の観点から環境教育のあり方が評価される可能性も当然考えられる。この点からも、環境教育活動の効果を確認し改善する手だてがシステムに組み込まれることは必要十分条件だろう。けれども、このような学びのマネジメントは提示されてはいない。また、学習者の行動の変化を継続的に把握するシステムがあげられているが、学習者の行動変容を継続的に把握したところで、その変容が環境教育活動の改善にフィードバックされるしくみが組み込まれていなければ、現状把握の反復あるいは蓄積にとどまってしまう。中長期的な環境教育の効果を把握する情報収集システムについても、教育効果を把握するシステムではなく効果把握のための情報収集システムであるところに不十分さが残る。情報収集するしくみではなく、効果をすくい上げ確認するしくみが必要なのである。すなわち、環境教育・環境学習を作りながら学ぶ市民みずからが自分たちの教育活動の効果を評価し、評価結果にもとづく教育活動・学習活動の見直しをおこなうというマネジメントのしくみの描かれ方が脆弱なのである。

2　環境教育システムをめぐる先行研究

　ここではおもに、環境省(旧環境庁を含む)および文部科学省(旧文部省を含む)による委託研究において、環境教育システムについてどのような研究成果が生み出されたかを紹介する。

　旧環境庁は1990年度から3カ年にわたって「子供たちに対する環境教育の充実に関する体系的調査」という研究の委託をおこない、その報告書として1995年に『環境学習のための人づくり・場づくり』が発行された。この報告書のなかで環境教育システムについての検討がなされているが、環境教育システムそのものの定義づけを確認することはできない。今から10年以上前

に発行されておりやや古めの感はあるが、環境教育システムについての議論がなされたという点で有意味な先行研究と評価できる。このなかで紹介されている行政主導による西宮型環境学習システムには、学習者の自主性を促進するしくみ、活動の継続性を確保するしくみ、学習者間が双方向につながるしくみなどの複層的なサブシステムが構築されている[2]。

また、1997年度から3年間にわたり旧環境庁と旧文部省共同の委託調査「環境教育の総合的推進に関する調査」が実施され、その報告書「平成11年度環境教育の総合的推進に関する調査報告書」が2000年に発行された。この報告書では、地域における環境教育・環境学習の総合的推進に向けたアクションプランを8つのテーマから構成し、各テーマに下位目標を設定している（図10-6）。

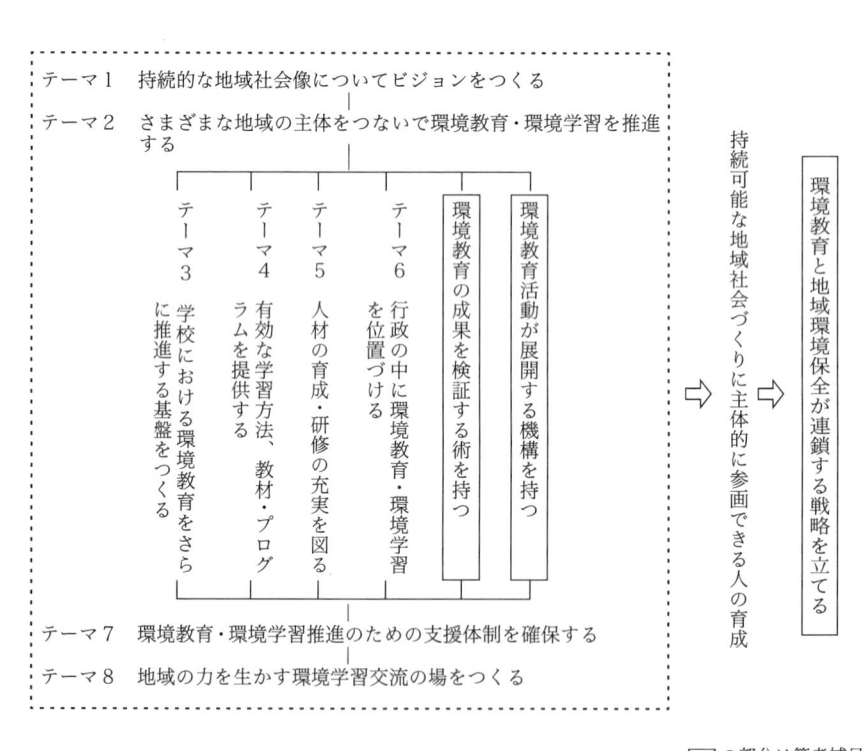

```
テーマ1  持続的な地域社会像についてビジョンをつくる
テーマ2  さまざまな地域の主体をつないで環境教育・環境学習を推進する
         ├ テーマ3  学校における環境教育をさらに推進する基盤をつくる
         ├ テーマ4  有効な学習方法、教材・プログラムを提供する
         ├ テーマ5  人材の育成・研修の充実を図る
         ├ テーマ6  行政の中に環境教育・環境学習を位置づける
         ├ 環境教育の成果を検証する術を持つ
         └ 環境教育活動が展開する機構を持つ
テーマ7  環境教育・環境学習推進のための支援体制を確保する
テーマ8  地域の力を生かす環境学習交流の場をつくる
```

⇒ 持続可能な地域社会づくりに主体的に参画できる人の育成 ⇒ 環境教育と地域環境保全が連鎖する戦略を立てる

☐の部分は筆者補足

図10-6　環境教育システムとしての環境教育の総合的推進

この報告書では環境教育システムという用語は用いられていないが、地域における環境教育・環境学習の総合的推進に向けたアクションプランの全体像とプランを構成するテーマおよびその下位目標からなっており、アクションプランそのものをシステマティックな構造、各テーマはその部分的なシステムと読み取ることができる。

ところで、環境教育・環境学習の総合的推進のためのこのアクションプランをより包括的な環境教育システムに充実させる点があることを指摘しておきたい。それは、図10-6のなかの実線の四角で囲んだ部分であり、ここは筆者が補足・加筆した部分である。つまり、環境教育の成果を検証する手だてそして環境教育活動をマネジメントするプラットフォームが不十分である。後者については、テーマ3に学校での環境教育の推進基盤の整備が指摘されているが、学校外の地域にも必要である。さらに、単なる「交流の場」(テーマ8)ではなく、地域として何について学ぶか、どう学ぶかということを決める手続きやルールづくり、そのルールにもとづいた意思決定をおこなうためのプラットフォームをもっと積極的に描きたい。そして、戦略として環境教育活動と環境保全活動を連鎖させて、より完成度の高い環境教育の総合的推進が理論的に提示できると考える。

5 本章のまとめ

本章では、地域における環境教育システムについての基本的な考え方を提示した。環境教育システムを社会システムとみなしその特徴をまとめた。地域環境教育システムは、身近な地域環境について市民が主体的に学び、学んだ成果を地域環境の保全活動に連鎖させる地域自治のしくみである。

さらに、国レベルでの環境教育政策において環境教育システムの構築の必要性がどのように議論されてきたかについて紹介した。また国内の主要な環境教育研究の先行研究においても、環境教育の評価や活動のマネジメントのシステムについての議論が網羅的に検討されることはなく現在に至っていることが明らかになった。

| 課題 | 1. 環境教育を社会のしくみととらえることの特徴を考察しよう。 |
| | 2. 自治とはどういうことか、自分のことばで説明しよう。 |

注

1　日本環境教育フォーラム（2000）は『日本型環境教育の提案』のなかで環境教育の段階的目標と称して、第1段階としての関心（親しむ、気づく）、第2段階としての理解（知る）、最終段階としての行動（実践する、守る）というラダー・モデルを提示している。日本生態系協会（2001）『環境教育がわかる事典——世界のうごき・日本のうごき——』もベオグラード憲章の6目標を「目標段階」と説明しているし、広島県発行の『はじめての環境学習「ゴミ・廃棄物」体験型環境学習ハンドブック——子ども向けアクティビティ集——』(2000)、福井県発行の『環境学習ガイドブック』(2000) も同様に環境教育の目標を段階としてとらえている。

2　このシステムについて小川雅由が「行政における実践例——西宮型環境学習システム「2001年・地球ウォッチングクラブ・にしのみや」で紹介している。また、このシステムについて拙論「NPO主導型環境教育システムの発展ステージの評価ガイド構築」『環境情報科学論文集』18、2004で分析している。

参考文献

1) 石戸教嗣「教育現象のシステム論」勁草書房、2003年
　　ルーマンの教育システム論に間接的に触れながら、日本の教育の現状をシステム論の視点でとらえる知的作業の経験ができる。
2) 環境庁環境教育懇談会編「「みんなで築くよりよい環境」を求めて」1988年
　　旧環境庁に設置された環境教育懇談会が出した報告書。環境教育を推進するための国の役割をまとめた。これを受けて、翌年環境教育専門官が設置され、平成2年版環境白書から「環境教育の推進」の項が新設された。
3) ㈳環境情報科学センター、東京学芸大学環境教育研究会「平成11年度環境教育の総合的推進に関する調査報告書」2000年
　　これまでの環境教育の施策や実践の動向を見すえて、今後のあり方をアクションプランのかたちで提案しており、環境教育の研究をする方は必読されたい。
4) 富永健一『行為と社会システムの理論』東京大学出版会、1995年
　　おもにパーソンズとルーマンの社会システム論について、また社会学における社会システム理論の流れを知ることができる。

11 持続可能な開発のための教育の地域展開

新田和宏

本章のねらい

　本章は、環境教育と ESD（持続可能な開発のための教育）との関係について、その本質論的な考察を踏まえながら、環境教育の「解体再構築」を試み、ESD に対応する新世代の環境教育の方向性を明らかにする。また、コンピテンシー教育の視点から ESD の存在意義（レゾンデートル）をとらえ返しつつ、ESD の全体的な体系を明らかにし、ESD の地域実践の然るべき方向性を示すことにねらいを定めている。こうして、本章は、環境教育と ESD との関係について、一応の「決着」をつけようとする。

1 従来の環境教育

1 従来の環境教育の基本的構成

ESD の登場をきっかけに、「自然体験学習をいくら積み重ねても、持続可能な社会は創れない」という指摘が、環境教育を実践する経験豊富な当事者から発せられるようになった。この鋭い指摘は、従来の環境教育の限界に対する不満を率直に表現しているが、それ以上に行間には、環境教育の見直しを迫るとともに、環境教育に代わる ESD に対する熱い期待が込められている。それにしても、「自然体験学習をいくら積み重ねても、持続可能な社会は創れない」という指摘は、環境教育に対して極めて大きい波紋を生じさせる。「そもそも、環境教育は、持続可能な社会を創ることを、その教育の目標（ゴール）に掲げていたはずではなかったのか？」。「それでは、一体、環境教育は何を目標に実践されてきたのか？」。「環境教育は目標を達成するための手段を取り違えてきたのか？」。「何故に、環境教育は、持続可能な社会を創れなかったのか？」云々。本章は、「自然体験学習をいくら積み重ねても、持続可能な社会は創れない」、というこの指摘を手掛かりに考察をスタートしよう。

広く知られているように、自然体験学習は、今日における環境教育の主流をなしている。その自然体験学習をいくら積み重ねても、環境教育の目標である持続可能な社会が創れないということは、一体どういうことなのだろうか？ 実は、この問題は、自然体験学習のみならず公害教育や自然保護教育を含めて従来の環境教育における基本的な構成に起因しているものと考えられる。それ故に、まず、従来の環境教育の基本構成を明らかにしなければならない。

従来の環境教育、とりわけ、自然体験学習は、自然観察やネイチャー・ゲーム、散歩、ナイト・ハイク、ネイチャー・スキー、トレッキング、キャンプ、林業体験、生活体験、ビオトープ、ネイチャー・フォート、まち探検、および冒険活動などのアクティビティをツールとして用いながら、「体験学習」もしくは「参加型体験学習」という教育手法を通じて、自然や環境を大切に

する心や感性を涵養し、それを起点に環境問題や自然保護・環境保全に対する興味と関心を刺激し、また自然や環境を守る人間関係やネットワーク構築の重要性への気づきを学習者にインプットしてきた。

そして、従来の環境教育は、アウトプットされてくる学習結果を基にしながら、学習者にたいし、節電や節水および省エネに努めたり、ごみの分別収集やリサイクル活動に協力したりするなど、身近なところで環境に配慮した生活を心がけるよう、行動変容を促してきた。要するに、従来の環境教育は、個人レベルにおける環境パフォーマンス（業績）の向上、就中、環境に優しく配慮する環境マナーの向上という行動変容を促してきたわけであるが、この環境マナーの向上こそ、従来の環境教育が期待するアウトカム（成果）なのである。そして、環境マナーを身に付けた個人が大勢集積することにより所期のインパクト（影響）が放たれ、それにより持続可能な社会が創られると、従来の環境教育は考えたわけである。それを図式化すると、**図11-1**のようになる。

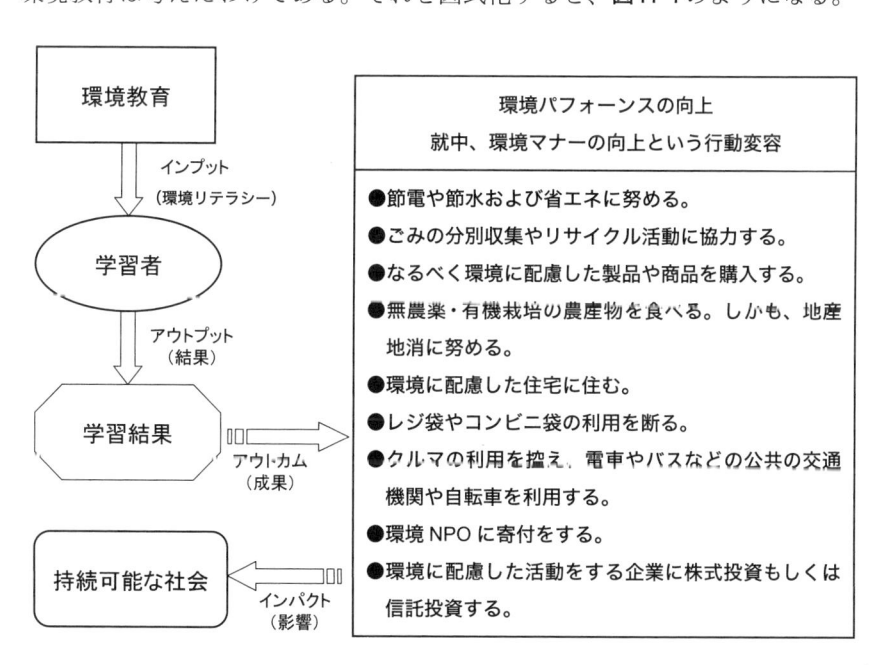

図11-1　従来の環境教育における基本的構成

ここでは、インプット段階でアクティビティが突出し、体験それ自体が自己目的化したり、あるいは環境マナーの向上という成果を追求するあまり、プログラムの流れからすると、環境マナーの向上を訴えるメッセージが空疎な響きとして聞こえたりする自然体験学習における固有の問題点を、取り上げようとするのではない。それはプログラム編成上のいわば小さな問題にすぎず、容易に修正できる。むしろ、問題は、従来の環境教育における基本的構成の在り方、言い換えれば、環境教育のインプット→アウトプット→アウトカム→インパクトへと流れる「物語」の在り方にある。ここに、実は、「自然体験学習をいくら積み重ねても、持続可能な社会は創れない」、「何故に、環境教育は、持続可能な社会を創れなかったのか？」という問題の本質が隠れているのである。

2　持続可能な社会を創れない限界

　従来の環境教育において、教育者が学習者へインプットする内容は、環境リテラシーであった。リテラシーとは、何も、読み・書き・算盤あるいはまたパソコンや英会話といった基本的なスキルを意味するだけではない。リテラシーとは、ある社会を構成するメンバーにたいして、当該社会とその時代に適応すべく、身に付けることを要請する基本的な素養や価値観、態度、知識、理解、認識、スキルのことである。したがって、リテラシーは、社会と時代に応じて、当然、その内容を変えるものである。環境リテラシーは、そのようなリテラシーの一部である。先に示したように、環境リテラシーは、自然や環境を大切にする心や感性、環境問題や自然保護・環境保全に対する興味と関心、および自然や環境を守る人間関係やネットワーク構築などである。その意味では、従来の環境教育は、いわば環境リテラシー教育であったといえる。

　従来の環境教育は、環境リテラシーに関することとして、教育者が学習者にたいし、これだけは「感じて欲しい・大切にして欲しい・知って欲しい・理解して欲しい・考えて欲しい・共感して欲しい、そして共有して欲しい」という教えの意欲を基に、教育プログラムやアクティビティ、教材やコンテ

ンツ、そして教育指導上のノウハウや手法、とりわけ「体験学習」もしくは「参加型体験学習」という教育手法を開発しながら実践してきた(インプット)。そして、学習者や学習者どうしが、「感じた・大切にしたい・知りえた・理解した・考えた・共感した、そして共有した」ことをもってして、従来の環境教育すなわち環境リテラシー教育は、一定の目的を達成した(アウトプット)。

さらに、従来の環境教育は、学習者が習得した環境リテラシーを踏まえつつ、学習者が身近な生活の場面において、図11–1で例示したような環境パフォーマンス、就中、環境マナーの向上をめざすように、行動変容を促した(アウトカム)。これが学習の一般化もしくは社会化という手順に相当する。しかしながら、求める行動変容が学習者の生活レベルに関わる細かいことであるゆえに、環境マナーの向上という行動変容は、実際のところ、自律した個々の学習者における「自己責任」の範疇の課題であった。したがって、従来の環境教育は、本来的に、環境リテラシーのアウトプット段階までが限界であり、その先は、確証の得られない学習期待なのである。従来の環境教育にとって、環境マナーの向上というアウトカムは、結局のところ、あくまでも期待にすぎない。ゆえに、従来の環境教育は、未完の環境マナー教育だったともいえるだろう。

もし、本当に、従来の環境教育がアウトカムに熱心であるならば、次の点にこだわるべきなのである。たとえば、環境家計簿というツールを用い、節電・節水、有料ごみ袋購入費、ガソリン代、グリーン調達比率などの環境パフォーマンスを測定し、これに基づきながら、総じてアウトカム・レベルにおける評価をおこなう。しかしながら、従来の環境教育は、こうしたアウトカム評価にたいして、消極的であるか曖昧であった。従来の環境教育がアウトプット・レベルの学習評価や指導者評価やプログラム評価に寄与してきたとしても、アウトカム評価にたいしては課題を残してきた。

それから、環境マナーを身に付けた個人が大勢集積することによって、持続可能な社会が創られると想定されても、それはさらなる淡い期待にすぎない(インパクト)。教育実践者が自覚していたかどうかは別としても、持続可能な社会を創るという点について、従来の環境教育は、環境マナーの良い個々

人が集積することによって持続可能な社会が形成しえるという、素朴な「方法論的個人主義」に基づく「社会名目論」に立脚していたといえるだろう。

なお、いままで定義せずに使ってきた持続可能な社会について、簡単に触れておきたい。それは、基本的に、平和的生存をベースに据えながら、いわば Win- Win- Win アプローチというべき、環境保全と経済開発と社会開発もしくは社会保障の共立を試み、また市民の参加や協働に基づくグッド・ガバナンス（健全な統治）により構成される社会であるといえる。換言すると、持続可能な社会は、誰もが平和のうちに生き、それを土台に、環境を保全していくなかで経済の発展をはかり、なおかつ人権や雇用や福祉や教育を保障し、またスポーツや文化・芸術を充実させながら、「生活の豊かさ」の実現をめざし、市民の参加や協働が当たり前の政治・行政によって成り立つ社会といえる。したがって、持続可能な社会においては、環境マナーという徳性や行動様式が求められるものの、必ずしも環境マナーを身に付けた個人が大勢集積しただけで、持続可能な社会が形成されるわけではない。また、持続可能な社会は、「循環型社会」や「環境配慮型社会」という意味合いを含みつつも、必ずしもそれらと同義語ではない点を確認しておく。

2 持続可能な社会を創る「社会形成能力」を育む

1 ESD コンピテンシー教育

それにしても、従来の環境教育は、何故に、持続可能な社会を創れなかったのか？　もう少し、この点に関して考察を進めてみると、問題の核心は、インプットの中身にあったといえるだろう。

リテラシーに対して、コンピテンシーという考え方がある。コンピテンシーとは、ことのほか、成果（アウトカム）を重視する。コンピテンシーの立場からすると、学習者が「感じた・大切にしたい・知りえた云々」というアウトプット・レベルにおいて、教育の目的が成就されたとは決して考えない。要するに、認識や理解だけでは終わらないのがコンピテンシー教育である。コンピテンシー教育によって求められるのは、期待すべき成果を着実に実現するための能力である。ただし、コンピテンシーが成果を重視するからといって、プロ

セスを軽視するわけではない。むしろ、成果を重視するがゆえにこそ、その成果に至るまでのプロセスも重視される。かくして、コンピテンシーとは、成果とプロセスを重視した、価値観、態度、認識、知識、スキル・技能、思考特性および行動特性という実践的な能力（ケイパビリティ）の総体のことである。リテラシー教育が既存の社会と時代に適応するための能力開発を目的にするのにたいし、コンピテンシー教育は新しい社会と時代を創造するための能力開発を目的とする。

　それでは、従来の環境教育にとって、成果重視のコンピテンシー教育は意図されていたのか？　それは、いままでの考察から明らかなように、十全に意図されてきたものとはいえない。再確認すれば、あくまでも、従来の環境教育は、環境リテラシー教育の延長線上に、学習者の環境パフォーマンスの向上、就中、環境マナーの向上という行動変容を学習者に促し、その行動変容が成果（学習者個人の学習成果）として期待されていたにすぎない。そもそも、教育は学習者の全人格的な能力開発であるが、従来の環境教育がコンピテンシーという能力開発に十分に対応していたとは考えられない。

　成果重視のコンピテンシー教育という文脈で、従来の環境教育に代わり、ここからは ESD に着目してみよう。ESD は、リテラシー教育を踏まえつつも、成果重視のコンピテンシー教育によって構成される。では、ESD の成果とは何か？　それは、取りも直さず、持続可能な社会形成そのものである。その場合の成果は、学習者個人の学習成果にとどまらず、社会的成果である。持続可能な社会形成という所期の成果をあげるために、ESD コンピテンシー教育は、市民がみずからの手によって、自分たちの社会を持続可能な社会として主体的かつ創造的に形成しようとするために必要とされる実践的な「社会形成能力」というコンピテンシー、就中、その中心をなす「シチズン・ガバナビリティ」（市民の統治能力）というコンピテンシーを育みながら、持続可能な社会を担う「能動的市民」（アクティブ・シチズン）という主体形成をめざす。こうしたスタンスにこそ ESD の本来的な存在意義がある。

　ESD という全教育体系のなかに、従来の環境教育がどこに位置するかという点は、**図11-2**からわかるように、ESD コンピテンシー教育の土台をなす

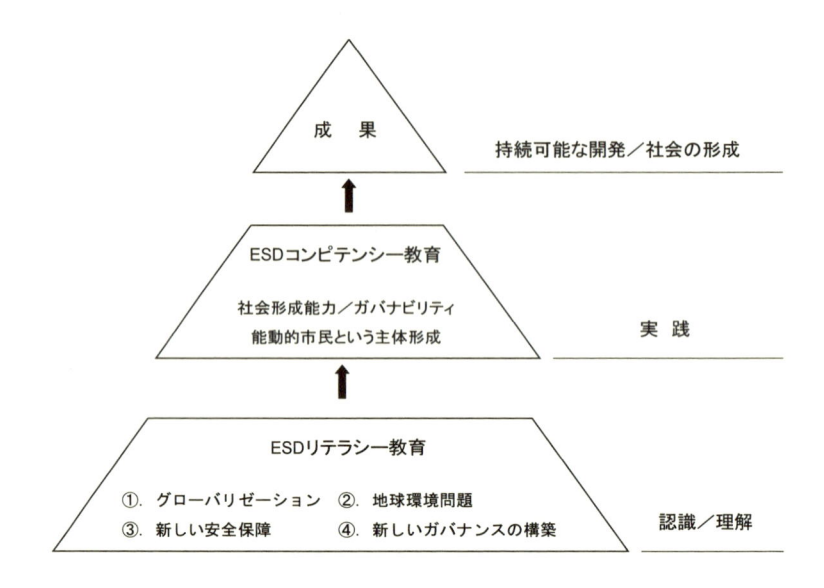

```
              △
             ╱成╲
            ╱ 果 ╲        持続可能な開発／社会の形成
           ╱─────╲       ─────────────────────
                ↑
          ╱───────╲
         ╱ ESDコンピ ╲
        ╱  テンシー教育 ╲
       ╱ 社会形成能力／  ╲      実　践
      ╱  ガバナビリティ   ╲    ─────────
     ╱ 能動的市民という主体形成╲
    ╱─────────────╲
              ↑
       ╱───────────╲
      ╱  ESDリテラシー教育 ╲
     ╱  ①．グローバリゼーション  ②．地球環境問題 ╲    認識／理解
    ╱   ③．新しい安全保障    ④．新しいガバナンスの構築╲ ─────
   ╱──────────────────────╲
```

図11-2　ESD リテラシー教育と ESD コンピテンシー教育

ESD リテラシー教育に属することになる。また、従来の環境教育は、特に、②．地球環境問題とそれに関連するテーマについて、認識と理解を深める環境リテラシー教育に位置づけられることになる。

　そして、ESD コンピテンシー教育は、「社会形成能力」もしくは「シチズン・カバナビリティ」というコンピテンシーを育成するゆえに、市民性教育を基軸に据えて構成される必要があるだろう。また、市民性教育を基軸に据えたESD コンピテンシー教育に対応する新世代の環境教育、すなわち ESD としての環境教育は、環境コンピテンシーを育成することが期待される。少なくとも、ESD としての環境教育には、具体的に、次のような環境側面に関する環境コンピテンシーの育成に期待が寄せられる。政治・行政レベルにおける環境政策のマニフェスト（数値目標と期限と財源が示された政策公約）に対する読解力・批判的思考力の育成、温暖化効果ガスや廃棄物、リサイクル、自然再生エネルギー、モーダル・シフト、環境税、アメニティや景観整備などの環境政策の提言能力（アドボカシー）もしくは政策評価を踏まえた政策提言

能力の育成、また市民社会レベルにおける環境 NPO のマネジメント能力および活動能力の向上、並びに環境分野における社会的企業の技術開発能力やマーケティング能力などの育成である。思えば、いずれも従来の環境教育が敬遠してきたものである。

かくして、上記のように、ESD との関係のなかで、従来の環境教育は ESD リテラシー教育に「再布置化」されるが、それは従来の環境教育が「解体再構築」されたことに等しいことを意味するとともに、ESD コンピテンシー教育に対応する新世代の環境教育の登場が待望される。

2 ESD の基本的構成

ここで、改めて、ESD の基本的構成を整理しておこう。

周知の通り、2002年9月2日、南アフリカ共和国の首都ヨハネスブルクで開催された「持続可能な開発のための世界サミット (WSSD)」において、日本の小泉純一郎首相は、「持続可能な開発のための教育の10年 (DESD)」を提

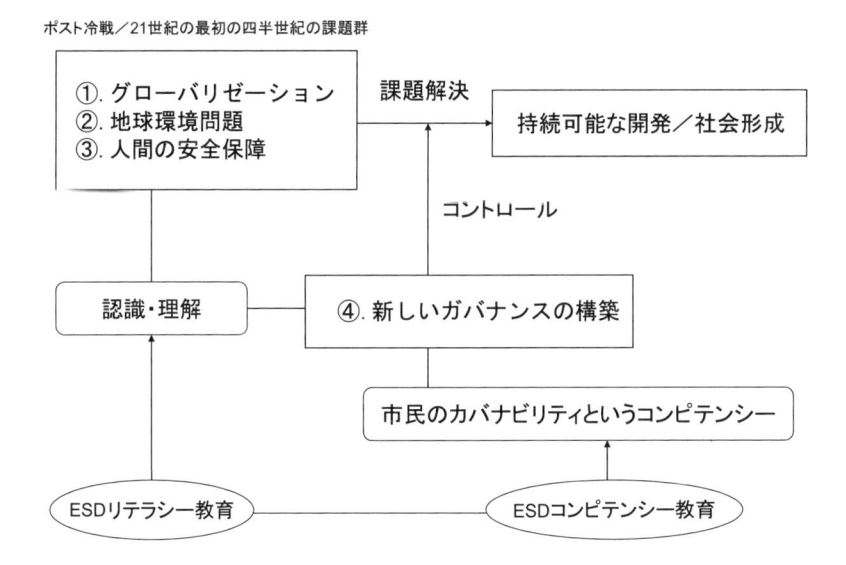

図11-3 ESD の基本構成

案した。この「小泉イニシアティブ」を受け、国連は、2005年から2014年までの10年間をDESDのキャンペーン期間に定め、持続可能な開発もしくは持続可能な社会形成を促進するために、世界各地で、国家レベルにおいても、また地域レベルにおいても、ESDが推進される必要性を示した。

　思うに、ESDは、1989年の東欧革命を経て冷戦が終結した後の時代、つまりポスト冷戦の時代あるいはまた21世紀最初の四半世紀という時代を背景にしながら、その時代的課題の解決を期待されて登場してきた教育といえる。ポスト冷戦の時代あるいはまた21世紀最初の四半世紀は、とりわけ、人々の生存や健康、安全や生活の持続性（サスティナビリティ）、および社会の存立を保障する持続性に大きく抵触する諸課題、すなわち①．グローバリゼーションや②．地球環境問題、および③．人間の安全保障、そしてこれらの課題をコントロールするために、市民の参加や協働を前提とした、④．新たなガバナンスの構築という課題に向き合わねばならない。こうした4つの課題を解決する方向性こそが持続可能な開発もしくは持続可能な社会の形成、あるいはまた持続可能な都市・地域社会の形成なのである。そのために、ESDは、「ESDリテラシー教育」を通じて、主に、この4つの課題についての認識と理解を深めながら、かつまた「ESDコンピテンシー教育」を通じて、新たなガバナンスを担うべき「能動的市民」という主体形成のために、「社会形成能力」、就中、「シチズン・ガバナビリティ」というコンピテンシーを育む使命を帯びて登場してきたといえる。

　ところで、①．グローバリゼーション②．地球環境問題③．人間の安全保障および④．新たなガバナンスという4つの課題群は、下記のように、4つの領域において、具体的なかたちを伴って領域的な課題として現れる。そして、それぞれの領域には、4つのESDが対応する。

A) グローバルな領域の地球的規模の課題　　→　グローバルESD
B) リージョナルな領域のリージョナルな課題　→　リージョナルESD
C) ナショナルな領域の国家的課題　　　　　→　ナショナルESD
D) ローカルな領域の地域課題　　　　　　　→　ローカルESD

グローバル／リージョナル (国際地域)／ナショナル／ローカルな領域の課題は、実際、相互浸透しているものの、相対的に異なった様相で現れる。そうすると、ローカル ESD を実践する場合、地域課題をしっかりと把握しながら、ローカル ESD のプログラムを組み立てる必要がある。もちろん、当該地域の課題が、他の地域と共通する課題かどうか、またナショナル／リージョナル／グローバルな領域の課題とどう関係するか、課題に内在する領域的な構造連関にも配慮する必要があることは言うまでもない。

3　ローカル ESD

1　ローカル ESD の3段階

　持続可能な社会は、都市や地域あるいはまたコミュニティにおいて具体的な姿をもって現れる。その意味で、ESD は地域実践が極めて重要である。ESD の地域実践を担うローカル ESD は、差し当たり、「ユニバーサル ESD プログラム」と「ローカル ESD プログラム」の2つから成り立つ。まず、先ほど確認した A) のグローバル ESD、B) のリージョナル ESD および C) のナショナル ESD は、基本的に、地域を選ばない文字通り普遍的・一般的なユニバーサル・プログラムとして、どの地域でも実施できる (「ユニバーサル ESD プログラム」)。しかし、こうした「ユニバーサル ESD プログラム」を地域で実施したとしても、厳密な意味で、それは ESD の地域実践には値しない。その場合の地域は、地域に根ざさない物理的空間に過ぎず、たとえ地域課題が取り上げられても、それはグローバル／リージョナル／ナショナル ESD の解説を補助する例示にしかすぎない場合すらある。

　これに対して、D) のローカル ESD は、基本的に、その地域の特性に焦点を当てた地域密着型のローカル・プログラムといえる (「ローカル ESD プログラム」)。なお、もちろん、「ローカル ESD プログラム」は、実際のところ、「ユニバーサル ESD プログラム」と交錯・関連してくるが、この点は指摘するにとどめる。しかし、それにしても、「ローカル ESD プログラム」を中心にしたローカル ESD の実践は容易ではない。ローカル ESD の実践に関して、そ

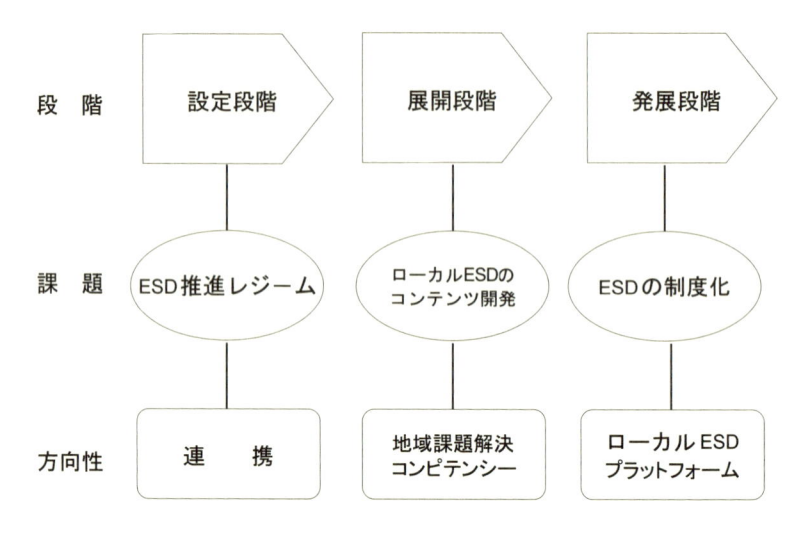

段　階	設定段階	展開段階	発展段階
課　題	ESD推進レジーム	ローカルESDのコンテンツ開発	ESDの制度化
方向性	連　携	地域課題解決コンピテンシー	ローカルESDプラットフォーム

図11-4　ローカルESDの3段階

の設定段階、展開段階、および発展段階にわけて考察してみよう。

2　ローカルESD推進レジーム

　ESDの実践とその推進を志す地域にとって、その最初の関門として立ち現れる課題は、「地域でESDを推進するために、どのような推進レジームを設けたらよいのか？」という課題である。要するに、「ローカルESD推進レジーム」をセット・アップするという課題である。このレジームのセット・アップを成功裡に導くポイントは、レジームの内部マネジメントにおける多種多様な主体の「連携」にかかっている。「ローカルESD推進レジーム」の設定要件を提示してみよう。

　第1の設定要件は、地域の多種多様な主体が参加した上で、「ESDに先行するESDの実践」を洗い出す「基礎作業のためのワークショップ」の開催である。特に、「ESDコンピテンシー教育」に相当する先行実績の洗い出しが肝要である。第2の設定要件は、上記の「基礎作業のためのワークショップ」に続いて、「クロスSWOT分析」や「ロード・マップ」などのツールを用いな

がら、地域における ESD の実践とその推進のために、当該地域の「ローカル ESD 基本戦略」を構想する「戦略ワークショップ」の開催である。第3の設定要件は、多様な「領域教育」間の連携を進め、かつまた多様な教育・学習主体間の連携を進めながら、ローカル ESD を推進するために、適切なリーダーシップを発揮しえるキーパーソンの存在である。キーパーソンは、市民や NGO・NPO などの市民社会組織のスタッフのみならず、行政機関のスタッフの中にも存在することが好ましい。第4の設定要件は、そうしたキーパーソンが、基本的に、NGO や NPO などの市民社会組織、場合によっては行政機関など、いずれかの常設の組織・機関・団体にスタッフとして所属し、しかも通常業務として、ローカル ESD の推進を担うことができる条件の確保である。第5の設定要件は、「ESD の中間支援組織」の存在である。ただし、中間支援組織だからといって、自動的に、地域の NPO センターや地方教育委員会が「ESD の中間支援組織」を担うべきではない。第6の設定要件は、行政、とりわけ基礎自治体の組織的対応である。とくに、ローカル ESD の担当窓口の開設と庁内連携体制の確立が重要である。第7の設定要件は、企業および事業者による ESD の理解と支援である。

3 ローカル ESD プログラム開発

続いて、「ローカル ESD 推進レジーム」のセット・アップを完了しえた地域は、次の「展開段階」に移るが、この段階に移行すると、すぐさま、「地域で ESD は何を教えるのか？」という新たな厚い壁に直面することになる。要するに、「ローカル ESD プログラム」の中味という課題である。思うに、ここがローカル ESD の実践における最大の難関といえる。この難関を突破する方向性として、地域の「課題解決」に焦点を合わせながら、「シチズン・ガバナビリティ」というコンピテンシーを育成する「ローカル ESD プログラム」の開発が求められる。

一例として、「ローカル ESD プログラム」の一つとして筆者が開発した「ESD ソクラテス・プログラム」では、①．地域課題の発見と認識→②．地域課題の特定化→③．地域課題の構造連関分析→④．持続可能な都市／地域社会形成

のための政策提言という流れのなかで、自分たちが住む地域を対象に据え、持続可能な都市／地域社会を形成するための政策提言を取りまとめながら、「シチズン・ガバナビリティ」をトレーニングする講義とワークショップをおこなう。

4 ローカル ESD プラットフォーム

ESD が地域での実践をある程度蓄積していくと、地域は ESD の発展段階を迎える。この段階になると、「地域で ESD をどのように定着したらよいのか？」という新たなる課題が現れてくる。要するに、「ローカル ESD の制度化」という課題である。おおむね、ESD の設定段階から展開段階に至るまでは、「属人主義」ともいえるように、地域のキーパーソンとその活躍が ESD の推進に高いウエイトを占めることが十分に予測できる。あわせてまた、キーパーソンの動向によって、ESD の地域実践が大きく左右されることも予測できる。ところが、ESD の発展段階に移行すると、キーパーソンへの依存度は相対的に薄れるとともに、ESD を制度として定着させようとする動きが高まることが予想される。

「ローカル ESD の制度化」という以上、それはフォーマルな制度形成であり、かつまた公的な組織の誕生を意味する。具体的には、これまで地域の ESD の推進を担ってきた「ESD 中間支援組織」を発展的に解消した上で、改めて地域における ESD の実施と推進を中心的に担う「ローカル ESD プラットフォーム」という公的組織の立ち上げが求められる。

プラットフォームについて確認しておこう。一般に、プラットフォームとは、行政と市民・NPO および民間企業が協働し合いながら、まちづくりや環境、福祉、教育などの特定の戦略的な施策や事務事業に関して、PDCA（計画－実施－評価－見直し／調整）の全段階にわたりパブリック・マネジメントをおこなうフォーマルなレジームである。したがって、施策や事務事業の企画立案はもとより、その企画立案に基づく実施や評価もおこなう。だから、プラットフォームは、Pの計画段階だけに関係するものではない。理念的には、プラットフォームは、「行政的公共性」と「市民的公共性」および「市場

的公共性」とが融合した領域（「協働的公共性」）を確定し、行政と市民・NPOおよび民間企業が協働しながら、公共的課題の解決をミッションとして共有する。それから、プラットフォームは、何も、ひとつのプラットフォームに統括させる必要はなく、まちづくりや環境、福祉、教育、とくに ESD などの領域ごとに、あるいは領域を横断するかたちで、幾つかのプラットフォームを設けてもよい。今日、「ネットワークからプラットフォームへ」というように、関心のポイントが移り変わるとき、イン・フォーマルなネットワークから、フォーマルなレジームとしてのプラットフォームの形成が求められる。

　このように、「ローカル ESD プラットフォーム」とは、ESD に関するフォーマルなレジームとしてのプラットフォームである。「ローカル ESD プラットフォーム」に期待される役割は大きい。ESD による学習成果＝提言がストックされ、それが有効な市民の世論として、政策立案の際に反映・配慮される仕組みがもっとも期待される。さらに、「ローカル ESD プラットフォーム」は、市民による調査・研究をあわせると、一種のシンクタンクとしての役割が期待される。また、ローカル ESD の学びに政策立案者が参加し、その学びの成果を持ち帰って政策立案に反映させることも期待される。この点、ローカル ESD の学びに参加した市民が、審議会や市民会議もしくは市民委員会などへ参加する適切なルートを確保することも考えられる。それから、「ローカル ESD プラットフォーム」は、コンソーシアム機能をあわせ持つことも期待される。そのコンソーシアムは、ESD に関する教育リソースを有する大学や、NGO・NPO、市民、行政、企業・事業者および「ローカル ESD プラットフォーム」のスタッフなどによって構成される。なお、その場合の教育リソースとは、講師もしくはファシリテーターという人的資源、並びにプログラム、アクティビティ、テキストおよび教材というコンテンツを意味する。こうした人的資源やコンテンツが、コンソーシアムを通じて学校教育や社会教育を通じて提供されるわけである。

4　おわりに

　ESD の登場は、教育と政治・行政もしくは政策との関係についての問い直

ティータイム

しっかりした市民社会を創る

　持続可能な社会は、都市や地域において具体的な姿をもって実現される。また、その都市や地域は、市民社会が具体的な姿をもって現れる空間でもある。つまり、持続可能な社会、都市や地域、市民社会さらに地方分権は、お互いに連動している。

　持続可能な都市／地域社会の形成は、市民社会の強化がその命運を担っているといっても決して過言ではない。市民社会を構成する市民やNGO・NPOや社会的企業の能動的・主体的な参加なくして、行政や事業者・企業だけでは、持続可能な都市／地域社会は形成しえないからだ。ゆえに、市民の社会形成能力もしくはガバナビリティというコンピテンシーを育むESDは、まさに、市民社会を強化するツールであり、かつまた市民社会を強化しながら持続可能な都市／地域社会を創るツールである。

　今日、個人や家族また近隣レベルにおける抜き差しならぬモラル・ハザード、したがってまた個人・家族・近隣レベルから自律補完性原理の機能低下、さらには市民社会における「周辺市民」の登場、あるいはまた市民社会それ自体の衰退が指摘されている。そうした状況において、市民社会を強化するために、ESDは正面から向き合わなければならない。

しに連動する。本章の考察から明らかなように、それは、ESDが、個人レベルにおけるリテラシー教育に満足するものではなく、社会的成果を重視するコンピテンシー教育を主眼としているからである。これがESDという教育機能の固有の性格なのである。そして、ESDが、市民の「社会形成能力」もしくは「ガバナビリティ」というコンピテンシーを育成しつつ、「能動的市民」という主体形成をめざし、かつまた所期の成果が持続可能な社会形成にある以上、ESDは政治・行政や政策に有機的に関係してくるのは当然である。ここから、改めて、教育と政治・行政や政策との関係についての問い直しが求められる。

　ESDにおいて、基本的に、教育と政治・行政や政策とは、相互不可侵の独

立した関係でもなく、また単に教育が政策の普及啓発を担う下請け的関係でもない。ESDと政治・行政や政策との関係性は、先に取り上げた「ローカルESDプラットフォーム」に集約されているといえる。まさに、「ローカルESDプラットフォーム」は、ESDという教育と政治・行政や政策とを有機的に媒介する場として、文字通りプラットフォームの役割を担う。

かくして、本章は、環境教育とESDとの関係について本質論的な考察を深めてきたが、最後にESDという教育と持続可能な社会形成との関係、および政治・行政もしくは政策との関係にまで及んだ。それは、ESDに内在する深淵な潜在的可能性を明らかにする考察であった。

課題
1. 環境教育と持続可能な開発のための教育はどのような関係にあるか。
2. あなたの住む自治体が取組んでいる持続可能な開発のための教育に関連する事業や活動をインターネットで調べよう。

参考文献

1) 新田和宏『持続可能な社会を創る環境教育』地球市民教育総合研究所、2002年
 時代背景をベースに、課題意識や教育方法の特徴に着目し、環境教育を、第一世代の環境教育（公害教育と自然保護教育）、第二世代の環境教育（自然体験学習）、そして第三世代の環境教育（持続可能な社会を創る環境教育）に分類した。

2) 新田和宏『ESDソクラテス・プログラム』地球市民教育総合研究所、2006年
 本章の考察を基にしてまとめた簡潔なテキスト・ブック。本章の考察がさらに敷衍されている。また、ローカルESDプログラムの一つの例示として、「ESDソクラテス・プログラム」の進め方と若干のワークシートがおさめられている。

12　地域の環境教育システムを描く

石川聡子

―― 本章のねらい ――

　本章のねらいは2つある。まず、地域にねざした環境教育のしくみの実例を紹介することである。身近な地域で市民が環境について学び、学んだことを活かして地域環境をよくしたり作ったりするしくみを示すことである。

　次に、「こういうしくみがあります」「そこでこんな活動をしています」などの事実の報告をこえて、観察者が見いだす意味や価値を解釈して評価し、表現する手法を示すことである。それには、環境教育はどうあるのが望ましいかという展望があってはじめて、現状や新たな展開への萌芽にある改善の余地や可能性を見通すことができる。もちろん、環境教育のあるべき姿は実践や研究を積み重ねるなかで見直されながら洗練され続けていく。

　環境教育のしくみは、関与主体が特定の目的遂行のためにデザインした道具である。人工的な社会システムでは原因と結果の関係が1対1の線形でなく、偶発的なタイミングによる事象の生起や予期せぬ芋づる式の展開も観察される。そのようなシステムを構成する要素から重要なものを取捨選択して組み立て、システムの機能の充実や目的の達成などの描写に挑戦する。環境教育の研究は、環境教育のしくみの整備や環境教育の成果の確認が求められているからである。

　私たちが環境について学ぶ場すなわち環境教育プラットフォームには家庭や学校があるが、私たちの毎日のくらしの場であるコミュニティに環境教育のしくみが根ざしているまちがある。そこで本章では、そのしくみを持つ東京都八王子市にある八王子環境市民会議と福井市のうらがまちづくり地区の取り組みを紹介し、コミュニティに根ざした環境教育システムについて考える。

1　環境教育の事例をどう表現するか

　読者の多くは環境教育に関心を持っていたり、また実際に活動に関わっている人もいるだろう。環境教育の活動を人に伝える時、「こんなイベントをやっています」、「こんなできごとがありました」という事実を紹介することは基本的に大事であるが、紹介の手法としては比較的素朴だろう。環境教育の現状はこうで、こういう点を課題に抱えていて、それを解決すれば活動が次の段階へと展開する見通しを持っていて、将来的にはこういうことを実現させたいという分析と展望が語れればベターである。

　活動をこのように語るには、語り手が活動を観察し、分析できることが必要である。環境教育をシステムと見る視点、システム内部がどのような要素から成り立っているかを観察する切り口、活動の現状をチェックする観点といったものをいかに網羅的に設定できるかは、環境教育の全貌をどのようにとらえているかにかかっている。

　これから後の節ではこのような問題意識で、地域における環境教育システムがどのようなつくりになっているか、活動はどのように展開され、活動の担い手である組織づくりやそこに参加する市民の育成はどのようになされているか、先進事例を取り上げながら描く[1]。

2　環境教育システムを構成する次元と要素

　環境教育システム全体がどのように構成されているかその全体像を見渡すことができるように、システムを見る立場をまず設定し、さらに環境教育システムがどのような要素で構成されているかを書き出したものが図12-1である。

　以降各構成次元についてそこに内包される構成要素ごとに説明していく。本章では、地域に環境教育システムが根づいている事例として、福井市のまちづくり事業と八王子市の環境教育事業を紹介する。両者の事業の特長やシステムの機能のうち構成要素ごとに該当する事項を具体的にとりあげる。

12 地域の環境教育システムを描く

構成次元1：学習プラットフォーム

構成要素1：担い手組織の形態	コミュニティ型 / アソシエーション型	×	任意 / 全員参加
構成要素2：ミッション	地域環境の再構成・創出 / 地域環境問題の解決	×	持続／変革 / 予防／回復 / 解釈・分析 / 将来展望
構成要素3：コミュニケーション	地域リソースの流通・活用 / 主体間の社会的関係		

構成次元2：学習環境

構成要素4：コンテンツのスコープ	政策課題（総花的／個別重点的／フレームワーク）／非政策課題	×	環境分野に特化 / 他分野と並行
構成要素5：地域の環境側面	非日常性（緊急性／センセーショナル／深刻さ）／日常性（不断さ／継続性）		
構成要素6：学習プログラム	パッケージ型 / オンザジョブ型	×	個人チャンネル / 組織チャンネル

構成次元3：学習・行動モデル

構成要素7：学習のゴール	知識・態度の（再）構築 / 教育と保全の連鎖		
構成要素8：学習目標の展開モデル	ラダー / スパイラルアップ	×	行動パターンの獲得 / 行動パターンの状況適用
構成要素9：学習・行動のモニタリング	目的の明確化 / 手続きの設定 / 評価・検証 / 修正・改善		

構成次元4：キャパシティ・ビルディング

構成要素10：人材育成のねらい	広く多数の市民 / 一部の市民	×	人格形成 / 保全の推進
構成要素11：学力観	管理的能力主義 / 市場原理型個性主義		
構成要素12：問題解決能力のフェーズ	ベース：コミュニケーション、信頼構築 / コア：理解・技能、科学的合理的判断 / アドバンス：戦略デザイン		

図12-1　環境教育システムの構成次元と要素

> ティータイム
>
> ### 環境教育プラットホーム
>
> プラットフォームとは、なんらかのしくみによって学習や活動をよりよいものにするための共通基盤のことをいう。
>
> 環境教育プラットフォームとは、環境教育のしくみがよりよく機能するための土台である。
>
> 今の時代どこに住んでいても、地域の環境について情報を発信する人、その情報を受け取る人、川や里山やまちなどといった現物の学習教材、おじいさんやおばあさんが持っている昔ながらの暮らしの知恵、環境について書かれた本、専門家のアドバイス、活動に必要な資金源をはじめとする地域資源は総じて豊富に存在していると言えよう。テレビやインターネットなどを活用すればさらに充実する。しかし、これらの資源が地域に散在していたのでは学習や活動に役立てる効果が薄れてしまう。ここにアクセスすれば学ぶべき情報源がある、私たちの地域の環境はこういう特長がある、課題の解決方法について話し合う場があるなど、地域のなかで人と人が互いに交流し、地域資源を提供しあうことができれば、それを土台にして環境教育のしくみのはたらきをよりよくすることができるのである。

1　学習プラットフォーム

①担い手組織

八王子環境市民会議と福井市のうらがまちづくり地区委員会では、環境について学習するためのプラットフォームを運用する担い手組織は市民によって構成されているが、組織への市民の参加の形態はそれぞれ異なっている。

八王子市の組織は、地域環境の保全や教育に関心がある人、言いかえれば地域の環境活動のリーダー的存在である市民によって作られ、運営されている。市内にある14の市役所の出張事務所の管内を1つから3つ集めて一つの環境保全推進地区にまとめ、市域を中央、北部、西部、西南部、東南部、東部の5つの環境保全推進地区に分け、それぞれに住民組織が設置されている（図12-2）。

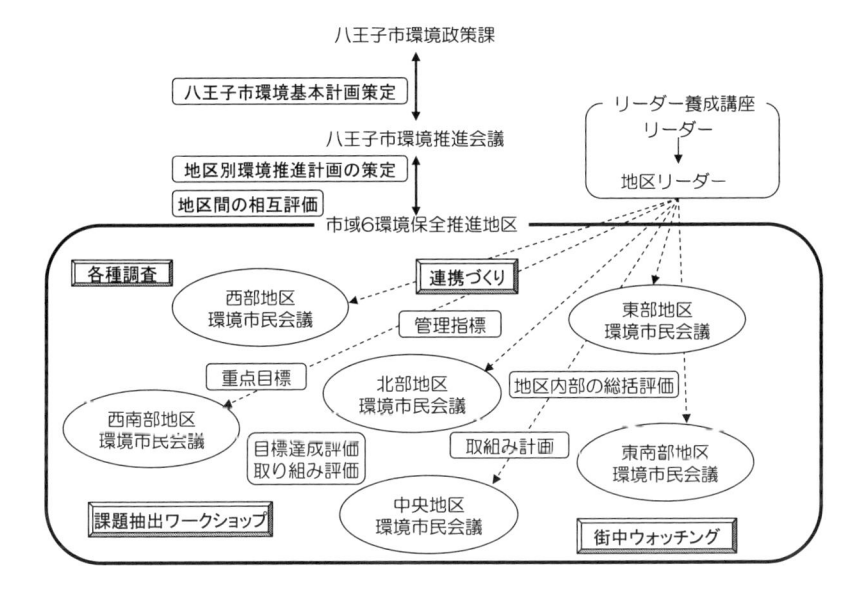

図12-2　八王子市の環境教育プラットフォーム

　一方、福井市の担い手組織にはほとんどの世帯が参加している（図12-3）。原則として任意参加であるコミュニティ活動に準じていると考えてよい。八王子の組織のように環境教育に関心を持つ人の集まりとは異なり、これまで地域環境に関心を持っていなかった人も巻き込むすそ野の広い組織である。市域の43の小学校区ごとに担い手組織が設けられている。各地区の組織は地域のまちづくりや福祉、教育などの総花的なテーマのなかから複数を選択して取り組むが、そのなかでも地域環境のテーマはすべての組織が取り組まねばならない必須課題に定められている。福井のうらがまちづくり事業はまちづくりの一環に地域環境についての学習と活動が位置づいている。

　近年、自治会や町内会などのコミュニティに参加しない人がとくに都市部で増えていると言われることが多い。コミュニティ活動が活発でないところでは、福井市のような組織の活動はさかんになりにくいかもしれないが、逆にこのようなプラットフォームづくりを刺激にして自治組織活動を活発にすることも考えられる。

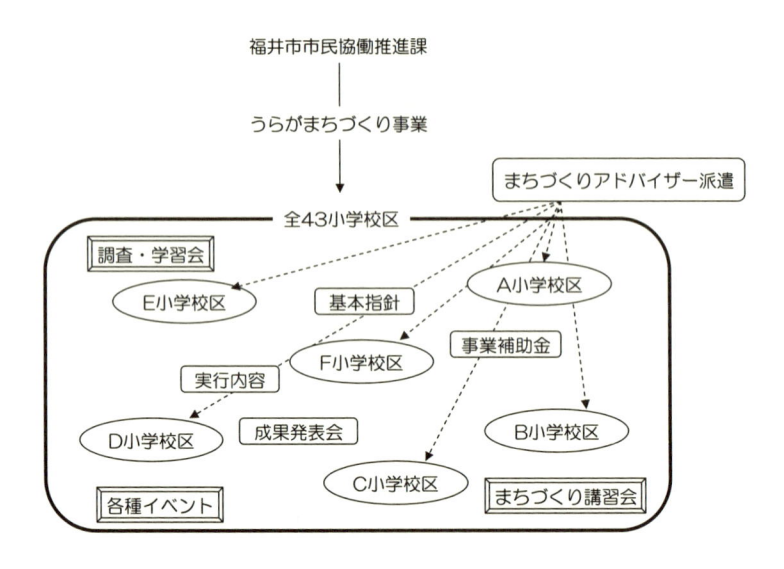

図12-3　福井市の環境教育プラットホーム

　ところで、マッキーバーという社会学者は、コミュニティとアソシエーションの特徴について両者を対比させながら論じている。簡潔にいうと、コミュニティとは特定の機能を持たず、非計画的で自然発生的に生まれた閉鎖的な共同体のことで、最小単位は家族であり、大きいものでは町内会や自治会、さらには民族共同体などである。一方、アソシエーションはコミュニティの内部に特定の関心や目的あるいは機能を与えられて計画的に組織されたもので、企業や国家などがその例である。コミュニティやアソシエーションは相互に補完しあう関係にあるという。

　福井市の組織は町内会というコミュニティを基本として、しかし地域環境の保全や改善に向けて活動するよう計画的にデザインされているので、アソシエーション型の色合いも呈している。さらに、この担い手組織の形態には大きく2つのパターンがある。ひとつは、連合自治会や壮年会などが運営主体となるコミュニティ型と、もうひとつはそういった地縁組織がリードしながら地域住民の有志が作る各種団体を巻き込んだ実行委員会形式のパターンである。近年では、NPOと協働して事業をビジネスとして成り立たせる取

り組みを始めた組織も出てきた。

　八王子の組織は、地域環境保全という特定の課題に取り組むために作られたものなのでアソシエーション型にかなり近く、5つの地区全体を通してコミュニティ組織との連携は筆者が調査した時点では比較的薄かった。行政はこの事業の企画・デザイン段階において自治会など地縁組織との連携を強く意図しなかったように見受けられた。

　以上から、プラットフォームの担い手組織はおもに地縁組織であるコミュニティ型とテーマ別NPOであるアソシエーション型に区分でき、構成員の組織への参加は任意を基本としてその一方で全員参加の原則の強弱の程度によってパターン分けが描けそうである。

②組織のミッション

　両市の組織はともに地域環境の保全と学習がミッションである。地域環境に関する基礎的事項の知識理解や組織内での意思決定のルールづくり、活動のしくみや手法を改善したり、悪化した地域環境の状態を回復させたり、地域環境のイメージや行動様式のパターンを創出するなどをみずからの課題として取り組んでいる。

　これらの組織のミッションはそれぞれの自治体の環境政策とどう関連しているのだろうか。それらの活動は社会的に根拠のない個別の思いつきではない。八王子市が発行している環境基本計画には地区別の重点目標や課題などが明記されているのだが、これらの事項をはじめ環境配慮指針や取り組み事項などは多くの他市の環境基本計画にも掲げられている一般的な項目である。特長的なのは、これらの事項を誰が推進するのかすなわち推進主体が明記されていることである。その主体がすなわち2002年に活動をスタートした八王子環境市民会議であり、環境基本計画を策定した八王子環境推進会議の下部組織である。環境基本計画は行政が市民の知らないところで決めて、できあがったものを市民に降ろしあてがったものではない。そこには市民の意思が反映されて計画が立案されており、したがってその計画を実現する主人公である市民組織とそのミッションが体系立っている。

　このように、基礎自治体域を複数に区分した行政区単位ごとに環境配慮指

針などをはじめとする各種事項を設定した環境基本計画の発行状況を2005年夏から秋にかけて調査したところ、該当した基礎自治体はごく少数で、八王子市の他には秋田県大館市や栃木県益子町などがあった。

　市民参画で環境基本計画を立てたり、市域全体の計画を行政区ごとの計画に細分化して地域特性にあった計画を推進しようとする基礎自治体は今では少なくないが、その実施主体も明確に設定しているところはそう多くはないのが現状である。その意味で、八王子市の取り組みは先進事例として評価に値する。

　また、福井市のうらがまちづくり地区委員会は市の環境基本計画を根拠にしていないが、市民協働推進課が主管となったまちづくり事業に位置づいている。市長のリーダーシップのもとに1994年度に導入されたこの事業では、まちづくりへの住民の関心を高めることを目的とした導入期、各地区で事業の計画策定や点検をおこなう推進期、事業のさらなる成長を促す発展期の各ステージを経て、住民組織がそれぞれの地区の特性を活かしながらまちづくりの活動をマネジメントしている。そのまちづくり活動の必須の取り組みテーマに地域環境保全が設定されているのである。

　ミッションには地域環境における顕現化した問題の解決、地域環境の再構成あるいは創出がある。これらを実現するための方策として、現状の持続や変革、予防原則に基づいた措置や原状回復の措置、問題解決するための前段階としての現状の解釈や分析、地域環境の創出に向けて将来展望を描く、などがある。

　③コミュニケーション

　八王子環境市民会議には該当地区の住民が会員に応募し委員となって活動に参加するが、自治会などの地縁組織と連携するしくみが会議設置準備から整えられていなかったため、組織間のコミュニケーションが各地区の課題となっていた。組織が立ち上がって活動がスタートすると、担い手組織は地縁組織との連携に必要性を感じ、環境保全活動に関心を持つ連合自治会長が環境市民会議の役員を兼任している地区は比較的環境市民会議と地縁組織の連携が構築されつつある。しかしこれでは、両者の接点が地縁組織のトップの個人的関心に左右される不確定さを持つので、コミュニティとこのアソシ

エーション型組織の接合面を広げることが課題として見受けられる。

　また、基本的なコミュニケーションとして、組織の社会的認知度を地域住民の間で高めること、地域内のアソシエーション型組織間の連携を密にすることが今後の課題である。活動内容によっては市域にある大学との連携が成果を出している。

　福井のうらがまちづくりでは、ほとんどの世帯の参加をカバーしており、各地区内のコミュニケーションの網羅の度合いはかなり高い。また、近年では事業として地区間のコミュニケーションのバリエーションに工夫がされている。高齢化や過疎化のために活動の継続に支援が必要な地区を近隣の地区が協力し、先進的に取り組む地区が外部のNPOと連携するしくみを用意したり、また全国から参加者を招いて大会を開催し、市外の人に福井のまちづくりの特長をアピールするなどしている。

　また、うらがまちづくり事業はその名の通り環境というよりも産業、まちづくり、福祉、防災、子育て、教育、文化などの地域活性化関連全般の事業であるので、こうした他分野の活動の実績やそれによって充実した地域リソースを環境保全活動に応用したり拡大して適用することができる。コミュニケーションによってやりとりされる地域のリソースには情報、人、モノ、資金があるが、そのなかでもうらがまちづくりの特長は事業にかかるマネタリー・リソースにある。各地区で策定した事業計画の裏づけとなる事業費の補助率を活動の進捗によって変動させながら一定の割合で補助し、不足分を自助努力で確保することが活動の成長と相互に補完している。

　プラットフォーム上の相互作用には担い手組織における主体間の社会的関係、媒介する地域リソースの流れと活用がある。地域リソースとは、人的資源、情報、自然の事物や文化的建造物や歴史的継承物なども含めたモノ、活動資金などのマネタリー・リソースをさす。

2　学習環境
①コンテンツのスコープ
　八王子環境市民会議は地域環境の保全のなかでも具体的には、たとえば河

川の水質保全、エコミュージアムづくり、大気測定、環境マップの作成など生活環境に関わる内容に取り組んでいる。河川のBODの目標値を設定しそれを目標達成する方策や計画を自分たちで決めて取り組むために、河川の水質汚濁の原因や改善のメカニズム、BODの原理などを学び、定期的な水質調査を継続している。エコミュージアムづくりに向けて、地域の自然特性について情報収集し理解を深めている。大気測定では、定期的なNOx調査を続けるだけでなく、自分たちが実施した調査結果と行政のそれの比較検討を通して調査手法の妥当性についても学習を深めている。重要なことは、これらのコンテンツは、各地区が決めた重点取り組み課題に沿って計画的に決められていることである。

　福井のうらがまちづくり地区委員会での地域環境について学習内容は、ごみ減量化、エコカレンダーの作成、地域環境パトロールなどの生活環境に関するもの、そのほかに地球温暖化防止に向けたエコスタイルの推進や家庭版環境ISOなどがある。地区ごとの学習内容を**表12-1**にまとめた。

　以上のように、コンテンツのスコープとは、プラットフォームで媒介される学習内容の範疇の設定である。政策課題の総花的な扱いや個別課題の重点的な扱いもあれば、政策課題のフレームワークそのものの検討もあるし、政策課題に位置づいていないものもある。また、まちづくりや人権など他分野

表12-1　福井市の地区別環境保全活動の例

地区名	主な活動テーマ
順化	環境家計簿、花いっぱい運動、巣箱づくり、買い物袋作成
豊	八幡山の環境整備、ごみカレンダー作
清明	エコカレンダー作成、花いっぱい運動、樹木植樹、ごみ減量化運動
旭	生ごみ処理研究、温暖化防止のエコバッグ作成と普及、家庭版ISO参加
大安寺	環境看板設置、地域環境パトロール、不法投棄監視、家庭菜園づくり講習会
円山	ごみ分別講習会、コミュニティスクール
東藤島	環境美化カレンダー、花いっぱい運動、家庭版ISO参加
棗	大気・ダイオキシン・水質調査、海岸クリーン作戦、家庭版ISO参加、ごみ減量化
森田	エコマネー実験導入、九頭竜クリーン作戦、ごみ減量
一乗	担い手育成、ボランティア組織づくり、生ごみ堆肥、河川水質調査
六条	環境カレンダー、水質調査、地域清掃デー、河川ウォッチング
日新	家庭版ISO参加、環境パトロール、リユース運動、省エネシンポジウム

と並行して取り扱うこともある。

　②地域の環境側面

　八王子、福井のそれぞれの地域環境には、環境リスクなどの顕現化した問題や人体への健康被害が及ぶような著しい環境側面はとくにない。それだけに逆に言えば、どこの地域にも起こりがちで、環境悪化の深刻さが劇的でないために市民に与えるインパクトや不安感があまり大きくなく、これといった決定的な解決策がなされず事態が常態化しやすく、身近な生活環境の快適さの相対的な水準の低下を招いている問題を複数抱えている。

　学習プラットフォームおよびその担い手組織が取り扱う可能性のある地域の環境側面には日常的な状態とそうでないものがある。さらに、緊急性の高いものとそうでないもの、人々の関心を強く引き問題として深刻なものとそうでないもの、不断の対応や継続した取り組みが必要なものとそうでないものがある。これらは学習や活動の具体的な対象としてコンテンツ内容を構成する。

　③学習プログラム

　八王子環境市民会議の学習パッケージのなかで特長的なものに地域環境についての評価ツール「ちぇっくどぅ」を活用した評価活動がある（**図12-4**）。

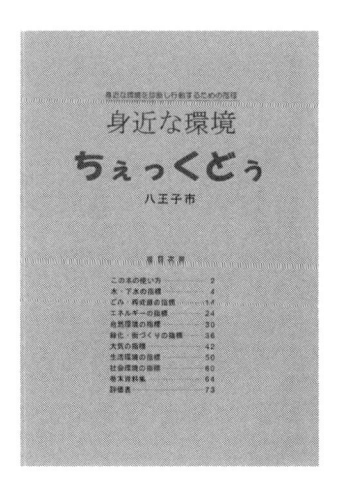

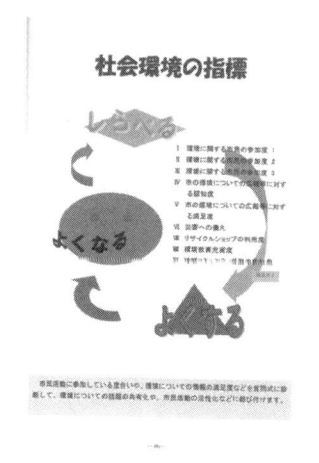

図12-4　八王子市の地域環境のチェックツール「ちぇっくどぅ」

定期的に地域のまちあるきをおこない、地域環境のチェック表を使って点数化するものである。

　うらがまちづくりの場合にはパッケージになった学習プログラムはとくにない。プラットフォーム上でコミュニケーションを取りながら互いに知恵を出し合って学ぶといういわばオンザジョブ型の学習スタイルである。住民は自分たちで作った計画にしたがって地域環境のテーマに取り組むのだが、たとえば生ごみの堆肥化やごみ減量を実践するなかでごみ問題について学びあい、家庭版環境 ISO に取り組みながら省エネルギーの手法を、地球温暖化防止のためのエコスタイル推進に取り組みながら地球温暖化防止の情報を広める方策を学習している。

　このように学習プログラムはネーミングがついたり冊子など形あるものにはなっていないが、学びながら活動し、活動しながら学ぶという学習活動と保全活動が混在し一体になったなかに、組織としての学習活動や市民ひとりひとりの学習行為が埋め込まれていることが観察できる。

　目的がある程度特定した学習を遂行・達成する方法には、プログラムやカリキュラムなどの汎用性のあるパッケージ型と、実際の場面で学習主体が実務をおこないながら体得するオンザジョブ型があるが、後者は学習環境への依存が高く再現性に乏しい。また、主体個人に向けられる個人チャンネルと、プラットフォーム上での社会的学びを実現する組織チャンネルのプログラムがある。前者の場合は認知・心理システムへの作用が比較的強く、後者の場合は人材育成システムへの働きかけが強い場合がある。

3　学習・行動のモデル
①学習のゴール

　どちらの自治体の環境教育システムも市民の学習を土台にして地域環境の保全をめざすための地域社会のしくみであり、市民の人材育成講座によって市民の資質向上をめざす場合にも個人の環境への意識や倫理の醸成に留まらず、伸ばした資質を地域の人々と協働して活動のなかで実際に用いることが求められている。

環境教育が何をめざすべきかという教育観には、やや古いことばだが陶冶あるいは人間形成をめざすべきという考え方と、教育活動と保全活動を連鎖させて学習によって身につけた資質を活かすべきという考え方がある。前者は、学習活動と保全活動を切り離して考える傾向が強い。これはそれぞれの特徴をやや典型的に、そして両者のちがいを簡潔に表した表現になっている。

八王子の環境教育システムは、プログラムとして継続実施している市民の人材育成講座のなかで育成すべき資質をそこでの学習のゴールとして設定し、講座修了後に地域でその資質を用いて活躍するしくみである。教育活動と保全活動がそれぞれ別のステージとして設定されているが、市民が地域で保全活動をすることで両者の活動が連鎖するようデザインされている。

福井のシステムの場合には、人材育成プログラムはとくに設定されておらず、地域での保全活動のなかにあわせて学習活動も含まれているが、プログラムとしてデザインされていないので該当部分を明確に切り取ることはややむずかしい。

プラットフォームにおける環境学習のゴールは、主体の知識や態度の（再）構築および教育から保全への連鎖のバランスのポイントで決まる。両者ともに認知・心理システムと人材育成システムの両方に位置づく。環境について知識を増やしたり倫理観を身につけることが環境学習のゴールなのか、あるいは学習を通して保全行動ができることなのか、両者の程度によってゴールは多様になる。

②学習目標の展開モデル

ここで述べたいことは学習の内容すなわち「何を学ぶか」ではなく「どう学ぶか」という学習活動のマネジメントである。学習をいわゆるPDCAサイクルで展開させて学習目標に近づく手法である。これは、従前の環境教育の理論でいわれたモデルとは明らかに異なる。気づきから関心、知識、行動へとステップアップするラダー型ではなく、サイクルがらせん状になっているスパイラルアップ型である。八王子の環境教育システムも福井のそれもPDCAサイクルのかたちが実現されている。

八王子のしくみでは、市環境基本計画の下位計画である5ヶ年地区別計画

にもとづいた各種取り組みを実施するために、地区ごとに重点目標とその管理指標、担い手組織の取り組み予定と結果、目標達成度の評価、目標の見直し、次年度の取り組みへの展開を定め、評価と見直しをおこない、各地区での内部評価と地区間の相互評価を公表している。

前述の「ちぇっくどぅ」という評価ツール活用は点検重視で、見直しのプロセスが比較的脆弱であるし、地域の河川の水質改善のためにBODの目標値を設定し、定期的な測定による管理をおこなっているが、水質改善施策はとくにされてはいないために測定の反復に終始し水質改善が期待しにくいなど、取り組む事項によっては改善のプロセスが描きにくいのは確かである。しかし、地区内の家電等の不法投棄の対策に地域住民の自主的パトロールは効果を上げており、改善に向かう手だてが適確に用意されているものもあり、地区計画、管理指標、目標達成評価の設定と、それらによって自分たちの活動をモニタリングすることによって地域課題を自己解決する萌芽が確かにある。

福井の環境教育システムもややゆるやかであるがPDCAサイクルによって、学習と保全活動を展開している。年度ごとに計画立案と事業の評価を地区ごとにおこない、文書に記録することが求められている。

うらがまちづくり事業の開始から現在までの展開を見ると、事業の導入期(1994から1997年度)は市民に関心を持ってもらえるように活動のハードルを低くし、各地区の事業費の90％を補助したが、次の推進期(1998から2000年度)には補助金の割合を50％に落として活動に創意工夫を求め、さらにコミュニケーション・ツールや点検ツールなどを用意して各地区の事業の点検および計画策定の作業を促した。2005年度からはマネジメント型のまちづくりの発展期であり、NPOの経営手法を取り入れてプロジェクトをビジネスのレベルと引き上げたり、活動の維持が困難な地区を他地区がサポートして活動を継続させるなど、各地区の特色を伸ばし育てる手当てをおこない多様な活動に対応している。事業費を満額補助しないしくみが補助金の不足分を活動のなかで作り出すように刺激し、各地区の状況に応じた活動のパターンをデザインさせている。

上記のゴールの達成へと向かっていく道すじがこの展開モデルに相当する。地域環境の状況に応じた学習目標の構造は、国際環境教育プログラムのベオグラード憲章などによる認識・知識・態度・技能・評価能力・参加などの目標群を用いたダラー・モデルと環境マネジメントシステムなどの骨組みであるPDCAスパイラルアップ・モデルがある。学習の目標設定には、学習を通して主体に環境配慮型の行動パターンを獲得させることと、状況に応じた複数の行動パターンの選択肢を設定しそこから適切なものを選択することで状況に適用させることがあり、この目標設定と目標モデルの組み合わせで学習目標の展開モデルが定まる。

③学習・行動のモニタリング

　学習・行動のプロセスにおける活動のセルフ・モニタリングの状況を表す次元である。目的の明確化、手続き設定、手続きおよび結果の評価と検証、評価による修正や改善がモニタリングの対象となる。個人チャンネルでモニタリングをおこなう場合には認知・心理システムの傾向が比較的強く、組織チャンネルでおこなう場合には人材育成システムの程度が強まる。

4　人材育成
①人材育成のねらい

　八王子の環境教育システムでは、各地区の活動のリーダーは市主催の環境学習リーダー養成講座で育成されている。講座修了後に自分の地区でリーダーとして活動することが求められる。他市でもリーダー養成事業はなされているが、リーダーの果たすミッションと活動するプラットフォームが組になって用意されていないことが多い。さらに、このリーダーを育成するいわばスーパーリーダーも市民であり、数年前まで東京都が主催していた人材育成講座を受講した環境計量士、環境カウンセラー、ビオトープ管理士などの環境に関する有資格の市民がその役割を担っていた。市民による市民の段階的な育成制度が整えられている。

　一方、福井の環境教育システムにはこのような市民同士の育成のしくみはとくにない。行政による育成事業もなく、この事業の主管である市民協働推

進課の担当者がしているのは、各地区の集まりに出向いて市民の事業への理解を広めたり、市民と連絡を密にして各地の活動の進捗状況を確認することである。組織のリーダー役だけでなく、組織の構成員である地区の市民全体の資質向上の機能がしくみのなかに設定されていない。地区によってはリーダー役が必ずしも固定でなく、組織内の財務や意思決定などの執行に異議申し立てが出されればリーダーはじめ主導を取る組織そのものが交代するケースがあるので、人材育成のしくみを明確に設けることが今後の課題だろう。

プラットフォームにおける主体の育成のねらいは、次の次元で描くことができる。環境教育の最終ゴールを人格の形成におくかあるいは保全の推進におくか、そして対象の主体を市民のできるだけ多数に設定して全体のレベルアップを求めるか、専門性を備えた主導役を担える一部の市民の育成に期待するか、の組み合わせである。

②学力観

キャパシティ・ビルディングの背景には、教育の機能の可能性を積極的に見積もることによって、多くの市民に習得すべき事がらを意図的に付与することで主体のエンパワーをねらう管理的能力主義的な学力観と、主体個人の興味や関心に委ねて尊重し個性の伸長を優先する新自由主義的な学力観の比較的対照的なスタンスが潜在している。教育の持つ意図性や計画性の観点からこれは人材育成システムに働きかけをおこなう次元である。

③問題解決能力のフェーズ

学習プラットフォームにおいて学習主体が身につけるべき資質は多様であるが、ここではそれを広い意味で問題を解決する能力と同等と見なす。環境教育システムがめざすのは、学びを基軸にして、現在抱えている問題や課題を的確にとらえてそれを解決し、地域環境を改善したり新しく作ったりすることだからである。

八王子の環境学習リーダー養成講座では、互いの体験談を互いに聞き合うことで他者との信頼関係を築く練習をしたり、プレゼンテーションやコミュニケーションのスキルを育てている。科学的あるいは合理的な判断の土台となる環境保全に関わる基礎的事項の理解はもちろんで、広範囲の内容を網羅

している。市民活動をエコビジネスにつなげる活動のマネジメントの初歩的事項はあるものの、活動をPDCAサイクルでマネジメントするデザイニングのトレーニングは今のところとくに企画されていないようである。

　福井の環境教育システムは前に述べたとおり計画的な人材育成をおこなっていないので、市民の問題解決能力はオンザジョブ型で伸長していると見ることができる。旧知のご近所との日常的な人間関係やコミュニケーションは不断のもので、市民の問題解決能力の基礎的フェーズはクリアできている。しかし、活動をPDCAサイクルでマネジメントしたり評価項目を設定して見直すことが年間の活動計画を通じて求められていないので、それに関するスキルの伸長の機会を観察することがむずかしかった。

　学習プラットフォームにおいて学習主体が身につけるべきキャパシティとは広い意味で問題を解決する能力と換言することができる。キャパシティとしてのこの問題解決能力には3つのフェーズを設定することができる。

　まずベースのフェーズに相当するのは、他者とのコミュニケーション能力や信頼関係を構築できる能力である。その上でコアとなるフェーズには事物・現象への理解、評価やマネジメントなどを含めた諸スキル、科学的合理的な判断などの問題解決能力が位置づく。さらにはそれらのフェーズを踏まえた上で、アドバンス・フェーズとして活動の戦略を企画立案するデザイニングの能力である。これらは、主体個人の認知・心理システムと人材育成システムの両方に作用する。

3　環境教育システムの成果を表現する

1　3つの成長の軸

　環境教育システムにおいて市民が学習活動や保全活動を展開した成果をどのように表すことができるだろうか。ここで提案するのは3つの成長の軸の設定である。すなわち、①学習者の成長、②組織の成長、③活動の成長である。学習者の成長は各個人の成長と言い換えてもよいもので、組織の成長はこれとは対照的に活動主体である組織そのものの成長を指す。活動の成長は活動主体の成長とも異なり、活動そのものの成果の程度を表すアイテムである。

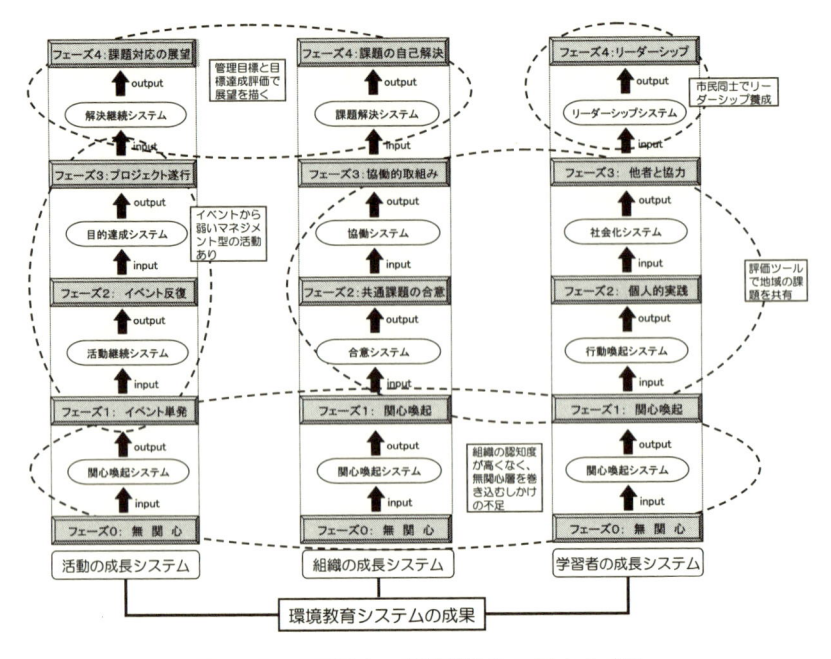

図12-5　八王子市の環境教育システムの成果

次の節でそれぞれの成長軸について説明した後、八王子と福井の事例をこれらの軸に当てはめて成長の程度を評価する（図12-5、図12-6）。

2　学習者の成長

図12-5のように、学習者が環境教育システムにおいて学習を進めた成果としての成長の度合いを5つのフェーズで表す。地域環境のあり方に関心を持っていない段階（フェーズ0）から関心を持てるようになれば、それはフェーズ1「関心喚起」の段階に成長したことになる。さらにその関心をもとにして自分にできることを何らか実践することができるようになった段階をフェーズ2「個人的実践」と呼び、個人の実践にとどまらずさらに仲間や地域の人など他者と協力して学習や保全ができるように活動が広がれば次のフェーズ3の「他者と協力」へと成長が高まるととらえる。さらに、他者と協働して活動を続けるなかで、リーダーシップを発揮できる段階へと成長す

12 地域の環境教育システムを描く 233

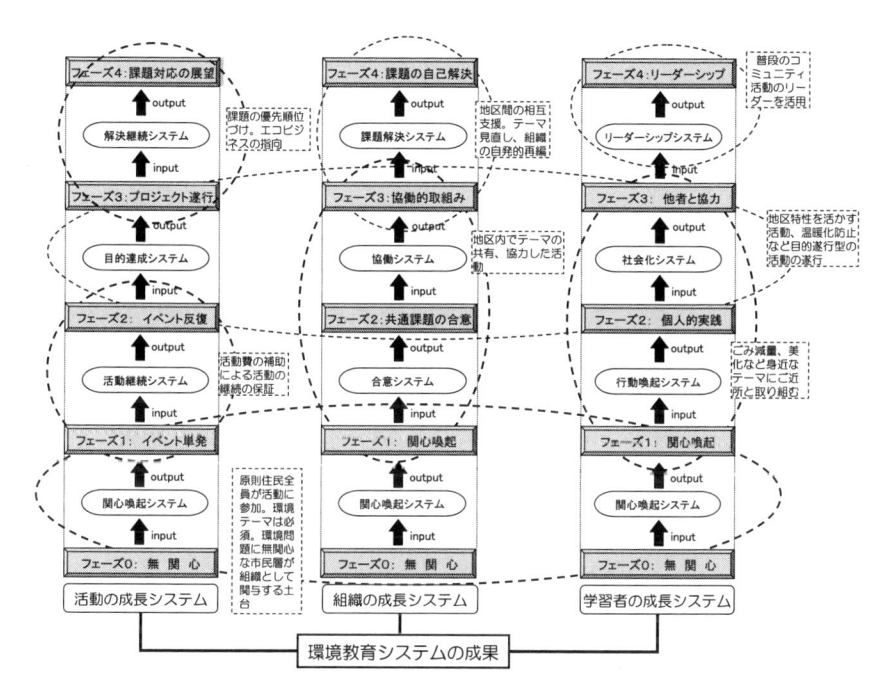

図12-6 福井市の環境教育システムの成果

ればそれをフェーズ4の「リーダーシップ」の段階にあると評価する。

3 組織の成長

 コミュニティなどの既存組織が地域環境のあり方についてとくに関心を持っていなかったり、すでに何らかの保全活動をおこなっている場合でも別の環境側面に対しては関心を持っていないならばそれはフェーズ0「無関心」である。それが関心を持つ段階になるとフェーズ1、組織にとって共通の課題が住民間で合意でき（フェーズ2「共通課題の合意」）、さらにその課題解決に向けて協働して取り組むフェーズへと成長し（フェーズ3「協働的取り組み」）、さらにその課題が自分たちで解決できる段階に成長できる（フェーズ4「課題の自己解決」）という4つのステージで、組織の成長を描くことができる。

4　活動の成長

　活動そのものも組織や市民の手によって成長する。課題解決などミッションが明確な活動もあれば、人とのつながりやイベントそのものを楽しむ活動もある。組織内のコミュニケーションを円滑にしたり信頼関係や連帯感を築くためにこのような活動が必要な場合もある。地域で活動することに関心がない状態（フェーズ0「無関心」）から単発のイベントを企画、実施する段階（フェーズ1「イベント単発」）、さらにそのイベントを継続させるフェーズ2「イベント反復」になると活動はより成長する。さらに、活動を目的追究型へと質を高めてプロジェクトを遂行するかあるいは新たなプロジェクト型の活動を設定し（フェーズ3「プロジェクト遂行」）、その目的達成を通してさらに課題対応に展望を持つ（フェーズ4「課題対応の展望」）段階を活動の成長として表現できる。

5　本章のまとめ

　本章で示したかったことは、前々章で提示した環境教育システムの理念と具体的な実践例を結びつけて論じることであった。また、環境教育の研究をこれからさらに展開していくにあたって、環境教育システムや環境教育の成果の確認をどのように表現し、かたちにすることが可能なのか、このことを環境教育研究に関心を持つ人々に問いかけ、今後一緒に議論していく契機を作りたいという動機からである。

　環境教育システムの描き方、環境教育システムの構成次元と要素や環境教育システムの成果を確認するための3つの成長軸の提案はこれが完成品ということではなく、これからも検討を続ける余地がある。もっとちがう切り口から環境教育システムや成果をよりよく観察できる可能性も大きい。

課　題
1. あなたのまちに環境教育システムを作るとしたらどのようなものいいか、ラフスケッチを描いてみよう。
2. 環境教育の成果を表現するための観点を書き出して整理しよう。

注

1　石川聡子・盛岡通「環境教育システムの施策動向とフレームワーク構築」『環境情報科学論文集』20、2006年

　八王子環境市民会議および福井市のうらがまちづくり地区委員会の活動の調査にあたって、関係者の皆様方に快くご協力いただきましたことに加えて多大なご示唆やご助言を賜りました。ここに改めて深く感謝致します。なお、本章における両組織の活動に関する記載と解釈はすべて筆者の責任にあります。

索　引

〔ア行〕

ISO（国際標準化機構）　4, 22, 136
　　　　　138-139, 142, 145, 163-178
アウトカム評価　　　　　　　　　201
遊び場　　　　　　　　　99-102, 104
新しい公共の創造　　　　133-136, 144
ESD　　　　　　　197-198, 202-213
　ローカル——　　　　　206-211, 213
EMS　153-155, 159-161, 165, 177, 237
インシデンタル・ラーニング　108-109
インターネット　21-22, 116-118, 120, 126
エコハイスクール　50, 152-153, 155, 159
エンパワー　　　　　　　　69, 82, 230
大阪府環境会議　　　　　　　108-109,
　　　　　　　　　114, 120, 125, 127

〔カ行〕

学習の一般化　　　　　　　　　　11
隠れたカリキュラム　　　　　　　74
学生エコ・チーム　　　　　　169-172
学生の「構成員化」　　　　168, 173-174
ガバナンス　　　　　　　202, 206, 237
環境
　——影響評価　　　　　　　97, 166
　——基本計画　　　　　221-222, 227
　——共育　　　　　　　107-108, 114
　——再生　　　87, 89, 91-93, 105-106
　——診断マップ　　　　3, 87-89, 94,
　　　　　　　　　　96-101, 104-106
　——側面　166-167, 176, 204, 225, 233
　——パフォーマンス　　199, 201, 203
　——報告書　　　　　　172-174, 177
　——マナー　　　　　　　　199-203
　——マネージャー　　　152-155, 160
　——問題　6, 11-12, 20-22, 24, 59-60,
　　　　62, 64-67, 72-73, 93-94, 154-157
　——リテラシー　　200-201, 203-204
環境教育
　——システム　　　179-182, 184-186,
　　　　　　　189-196, 215-217, 226-234
　——推進委員会　　　　　5-7, 10-11,
　　　　　　　　　　　　17, 23, 25
　既存型——　　　5-7, 9-11, 17, 23, 25
　持続可能性に向けての——　45, 93,
　　　　　　　　　　　106, 127, 236
　従来の——　　　　　　　　198-205,
　新世代の——　　　　　　197, 204-205
　批判的——　　　　　　　　52, 72-73
　理想型——　　　　　　　　11-12, 18
環境庁　97, 107, 190-191, 193-194, 196
キャパシテイ・ビルディング　　　190
協働　33-35, 39, 41-43, 123, 131, 133-134,
　　141-142, 147, 174, 210-211, 220, 232-233
グローバリゼーション　　　　205-206
継続的改善　　　　　　　139, 160, 163
現場（フィールド）　48-57, 59-65, 67, 69-
　　70, 135, 138-142, 144-145, 157, 161
小泉イニシアティブ　　　　　　　206
公害　　　　　15, 66, 87, 89-92, 94-95,
　　　　　　99, 104-107, 191, 198, 213
　——教育　　　　　　　　　92-94, 198

索　引　237

——地域	87-93, 104-107
行動変容	20, 193, 199, 201, 203
コーディネイト	131, 137, 146
コミュニケーション	22-23, 38-39, 43, 111-112, 116-117, 120-121, 167, 222-223, 230-231
コミュニティ	92, 104-105, 179, 184-185, 187, 207, 215, 219-222, 224, 233
コンソーシアム	202-204, 206, 209, 212
コンピ(ッ)テンシー	197, 202-206, 208, 212
——教育	197, 202-206, 208, 212

〔サ行〕

サイレント・マジョリティ	89, 97
産廃問題	47-60, 62-67
システムの「適正化」	168, 173-174
自然	198-200, 204, 223-224
——体験学習	198, 200, 213
——保護	15, 111, 122, 198-200
——保護教育	198, 213
持続可能	
——性に向けての教育	121
——性のための教育	72, 93
——性に向けての環境教育	93
——な発展	11-113
——な社会	5, 17, 23, 28, 45, 84, 113, 129-130, 132, 138, 146, 148, 179, 181, 192, 198-203, 206
——な開発のための世界サミット（WSSD）	205
——な開発のための教育の10年（DESD）	205, 206
実行段階	166
シチズン・カナビリティ（市民の統治能力）	203
市民	
能動的——	203, 206, 212
——的公共性	210
社会システム	179-183, 185-186, 193, 195-196, 215
社会問題	51, 66, 81, 87
住民	
——参加	88-89, 100
——自治	88
情報公開	88, 109
食と農	114
私立大学環境保全協議会	164, 176-177
シンクタンク	211
人材育成	186-187, 190, 192, 226-227, 229-231, 235
水害	3, 27-39, 41-46
政治問題	51
成長	
学習者の——	186, 231-232
活動の——	4, 223, 231, 234
教員の——	69-71, 83
組織の——	4, 231, 233
生徒会環境委員会	151-152, 155, 157-158, 160
総合的な学習の時間	29, 31, 43, 52, 64, 67, 95, 131-132, 138

〔タ行〕

地域	
——環境	97, 182, 184-189, 194-195, 218-226, 229-230, 232-233, 235
——社会	39-40, 95, 104-105, 146, 206, 209-212
——調査	96-97

——に開かれた学校づくり　　76
　　——リソース　　223
地球環境と大気汚染を考える会（CASA）
　　126
地球環境問題　94, 165, 183, 204, 206
地方分権　　88, 212
中央環境審議会　132, 191-192
中間支援組織　　209-210
つながり　13, 15, 24, 27, 43, 45,
　　114, 141, 146, 180-181, 234
提言（アドボカシー）　　204
テサロニキ宣言　　72, 84, 183
デジタル・ディバイド　　117
点検　79, 93, 153-155, 161, 167, 173, 222, 228
電子メール　　116-117, 120
東欧革命　　206
トビリシ勧告　　183, 188

〔ナ行〕

内部監査　166-167, 169-170, 177
ナチュラル・ステップ　　130
日本環境教育学会　　85, 107,
　　110-111, 115
人間の安全保障　　206
ネットワーク　109, 121, 126,
　　180-181, 191, 199-200, 211
能力（ケイパビリティ）　　203

〔ハ行〕

パラダイム　　84
　支配的社会——　　73, 84
　新環境——　　73, 84
PDCA　　133, 140-142, 144,
　　146-148, 210, 229
　　——サイクル　129, 142, 148, 154-155,

　　160-161, 186-187, 189, 227-228, 231
批判　　73, 82, 93, 114, 120, 123
　　——的環境教育　　52, 72-73
　　——的　60, 73, 82, 85, 93-94, 204
評価ツール　　225, 228
ファシリティスト　　147
フィエン　70, 72, 74, 84-85, 127
フードマイレージ　　114
不公正　　73
不公平　　73
ベオグラード憲章　183, 188, 196, 229
ホームレス　　101
ポスト冷戦　　206

〔マ行〕

マネジメント（システム）　22, 162, 174,
　　186, 189, 190, 192-193, 195,
　　205, 208, 222, 227-228, 231, 237
　アセス——　　97
　環境——　3, 22, 134, 149, 152-155,
　　162, 165, 167, 169, 171-
　　173, 176-177, 192, 229, 235
メーリング・リスト　110, 115-116, 126
問題解決　87, 102, 175, 185, 222, 230-231

〔ラ行〕

リナックス　107-108, 114-115, 118-127
リンクス　　107-112, 114-126
ルーマン　　182, 196
レジーム　　208-211
ロボトム　　70, 84

〔ワ行〕

ワークショップ　　95, 110-113,
　　131, 137, 208-210

執筆者紹介

(執筆順)

石川　聡子　大阪教育大学教員（科学教育、環境教育）
1964年生、大阪大学大学院工学研究科修了、博士（工学）
『環境のための教育―批判的カリキュラム理論と環境教育―』(2001、共訳、東信堂)、『持続可能性に向けての環境教育』(2005、共著、昭和堂)、『21世紀の理科教育』(2003、共著、学文社)

今村　光章　岐阜大学教育学部准教授（保育学・幼児教育学）
1965年生、京都大学大学院教育学研究科博士後期課程単位取得退学、博士（学術）
『持続可能性に向けての環境教育』(2005、編著、昭和堂)、『環境教育への招待』(2002、編著、ミネルヴァ書房)、『ディープ・コミュニケーション―出会いなおしのための「臨床保育学」物語』(2003、単著、行路社)

川面　なほ　京都精華大学環境ソリューション研究機構（環境教育）
1975年生、京都教育大学大学院教育学研究科修了
「水とかかわる地域を学ぶ(1)―宇治川・水害学習の実践記録―」『京都教育大学環境教育研究年報』14号 (2006、共著)

比屋根　哲　岩手大学大学院連合農学研究科教授（林学）
1957年生、北海道大学大学院農学研究科博士後期課程修了、（農学博士）
『森林計画学』(2003、共著、朝倉書店)、『森林・林業・山村問題研究入門』(1999、共著、地球社)、『森を調べる50の方法』(1998、共著、東京書籍)

塩川　哲雄　大阪府立布施高等学校定時制課程教員（理科教育）
1953年生、京都大学理学部卒業
『はかってなんぼ（学校編）』(2002、共著、丸善)、『持続可能性に向けての環境教育』(2005、共著、昭和堂)、『環境のための教育―批判的カリキュラム理論と環境教育―』(2001、共訳、東信堂)

片岡　法子　有限会社協働研究所研究員
1972年生、大阪市立大学大学院創造都市研究科修了、関西大学大学院文学研究科修了
『巨大都市大阪と摂河泉』(2000、共著、雄山閣出版)、『自動車公害根絶、安全・バリアフリーの交通を目指して―大阪交通政策への提言―』(2004、共著、自治体研究所)

井上　有一　京都精華大学人文学部教員（環境思想）
　1956年生、ブリティシュ・コロンビア大学大学院地球計画学研究科修了
　『物理・化学から考える環境問題―科学する市民になるために』(2004、共著、藤原書店)、
　『ディープ・エコロジー―生き方から考える環境の思想』(2001、共編著、昭和堂)

原田　智代　せいわエコ・サポーターズクラブ、特定非営利活動法人大阪府民環境会議
　1952年生、大阪教育大学大学院教育学研究科修了
　『環境教育指導事典』(1996、共著、国土社)、『くらしを守るくらし方環境事典』(1992、共著、国土社)

渡辺　敦　特定非営利活動法人かながわ環境教育研究会
　1954年生、北海道大学工学部衛生工学科卒業
　『自然と環境のファイル』(2000、かながわ環境教育研究会)、『続　地球の限界』(2001、共著、日科技連)、『デザイン辞典』(2003、共著、朝倉書店)

八木下一壬　特定非営利活動法人かながわ環境教育研究会
　1940年生、室蘭工業大学工業化学科（技術士）卒業
　『空気調和・衛生工学便覧（水泳プール設備）第12版及び第13版』(空気調和衛生工学会)

濵谷　哲次　大阪府立枚方なぎさ高等学校教諭（国語教育）
　1950年生、関西大学文学部国文学科卒業、大阪教育大学芸術・体育系書道コース卒業

清水　耕平　長崎大学大学院生産科学研究科博士後期課程在学
　1980年生、「高等学校における環境対策としてのEMSに関する研究」『長崎大学総合環境研究』8(2)、「ISO14001のシステムに関わる問題と運用上の問題」『長崎大学総合環境研究』8(1)

山口　龍虎　長崎大学大学院生産科学研究科博士後期課程在学
　1970年生、『環境自治体ハンドブック』(2004、共著、西日本新聞社)、「温暖化対策としての省エネルギー教育に関する研究」『国立オリンピック記念青少年総合センター研究紀要』6号

新田　和宏　近畿大学生物理工学部教職課程講師（政治学／市民性教育）
　1958年生　中央大学大学院法学研究科修了
　「市民社会を強化するガバナンスとパブリックメマネジメントおよびデモクラシー」『近畿大学生物理工学部紀要』18号、『新しい政治学』(2007、麦の郷出版)

執筆者分担一覧

石川　聡子	（いしかわさとこ）	編集、第10章、第12章
今村　光章	（いまむらみつゆき）	第1章
川面　なほ	（かわづらなほ）	第2章
比屋根　哲	（ひやねあきら）	第3章
塩川　哲雄	（しおかわてつお）	第4章
片岡　法子	（かたおかのりこ）	第5章
井上　有一	（いのうえゆういち）	第6章（共同執筆）
原田　智代	（はらだともよ）	第6章（共同執筆）
渡辺　敦	（わたなべあつし）	第7章（共同執筆）
八木下一壬	（やぎしたかずよし）	第7章（共同執筆）
濵谷　哲次	（はまたにてつじ）	第8章
清水　耕平	（しみずこうへい）	第9章（共同執筆）
山口　龍虎	（やまぐちりゅうこ）	第9章（共同執筆）
新田　和宏	（にったかずひろ）	第11章

プラットフォーム環境教育

定価はカバーに表示してあります。

2007年11月30日　初版第1刷発行　〔検印省略〕

編著者Ⓒ石川聡子／発行者　下田勝司　　印刷・製本／中央精版印刷

東京都文京区向丘1-20-6　郵便振替00110-6-37828
〒113-0023　TEL (03) 3818-5521　FAX (03) 3818-5514
発行所　株式会社　東信堂
Published by TOSHINDO PUBLISHING CO., LTD.
1-20-6, Mukougaoka, Bunkyo-ku, Tokyo, 113-0023 Japan
E-mail : tk203444@fsinet.or.jp　http://www.toshindo-pub.com

ISBN978-4-88713-792-9　C3037　Ⓒ S. Ishikawa

東信堂

プラットフォーム環境教育	石川聡子 編	二四〇〇円
環境のための教育	J・フィエン／石川聡子他訳	二三〇〇円
覚醒剤の社会史――ドラッグ・ディスコース・統治技術	佐藤哲彦	五六〇〇円
捕鯨問題の歴史社会学――近代日本におけるクジラと人間	渡邊洋之	二八〇〇円
新版 新潟水俣病問題――加害と被害の社会学	飯島伸子・舩橋晴俊 編	三八〇〇円
新潟水俣病をめぐる制度・表象・地域	関 礼子	五六〇〇円
新潟水俣病問題の受容と克服	堀田恭子	四八〇〇円
日本の環境保護運動	長谷川公一	二五〇〇円
白神山地と青秋林道――地域開発と環境保全の社会学	井上孝夫	三二〇〇円
現代環境問題論――理論と方法の再定置のために	井上孝夫	二二〇〇円
空間と身体――新しい哲学への出発	桑子敏雄	二五〇〇円
環境と国土の価値構造	桑子敏雄 編	三五〇〇円
森と建築の空間史――南方熊楠と近代日本	千田智子	四三八一円
環境安全という価値は…	松永澄夫 編	二〇〇〇円
環境 設計の思想	松永澄夫 編	二三〇〇円
責任という原理――科学技術文明のための倫理学の試み	H・ヨーナス／加藤尚武 監訳	四八〇〇円
主観性の復権――心身問題からの責任という原理へ	H・ヨーナス／宇佐美・滝口 訳	二〇〇〇円
テクノシステム時代の『人間の責任と良心』	山本・盛永 訳	三五〇〇円
食を料理する――哲学的考察	松永澄夫	三八〇〇円
経験の意味世界をひらく	市村・早川・松浦・広石 編	三八〇〇円
教育にとって経験とは何か	田中智志 編	三五〇〇円
教育の共生体へ――ボディ・エデュケーショナルの思想圏	静岡県総合研究機構 馬越徹 監修	二五〇〇円
アジア・太平洋高等教育の未来像	長谷川幸一	三八〇〇円
人間諸科学の形成と制度化――社会諸科学との比較研究	寺﨑昌男	一三〇〇円
大学改革 その先を読む		

〒113-0023 東京都文京区向丘1-20-6
TEL 03-3818-5521　FAX 03-3818-5514　振替 00110-6-37828
Email tk203444@fsinet.or.jp　URL:http://www.toshindo-pub.com/

※定価：表示価格（本体）＋税